아산, 그 새로운 울림 :
미래를 위한 성찰

—

살림과 일

일러두기

* 본 연구는 아산사회복지재단 학술연구지원에 의하여 수행되었습니다.
* 고유명사 및 각주, 참고 문헌은 논문 저작자의 표기 방식을 존중해 각 논문별로 통일해 사용했습니다.

아산연구
총서 02

아산, 그 새로운 울림 :
미래를 위한 성찰

울산대학교 아산리더십연구원 편

살림과 일

—

류석춘

김홍중

이재열

유광호

푸른숲

아산, 미래를 위한
위대한 유산

올해는 현대그룹의 창업자이신 아산 정주영 선생의 탄신 100주년이 되는 해입니다. 이러한 뜻깊은 해에 그의 정신을 계승하고 확산하기 위하여 아산사회복지재단과 울산대학교 아산리더십연구원은 아산 연구 총서를 기획하였습니다.

우리나라의 창조적 기업가로 숭앙받고 있는 아산은 사회, 문화, 교육 등에서 탁월한 성취를 이룩했습니다. 이러한 성취는 우리 사회에서뿐만 아니라 세계적인 차원에서 관심의 대상이 되었고, 많은 사람들에게 삶의 귀감이 되었습니다.

우리는 시간이 경과함에 따라 기업을 일군 선구적 창업자에 대한 객관적 성과를 잊는 경우가 많습니다. 역사 속의 인물로 규정하여 그의 비범성이나 성공 신화에 방점을 찍는 경우가 많습니다. 그를 존경하면서도, 그를 안다 하더라도 그가 한 일만을 기억할 뿐, 그 일을 하도록 한 그분의 삶의 태도가 무엇인지, 그리고 당시의 사회·문화적 맥락이 어떠한지를 깊이 생각하지 않는 경우가 많습니다.

이러한 문제인식이 아산 연구의 필요성을 제기하는 계기가 되었습니다. 아산 연구는 아산을 과거의 인물로 규정하는 것이 아닌, 현재 우리의 삶을 풍부하게 해주고 우리의 미래상을 엿볼 수 있도록 해주는 연구입니다. 아산 탄신 100주년은 그 연구의 필요성을 환기시키는 좋은 계기가 되었습니다. 그 출발이 다소 늦은 감이 있지만, 이 연구가 앞으로 이어질 후속 연구의 디딤돌이 될 것을 믿습니다. 무엇보다도 객관적이고 심층적인 학술 연구가 수행되어야 합니다.

아산의 활동이나 성취는 여러 분야에 걸쳐 있기에 그에 관한 연구 또한 다양한 방면에서 이루어져야 합니다. 아직까지 그의 정신이나 가치관에 관해서는 일부 한정된 분야에서 부분적, 단편적 기술만 존재할 뿐입니다. 이러한 상황에서는 아산의 전체 면모를 온전히 이해하기 어렵습니다. 이를 바로잡기 위해서는 그동안 잘 알려지지 않은 분야를 포함하여 아산이 활동한 다양한 분야가 종합적으로 다루어져야 합니다.

우리는 아산의 시대적 성공 이면에서 작용하는 힘이 무엇인지를 알고 싶었습니다. 인간 정주영이 올곧게 이해되기 위해서는 그의 숨결과 정신, 가치와 기여 등에 대한 성찰이 중요합니다. 아산을 학문의 장으로 옮겨 '아산 연구'를 "아산, 그 새로운 울림: 미래를 위한 성찰"로 하고 '얼과 꿈, 살림과 일, 나라와 훗날, 사람과 삶' 등 네 가지 주제로 연구를 진행하였습니다. 이 연구는 국내 각 분야의 전문가들이 참여하여 아산을 새롭게 조명하려는 노력들이 짙게 배어 있음을 알 수 있습니다. 해당 분야 연구자들의 노력에 경의를 표합니다. 이러한 노력의 결실로 아산 연구가 학문의 장 안에서 광범위하게 이루어지기를 기대합니다.

2015년 11월 6일

울산대학교 총장 오연천

'아산 현상'에 대한
새로운 해석학을 위하여

아산峨山 정주영(鄭周永, 1915~2001)은 거대한 세계적 기업 현대現代의 창업자입니다.

그는 가난한 집안에서 태어났고, 응분의 제도교육의 혜택을 누리지 못했습니다. 그는 어려운 자기 삶의 현실을 극복하고 싶어 했습니다. 각고刻苦의 노력 끝에 그는 우리 사회와 국가에서, 그리고 세계에서 가장 성공적인 기업인 중 한 사람이 되었습니다.

그의 관심은 산업 외에도 교육, 사회복지, 문화, 그리고 정치로 확장되었습니다. 그리고 각기 그 분야에서도 기업에서와 다르지 않게 일정한 성취를 거두고 사회-국가적 기여를 했습니다. 이러한 사실은 우리 사회에서뿐만 아니라 세계적인 차원에서 그를 존경의 대상으로, 삶의 귀감으로 기리도록 하고 있습니다.

그런데 바야흐로 우리는 아산의 탄생 1세기를 맞고 있습니다. 그에 대한 기림은 이전보다 더 드높아지고 있습니다. 그것은 아산의 생애가 지니는 가치의 존귀함, 그리고 그를 기리는 흠모欽慕의 진정성을 보여줍니다.

그러나 이러한 현상은 동시에 우리가 아산을 지금 여기에서 만나기보다는 그를 과거의 '기념비적 인물'로 고착화固着化하는 경향이 형성되고 있음을 보여주는 것이기도 합니다. 이 사실을 우리는 몇몇 측면에서 살펴볼 수 있습니다.

우선 지적할 수 있는 것은 '기림' 자체입니다. 이제는 '아산 생전의 현실'이 서서히 역사의 뒤안길에 들어서고 있습니다. 이를테면 아산의 자서전《이땅에 태어나서》(솔출판사, 1998)가 한 시대의 한 인간의 증언으로 읽히기 위해서는 그 시대에 대한 무수한 각주脚註가 요청될 만큼 이미 그 시대는 오늘을 사는 사람들, 특히 젊은이들에게는 낯설고 이질적인 역사입니다. 당대의 문화도 다르지 않습니다. 이른바 패러다임의 변화는 가치나 의미는 물론 삶의 태도, 그리고 삶의 자리에 대한 인식에서 커다란 변화가 일었음을 보여주고 있습니다. 그렇다고 해서 아산의 삶이 '아산 현상'으로 기술될 만큼 온전히 역사화 되지도 않았습니다. 아직 인식을 위한 충분한 '시간의 거리'가 확보된 것은 아니라고 판단되기 때문입니다.

그런데 무릇 '숭모崇慕'는 역사-문화적 변화를 간과하는 '향수鄕愁'

에 기반을 둔 정서의 표출입니다. 따라서 그것이 품고 있는 진정한 '경외敬畏'에도 불구하고 그러한 기림을 유지하는 것은 결과적으로 아산을 '그의 당대'에 유폐幽閉시키는 것과 다르지 않습니다. 그래서 그에 대한 기림은 '그리움'과 '아쉬움'으로 기술되고 일컬어집니다.

다음으로 지적하고 싶은 것은 아산을 기리는 '태도'입니다. 오늘 우리는 아산의 생애를 회고하면서 그가 이룬 업적을 끊임없이 되뇝니다. 그것은 당연한 일입니다. 그런데 우리는 아산이 스스로 자신의 성취를 증언하는 과정에서 이야기한 그의 소탈한 일화를 그의 생애의 핵심으로 회자膾炙합니다. 그래서 그러한 '삽화揷話의 서술'이 아산의 생애를 묘사하는 정점을 차지하고 있습니다. 이러한 진술은 그의 삶에 대한 경탄을 자아내기에 충분합니다. 나아가 사람들에게 감동을 경험하게 하고 사물에 대한 통찰을 가지도록 자극하기도 합니다.

그러나 그의 생애의 전 과정이 지닌 궤적軌跡의 의미를 살피는 일은 오히려 이러한 사실의 전언傳言에 가려 소홀해집니다. 따라서 이러한 기림은 종내 아산을 '비일상적인 캐릭터'[1]로 화하게 하

---

1 이러한 현상은 흔히 일어나는 일이다. 이른바 '유명인(celebrities)'의 생애를 기리는 나머지 그의 생애를 일상인과 다르게 묘사하는 일이 그것이다. 그렇게 이루어진 '전기(傳記)'를 일반적으로 '성자적전 전기(hagiographical biography)'라고 부른다. Thomas J. Heffernan은 그의 저서 *Sacred Biography: Saints and Their Biographers in the Middle Ages*(Oxford University Press, 1988)에서 이 문제에 대한 흥미로운 주장을 펴고 있다. 그는 '성자의 삶'은 이상적인 삶에 대한 사람들의 희구가 어떤 삶을 그렇게 '만든다'고 말한다. 그러나 그것이 부정직하고 불가능하며 비현실적인 것은 아니다. 그렇게 만들어진 한 '삶의 전형'은 역사적인 이야기(historical narrative)가 되어 전승되

면서 그를 '영웅담에 등장하는 주역'이게 하거나 아예 '신화적 범주'에 들게 합니다[2]. 아산을 일컬어 '하늘이 낸 사람'이라고 하는 칭송은 이러한 태도가 이른 극점極點에서 발언된 것입니다. 이러한 태도는 아산을 '우러르게 하는' 것일 수는 있어도 우리가 그와 '더불어 있게 하는' 것일 수는 없습니다. 비일상적인 극적劇的인 발상과 비범한 행위의 돌출적인 연속이 아산의 삶이라고 여기게 되기 때문입니다.

이에 이어 자연스럽게 지적할 수 있는 것은 기림이 그 대상을 '맥락일탈적脈絡逸脫的'이게 한다는 사실입니다. 하나의 인간이 기림의 대상이 되는 것은 그가 올연兀然하기 때문인 것은 틀림없습니다. 그러나 그렇다고 하는 사실이 그가 자신이 현존하는 맥락에서 벗어나 있는 존재임을 의미하는 것은 아닙니다. 오히려 그 돌보임은 그가 만나고 반응하고 더불어 있었던 무수한 사람과의 연계 속에서 드러난 현상이고, 당대의 정치, 경제, 문화의 구체적이고 직접적인 요소들과의 만남에서 형성된 그 자신의 모습에서 비롯한 것입니다. 그러므로 아산을 그 관계망에서 초연하게

면서 '현실화된 꿈의 범례'로 기능하기 때문이다. 하지만 그렇게 되면 될수록 '성자가 된 그 사람'은 그만큼 '울안의 거룩함(sanctity in the cloister)'이 되어 기려지면서 현실성을 갖지 못하고, 다만 기도의 대상이 되든지 기적의 주인공으로 있든지 할 뿐이다. 그러나 그는 이에 이어 이러한 중세적 현상이 다행히 해석학(특히 Gadamer)에 힘입어, 비록 여전히 성자전적 전기가 요청되는 것이 지금 여기의 현실이라 할지라도, '잃은 현실성'을 되찾을 수 있으리라는 것을 시사하고 있다.

2 이를 신격화현상(deification)이라고 일반적으로 개념화할 수 있다.

하는 기림은 그의 성취에 대한 바른 인식을 그르치게 할 수 있습니다.

물론 '시대가 영웅을 낳는다'는 몰개인적沒個人的 역사 인식에 대한 조심스러운 긴장을 우리는 지닐 수 있어야 합니다. 하지만 마찬가지로 '영웅이 세상을 빚는다'는 몰역사적 개인 인식에 대한 조심스러운 긴장도 우리는 유지할 수 있어야 합니다. 기림은, 특히 향수에서 비롯하는 아쉬움의 정서가 충동하는 기림은 이 긴장의 평형을 놓치는 경우가 많습니다. 그렇게 되면 기림은 자칫 '절대에의 기대'라는 환상이 됩니다.

때로 한 인간에 대한 기림은, 그가 '커다란 사람'일수록, 그가 이룩한 업적에 의하여 압도되면서 소박한 감동, 비약적인 경탄, 직접적인 모방, 맥락일탈적인 절대화 등을 충동합니다. 그러나 그렇게 이루어지는 기림은 그의 살아있는 숨결과 정신, 그의 성취와 기여 등을 이른바 정형화定型化된 영웅담론의 틀 안에서 박제화剝製化할 수 있습니다. 그런데 시간의 흐름은 이를 촉진합니다. 대체로 한 인간의 탄생 1세기는 그에 대한 기림이 그를 여전히 '살아있도록' 할 수 있을 것인지 아니면 하나의 '기념비'로 남게 할 것인지를 결정하는 중요한 전환점이 됩니다.

이러한 사실은 아산을 향수 어린 기림의 범주에 머물게 하거나 소박한 모방의 전형으로만 설정하는 일이 아산을 위해서나 우리를 위해 의미 있는 일이 아니라는 사실을 분명하게 합니다. 아산은 그렇게 머무를 수 없는 보다 더 '커다란' 존재라는 사실을 그간 이루어진 '아산경험'이 증언하고 있기 때문입니다. 그렇다면 우리는 이 계제階梯에 그를 새롭게 자리매김해야 하는 일을 수행하지 않으면 안 됩니다. 아산을 그가 우리의 일상 안에 현존했던 자리에서 기려지는 차원을 넘어 이제는 역사적 맥락 속에서 새삼 서술하고 인식하도록 하여 그를 끊임없이 재해석하도록 해야 하는 시점에 이른 것입니다.

이러한 사실을 전제할 때, 우리는 바야흐로 아산을 '학문의 자리'에 위치하도록 해야 한다는 절박한 '필요'를 주장하지 않을 수 없습니다. 소략하게 말한다면, 아산에 관한 우리의 인식을 학문의 장academism 안에서 의도하려는 것이 우리의 과제입니다. 다시 말하면 '기림'이 학문의 장에서 자기를 노출하면서 재구축되지 않으면 그 기림은 결과적으로 부정직한 것, 그래서 그러한 기림은 의미 있는 현실 적합성을 오히려 훼손하는 일에 이를 수밖에 없게 됩니다. 아산을 기리는 일뿐만 아니라 아산에 대한 부정적 평가나 폄훼도 다르지 않습니다.

이 계기에서 우리가 해야 할 과제를 울산대학교 아산리더십연구원은 커다란 범주에서 '아산 연구', 또는 '아산 현상에 대한 연구'라고 이름하였습니다.

일반적으로 하나의 '현상'에 대한 연구는 네 가지 과제를 지닙니다. 사실의 서술, 비판적 인식, 의미와 가치의 발견, 창조적 계승과 확산이 그것입니다.

위에서 나열한 네 과제를 더 구체적으로 역사학(첫째와 둘째, historiography)과 해석학(셋째와 넷째, hermeneutics)으로 구분할 수도 있습니다. 따라서 논리적으로 서술한다면 이러한 과제는 항목을 좇아 순차적으로 수행되어야 합니다. 그러나 실제에서는 늘 복합적으로 이루어집니다. 제기되는 문제에 따라 자료의 범위가 선택적으로 제한되거나 확산될 수 있으며, 비판적 인식의 준거도 문제 정황에 따라 가변적일 수 있습니다. 또한 의미와 가치도 기대를 좇아 늘 새로운 해석학을 요청할 수 있으며, 창조적 계승과 확산의 문제도 적합성을 준거로 다른 양상을 지니고 다른 방향으로 전개될 수 있습니다.

이것이 하나의 역사적 주제를 '연구'하는 과정에서 불가피하게 중첩되면서 드러나는 구조라면 이를 다듬는 일은 '향수에 의한 기림'이나 그를 좇아야 한다는 '규범적인 당위적 선언'으로 이루어질 수 없는 것임을, 또 전제된 이해를 좇아 부정하는 '이념적 판단'으로만 이루어질 수 없는 것임을 우리는 확인하게 됩니다. 이러한 일은 '실증에 바탕을 두고 사실을 확보하고, 이에 대한 엄밀한 서술을 통하여 그 현상을 이론화하며, 이렇게 체계화된 사실의 의미론적 함축을 실재이게 하고, 이에서 의미와 가치의 현실화를 비롯하게 하는 일'을 수행함으로써 비로소 이루어지는 일입니다.

이번 연구 논총을 기획하면서 우리는 이미 상당히 알려지고 정리된 아산의 업적보다 아산의 '인간'과 그가 성취한 일을 비롯하게 한 '동력의 기저'에 더 중점을 두고 싶었습니다. 그리고 이와 아울러 아산의 유산이 함축할 '미래적 전망'을 헤아리고 싶었습니다.

모임을 구성하고, 학자들에게 의도를 설명하면서 연구 취지에 대한 공감을 해 주신 분들과 함께 우리가 논의할 수 있는 주제들을 다듬어 보았습니다. 그 결과 우리는 커다란 주제 범주를 아산을 주어로 하여 '얼과 꿈, 살림과 일, 나라와 훗날, 사람과 삶'의 넷으로 설정하였습니다. 전통적인 개념으로 정리한다면 아산의 '철학과 이념, 경제와 경영, 국가와 정치, 복지와 교육'으로 서술할 수도 있습니다. 그런데 굳이 그러한 용어들을 달리 표현한 것은 기존의 개념이 우리가 의도하는 새로운 접근에 도식적인 한계를 드리울 수도 있으리라는 염려 때문이었습니다.

1년 동안 연구자들은 이러한 기획 의도에 공감하면서, 그러나 각자 자신의 문제의식과 방법론을 따라 스스로 선택한 주제들을 가지고 연구를 수행하였습니다. 주제별 모임을 통해 서로 문제를 공유하고 조언하는 과정도 여러 차례 이루어졌습니다. 심포지엄 형식의 전체 집필자 모임도 가졌습니다. 이 연구 기획을 위해 울산대학교와 아산사회복지재단은 실무적·재정적 도움을 아끼지 않았습니다.

그러나 20명 모든 연구자의 주제와 논의가 유기적인 일관성을 유지한다는 것은 쉽지 않았습니다. 주제별로 이루어진 단위 안에서조차 그러하였습니다. 그러나 우리는 연구 수행 과정에서 이러한 현상이 문제라기보다 극히 자연스러운 사실임을 확인하였습니다. 적어도 '아산 연구'라는 과제에 속할 수 있는 한 일관성의 작위적 유지란 오히려 연구의 훼손일 수도 있으리라는 사실을 확인한 것입니다. 각 연구자가 스스로 설정한 '새로운 준거'는 인식의 변주를 가능하게 하고, 그것은 다시 새로운 의미의 발견을 가능하게 우리를 유도한다는 사실을 거듭 확인했기 때문입니다.

그렇지만 연구 주제의 다양성은 자칫 개개 논문이 지닌 완결성보다 편집된 커다란 범주의 주제에 함께 묶여 있어 우리의 이해를 혼란스럽게 할 수도 있습니다. 이를 저어하여 매 커다란 주제마다 한 분의 연구자가 대표집필을 맡아 당해 범주의 설정 의도를 밝히고 그 안에 담긴 개개 논문에 대한 안내를 할 수 있도록 하였습니다.

연구자들의 최선의 천착에도 불구하고 이 아산 연구 논총이 아산 연구의 완결은 아닙니다. 우리는 새로운 연구의 장을 열었을 뿐입니다. 아산에 대한 기존의 다양한 저술들, 연구 논문들, 기타 여러 종류의 기술들을 우리는 결코 간과할 수 없습니다. 그러나 우리가 주목하고자 하는 것은 그러한 논의가 아산을 어떻게 평가했느냐가 아니라 아산을 왜 그렇게 평가하게 되었는가 하는 데 대한 관심입니다. 이는 앞에서 언급한 바와 같이 '기림'에 대한 소박한 승인에 머물 수 없었던 이유이기도 합니다.

당연히 이러한 맥락에서 우리의 진정한 관심은 '과거의 읽음'이기보다 '미래에의 전망'입니다. 우리의 연구는 '아산 현상'을 재연再演하려는 것도 아니고 재현再現하려는 것도 아닙니다. 중요한 것은 아산은 이미 우리의 삶 속에서 자연인自然人 '아산 정주영'으로 있지 않다고 하는 사실입니다. 그는 이미 과거에 속해 있습니다. 이 계기에서 개개 역사 현상이 늘 그렇듯이 아산은 '기림'의 현실성 속에만 머물지 않습니다. 그는 '기대' 안에서 새로운 현실을 빚는 가능성의 원천으로 있기도 합니다. 그러므로 우리는 아산 현상의 여기 오늘에서의 한계와 가능성을 치밀하게 천착할 필요가 있습니다. 그것이 학계의 과제입니다.

이 연구 기획을 하면서 연구 논총의 주제를 "아산, 그 새로운 울림: 미래를 위한 성찰"이라고 한 것도 이러한 이유 때문입니다.

우리의 작업은 바야흐로 시작입니다. 치열한 학문적 논의가 이어지면서 우리의 역사 속에서 올연한 '아산 현상'이 앞으로도 끊임없이 천착되어 모든 역사적 기억의 전승이 그러하듯 우리에게 창조적 상상력의 원천이 될 수 있기를 바랍니다.

이 일에서 커다란 이정표를 세워 주시고 그동안의 연구에 참여해 주신 교수님들 한 분 한 분께, 그리고 아산사회복지재단에, 깊은 존경과 감사를 드립니다.

울산대학교 아산리더십연구원

열정적으로 매우 빠르게
allegro molto appassionato

　아산은 한국의 산업뿐 아니라 정치와 문화 등 사회의 거의 모든 면에 큰 족적을 남겼다. 그러나 그의 흔적은 기업 경영 분야에서 가장 뚜렷했다. 그는 청년 창업의 원조였다. 24세에 사업을 시작했고, 현대건설을 최고의 기업으로 성장시켰다. 그리고 이를 토대로 조선, 자동차, 종합상사, 해운, 유통, 보험 등 거의 모든 산업을 망라하는 세계적 굴지의 기업군을 만들었다. 가난한 농부의 아들로 태어나 대기업집단을 일구어 세계적 기업가로 우뚝 섰다. 그가 창업한 때는 암울한 식민지, 전시경제하에서였다. 전쟁의 참화가 휩쓸고 지나간 50년대에 사업을 본격화한 후 불과 30여 년 만에 한국 최고의 기업집단으로 키웠다. 무엇이 이러한 폭발적 성장을 가능케 했을까. 이 책은 바로 이러한 질문에 대한 대답을 찾고자 하는 탐색의 결과다. 아산의 경영이 주목받는 이유는 한국 문화와 제도의 영향을 크게 받았지만, 이를 매우 창조적으로 변형시켜 '한국적 경영'의 원형을 창출해 냈기 때문이다. 그래서 그의 일생은 대중적 관심과 흥미를 불러일으킨다. 동시에 진지한 학술적 연구의 대상이기도 하다. 미시적 개인의 선택이 어떻게 거시적 구조변동과 연계되고 상호작용했는지가 궁금하기 때문이다.

아산이 이끌어낸 폭발적 성장의 원천이 무엇인지를 알기 위해서는 미시와 거시, 제도와 일상 간의 상호작용을 배경에 두고 살펴볼 필요가 있다. 그래야 제도와 생활이 맞물리고 거시구조와 개인의 실존적 선택이 맞물려서 빚어낸 아산의 족적과 현대그룹의 발전을 제대로 이해할 수 있다. 그리고 그렇게 해야 미래지향적 관점에서 더 발전시키고 개선할 요소가 무엇인지도 분석할 수 있다. 이 책의 공저자들이 찾아낸 대답을 이러한 관점에서 다시 정리해 본다면, '1. 시대적·상황적 조건에 의해 아산의 선택이 제약을 받거나 탄력을 받은 과정, 2. 아산의 독특하고 창의적인 비전과 선택에 의해 경영 전략이 구체화되어 성공과 실패가 교차한 과정, 3. 그 결과 독특한 조직화의 원형이 만들어지고, 이것이 거시적 산업구조나 조직생태계의 한국적 기준으로 제도화된 과정' 등으로 분석적으로 나눌 수 있을 것이다.

이 책에 수록된 네 편의 글의 키워드는 유교와 민족주의, 마음과 콤플렉스, 인격주의, 그리고 기능공 양성을 통한 중산층 양성 등으로 다양하고, 접근 방식도 각각 다르다. 그러나 저자들은 모두 사회학적 시각에서 아산의 경영과 일에 대해 분석했다는 점에서는 공통적이다.

1. 시대적 배경과 아산의 선택

아산의 생애를 읽는 중요한 키워드 중 하나는 유교다. 아산은 유소년기에 유교를 내면화했다. 아산이 서당 교육을 통해 전승한 유교의 유산은 '졸업장을 위한 학문'이 아닌 '위기지학^{爲己之學}으로서의 교양'이었다. 그래서 구체적 방법이나 기술보다는 태도와 가치지향에서 큰 차이를 낳았다. 류석춘·유광호는 아산의 일생으로부터 맹자의 흔적을 읽어낸다. 성^誠에 대한 신앙과도 같은 믿음, 권력보다는 고매한 인격에 대한 흠모, 검약해야 할 때와 크게 써야 할 때를 명확히 구별할 줄 알고, 엄해야 할 때와 자상해야 할 때를 알았던 시중^{時中}을 구현한 인물. 아산은 유교적 가치와 현대적 자본주의를 결합하고 체화한 인물로 다가온다. 아산이 구현하고자 한 것은 왕도정치의 리더십이었다는 것이다.

이재열은 유교의 특징을 위계성과 인격주의^{personalism}로 대표되는 사회적 문법이 강한 문화에서 찾는다. 인격윤리는 독립적인 시장형 인간보다 통체^{統体}와 부분자^{部分者} 간 관계를 중시하는 사회의 규범이다. 아산은 인격윤리의 영향을 심대하게 받았을 뿐 아니라, 동시에 이를 적극 활용했다고 본다. 독립적 자아보다는 가족이나 연결망 등의 네트워크를 매우 중요시했고, 그 관계를 잘 유지하고자 했는데, 이를 적절히 표현하는 개념이 '의리^{義理}'라고 본다. 그것은 계약사회의 공리나 정의와 대비되는 예의 근원이자, 윤리적인 상황에서 옳음을 가늠케 하는 척도라는 것이다.

반면에 김홍중의 아산 읽기는 유교보다 더 근원적인 원초적 욕망를 찾는 데에서 출발한다. 그가 발견한 것은 '생존'이다. 그는 아산의 자서전과 연설문 등을 해석학적 방법론을 활용해 독해한 결과 아산의 의식 속에 침잠하여 그의 행동과 선택을 이끌어낸 심층의 욕구와 태도가 '파우스트 콤플렉스'라고 명명한다. 아산과 파우스트는 매우 낯선 조합이다. 그럼에도 불구하고 괴테가 그려낸 파우스트처럼 아산이 보여준 발전에 대한 강한 열망과 낙관주의, 그리고 생존주의로 일컬어지는 엄청난 에너지는 하나의 콤플렉스로서 공통점을 갖는다. 김홍중에 따르면, 콤플렉스는 '반응적인 주체'에 머무는 대신, '미래 속으로 자신을 투사할 능력'을 가진 매우 적극적인 주체적 행동을 설명하는 궁극적 힘의 원천이다. "아버지가 겪었던 가난, 미래의 전망 없이 지겹게 회귀하는 생존의 위협, 손톱이 닳아 없어질 정도로 고되게 노동하면서도 자연과 역사의 힘 앞에 굴복하고 살아야 했던 삶의 비참, 전근대 한국사회의 좌절, 그리고 그것을 넘고자 하는 생존에의 의지", 이러한 아산의 자전적 서술에서 보이는 '생존에의 의지'가 파우스트 콤플렉스의 요체다. 마치 문명의 근원을 외디푸스 콤플렉스로부터 찾은 프로이트의 저작 《토템과 타부》를 연상케 한다.

콤플렉스를 해소하고자 하는 간절함은 아산으로 하여금 꿈을 자본으로 활용하도록 추동했다고 본다. 꿈은 마음의 결정체이며 미래를 지향하는 씨앗인데, 시간과 신용은 모두에게 평등하게 분배된 꿈 자본의 밑천이다. 큰일을 열망하는 이들에게 꿈은 에너지의 원천이다. 실천과 욕구 등 적극적이고 주체적인 에너지는 그래서 '꿈 자본'이라는 것이다.

　단순히 '정신'으로 환원되지 않는, 욕망과 정감과 판단력이 뭉쳐진 총체이자 강렬한 콤플렉스. 그것을 김홍중은 '마음'이라고 정의한다. 그리고 '마음의 사회학'이라는 이론적 프레임을 동원하여 '아산의 꿈'으로부터 당대를 대표하는 레짐으로 자리 잡은 '시대적 마음'의 원형을 발견한다. 아산은 구조형성적 행위자로서 기존의 구조나 제도를 변형시키는 강력한 영향력을 발휘하였기 때문에, 그의 마음은 개인적 차원에 머물기보다, 당시 한국적 정황에서 일반적인 정한과 상호작용했다. 그래서 '한국 자본주의의 마음'으로 일반화해서 이해할 수 있는 전형성과 일반성을 갖추게 되었다.

　아산이 수동적이고 반응적인 주체에 머물지 않고, 매우 적극적으로 미래를 위해 투사한 강력한 힘과 꿈의 소유자였다는 점에서 공저자들은 이견의 여지가 없다. 그런데 아산이 태어나 성장한 시대적 배경과 문화적 유산을 고려할 필요가 있다. '생존을 위한 욕망'이 실현되는 데 활용된 변형문법은 유교적 규범이었다는 것이다. 강력한 생존에의 의지와, 그러한 의지의 구현을 가능케 하는 사회적 문법체계로서의 유교적 윤리의 결합, 그것이 아산이 태어나 성장한 시대적 배경 속에서 그의 실존적 선택의 폭을 결정한 것이다.

2. 문화적 공감과 제도적 정합성

아산의 일대기에서 분명히 드러나는 궤적은 전통적인 유교식 교육을 받은 아산이 고도의 자본주의 시스템 속에서 글로벌 챔피언으로 성장해 나간 과정이다. 그것은 아산이 유교적 덕목이 담고 있는 탈주술적이고 현세적응적인 합리주의를 창조적으로 수용하고 미래지향적으로 활용했기에 가능했는데, 유교적 합리주의는 미시적으로는 "배워서 이겨야 한다"는 개인 차원의 강한 동기를 제공했을 뿐 아니라, 집단적으로는 국가 간 경쟁에서 살아남기 위한 강력한 민족주의를 추동하는 문화적 자존심의 토대가 되었다. 아산이 내면화한 유교적 기업관은 사익과 공익을 연결하는 것, 즉 '우리가 잘되는 것이 나라가 잘되는 것이고, 나라가 잘되는 것이 우리가 잘되는 것'이라는 믿음이었다. 류석춘·유광호는 그것을 경제적 민족주의로 요약한다.

본래 근대자본주의 발흥을 종교 윤리를 통해 설명코자 한 이는 막스 베버이다. 그러나 베버의 논의는 심지어 서구사회에서도 자본주의의 초기 성립에 대해서만 암시할 뿐, 자본주의의 발전 과정에 대한 설명은 하지 못한다는 비판을 받아왔다. 그런데 아산의 유교적 기업관이 빛을 발한 이유는 그가 기업가로 활동한 전성기가 한국의 경제적 민족주의가 최고점에 달한 시기와 일치했기 때문이다. 주지하다시피 민족주의는 근대의 산물이며, 민족국가 간 치열한 경쟁을 통해 사회적으로 구성된 이념이다. 서구 민족주의가 등장한 맥락은 매우 현실적인 국가 이익을 위해 서로 경쟁하는, 그래서 때로는 전쟁도 불사하는, 불안정성이 매우 높은 근대 세계체제였다. 19세기 열강 간 각축은 단순 군비경쟁에 그치지 않고 필연적으로 산업생산의 효율화와 자본축적을 통해 경제력을 확대하려는 제국주의적 확산과 맞물려 있었다는 점에서 가장 극단적인 형태의 경쟁이었다. 이처럼 '경제성장에 긍정적 가치를 부여하고 온갖 인간의 욕망을 경제성장에 집중케 하는 하나의 세트로 구성된 윤리와 가치체계'로 정의되는 경제적 민족주의의 정점은 독일의 비스마르크 체제나 일본의 메이지 유신기에 찾을 수 있다.

이에 반해 한국의 경제적 민족주의는 '후발적'이면서 '반응적'이었다. 19세기에 낙오자가 되었기 때문에 20세기 전반까지는 경쟁에 참여할 기회를 잃었고 분단과 전쟁을 거친 후 뒤늦게, 선진 산업화를 이룬 나라들의 경제적 침투에 대항하여 그 경제적 번영을 모방하고 따라잡으려는 후기-후발 산업화 경쟁에 뛰어들었다. 류석춘·유광호에 따르면 이윤 추구를 정당화하는 자본주의 정신과 국제 경쟁에서의 생존이라는 민족주의적 가치를 결합했을 때 발전주의를 추동하는 강력한 에너지가 나왔는데, 한국의 수출 주도 산업화 시기에 이러한 에너지를 발산한 중심인물이 아산이라는 것이다.

반응적 민족주의에 기반을 둔 경제성장 전략이나 그것을 구체적으로 실현한 아산의 기업 경영 철학은 당시 국제적 기준으로 보면 '황당한 선택'이었다. 왜냐하면 대표적 국제기구나 차관공여국들이 제안한 것은 안전한 전략, 즉 '소비재 중심의 수입대체산업화'였기 때문이다. 그러나 당시 한국은 이를 거부하고 실패의 위험부담이 매우 큰 수출 주도 산업화와 중화학공업화에 매진했다. 아산은 세계시장 추종적인 전략에 충실했던 대만의 하청노선과는 대조적으로 '브랜드 국산화 노선'을 일관되게 추구했다. 이는 경제적 효율성의 논리보다는 대장부다운 의義를 발현코자 한 호연지기浩然之氣를 빼고는 설명키 어려운 선택이었다는 것이 류석춘·유광호의 해석이다.

　　김홍중은 생존에의 욕구가 시대적으로 절실한 공감대를 만들어냈기 때문에 아산의 파우스트 콤플렉스는 엄청난 공명共鳴효과를 낳았다고 본다. 살부본능殺父本能을 핵심으로 하는 외디푸스 콤플렉스가 권위자와 스스로를 동일시하는 내면화를 통해 문명의 발전과 전승을 설명하는 키워드가 되었듯이, 아산의 파우스트 콤플렉스는 박정희의 발전국가 모델과 가난을 벗어나고픈 민중적 열망을 절묘하게 매개한 발전주의자의 무의식적 욕망의 원천인 '생존에의 의지'로서 무한 공명의 원천으로 작동하였다는 것이다. 김홍중은 이를 다음과 같이 표현한다. "아산의 사몽私夢은 당시 사회의 공유된 꿈이었던 공몽共夢과 결합하였고, 그것은 결국 발전국가의 꿈인 공몽公夢으로 수렴되어 한 시대의 신화를 구성하였다." 아산의 개인적인 꿈은 시대적 상황에서 미래에 대한 강한 투사력을 가졌고, 그것은 대다수 민중의 꿈인 '우리도 잘 살아 보자'는 꿈을 지도했고, 그 꿈의 에너지를 효과적으로 동원하여 산업화의 놀라운 신화를 만들어냈다는 해석이다.

류석춘·유광호와 김홍중이 지적하듯, 아산의 경영이 빛을 발한 이유는 문화적으로나 심리적으로 공명과 증폭을 가능케 한 유교적 정서나 생존을 위한 처절한 의지가 있었기 때문이지만, 동시에 당시의 제도적 환경에도 잘 부응했기 때문이다. 이재열에 의하면 50, 60년대 한국에는 시장 규칙을 구현할 제도적 인프라가 취약했고, 시장주의자들이 강조하는 '보이지 않는 손'은 신화에 불과했다. 그래서 아산은 강력한 위계로 묶는 계열화를 통해 '시장의 부재'를 극복하는 내부화 전략을 펼 수밖에 없었다. 건설업은 아산표峨山標 경영의 도약대였다. 한국전쟁이 남긴 엄청난 피해를 복구하는 과정에서 아산은 건설업을 통해 사업 기회를 확장했다. 현대건설은 열악한 자연환경을 극복할 인내력을 키우고, 외국현장에서 겪는 문화적 갈등이나 이합집산이 심한 인력을 통솔할 강한 리더십을 배양하는 CEO사관학교로 기능했다. 아산은 현대건설의 사업부문들을 조선, 자동차, 종합상사 등 다양한 분야의 중핵기업들로 분사시키고, 이들로부터 다시 전문기업들을 분사시켜 나가는 반복적 프랙탈 전략을 구사했다.

아울러 아산은 넓게 펼쳐진 계열사들을 매우 효과적으로 통제하고 조정할 수 있었는데, 차입경영과 위계적으로 반복 내포된 지분소유구조가 그 비결이었다. 은행을 커튼 뒤에서 통제하는 정부와의 합의만 이루어진다면 주주나 외부 이해당사자의 입김으로부터 자유롭게 장기적 안목의 기술개발이나 투자, 그리고 인력 양성에 주력할 수 있었기 때문이다.

비유하자면, 아산은 현대건설 출신 제1주자들이 악기별로 포진한 거대한 오케스트라를 '열정적으로 매우 빠르게*allegro molto appassionato*' 지휘한 것이다. 표준화된 공법에 따라 정해진 절차를 단계적으로 진행하는 교과서적 방법 대신, 사물에 부딪쳐 자율적 학습을 통해 얻은 암묵지를 '우선행동원칙'에 따라 과감하게 활용했다. '공기단축'은 속도경영과 고속성장의 비결이었다. 이는 당시 부실한 금융 시스템하에서 쓸 수밖에 없었던 높은 사채이자를 줄이기 위한 피나는 노력의 결과이기도 했다. 아산은 장시간 노동을 지지했다. 후발 산업국인 한국이 따라잡기 경쟁을 위해 피할 수 없는 선택이라 보았다.

이재열의 연구는 아산의 경영이 제도주의 경제학자들 주장대로 단순히 경제적 거래비용을 최소화하는데 머물지 않고, 이에서 더 나아가 제도들 간의 기능적 호환성*functional complementarities*을 극대화했다는데 주목한다. 집중된 위계적 소유구조는 카리스마적 리더십을 발휘하는 토대가 되었고, 기업 간 관계도 위계적으로 구조화했으며, 기업별로 조직된 노조와의 갈등 소지를 줄이기 위해 가족주의적 기업복지를 강화했고, 단기간에 기술 인력을 양산하기 위해 정부주도 직업훈련과 동일한 구조와 기능을 갖는 사내훈련 시스템을 대대적으로 확장해 나갔다는 것인데, 이는 모두 기능적 등위성을 가진 구조를 만들어낸 것이다.

유광호·류석춘의 연구는 아산이 직업훈련 과정에서 이러한 기능적 호환성을 어떻게 극대화해 나갔는지에 대해 매우 구체적으로 추적하고 있다. 국가적 수준에서 중화학공업화는 그에 걸맞은 기능인력을 양성할 필요가 있었으며, 민간기업도 마찬가지였다. 정부에서 단기간에 기술 인력의 부족을 메꾸기 위해 취한 방법은 시범공고사업이었고, 공공직업훈련을 단기간에 활성화했다. 아산은 이러한 공공부문의 기능공 양성의 결과를 앉아서 기다리지 않았다. 아직 자리잡지 않은 공공훈련에 의존하기보다는 적극적으로 사내 직업훈련을 활성화하여 새로운 기술 인력을 자체적으로 양성하여 작업에 투입했다.

이는 앞에서 언급한 바와 같은 사업다각화와 동형구조를 갖는 내부화 전략이라 할 수 있다. 아산이 성공적으로 사업을 확장할 수 있었던 이유는 충분한 자본을 투입하고, 뛰어난 경영 역량을 발휘한 때문이지만, 동시에 충분한 기술 인력을 적시에 공급할 수 있었기 때문이다. 이는 아산식 경영의 특징을 반영한다. 대부분의 나라에서 초기 산업화는 방직이나 가전과 같은 경공업이나 노동집약적 조립산업 중심으로 이루어졌기 때문에 특별한 기술을 필요로 하지 않는 값싼 노동력, 예를 들면 이농한 젊은 여성들이 주를 이루었다. 이는 농촌의 인구가 과잉된 상황에서는 비교적 충원이 쉬운 전략이었다. 반면에 중화학공업화를 위해서는 기술력을 갖춘 남성 노동력이 필요한데, 당시 한국 사정에서는 쉽게 노동력을 확보하기 어려운 처지였다. 전통적인 사농공상의 위계적 직업관이 강했기 때문이기도 했고, 서구와 같이 오랜 기간에 걸쳐 축적된 장인생산의 전통도 없었기 때문이다. 이처럼 시장의 부재를 내부화와 위계화를 통해 해결하고자 한 아산의 전략은 기업의 다각화와 교육훈련 모두에서 공통적으로 발견되는 특징이다.

유광호·류석춘은 중화학공업화 전략에는 대안적 중산층 육성론이 담겨있었다고 주장한다. 박정희 대통령은 한편으로 중고교 평준화 정책을 통해 도시중산층의 재생산기제를 허물고자 했지만, 다른 한편 가난한 인구를 대상으로 기능공을 양성해 '노동계급의 중산층화'를 촉진시켰다는 것이다. 아산은 이러한 전략을 구체적으로 실현했다. 아산은 스스로를 '부유한 노동자'라고 표현했다. 그는 기업 성장을 통해 얻은 이윤을 고임금과 두터운 사내복지를 통해 노동자들과 공유했다. 일종의 선물교환이었다. 유광호·류석춘은 현대중공업의 기능공들에 대한 심층면접과 사료분석을 통해 선물교환의 호혜성이 노동계급을 중산층화 embourgeoisement하는 결과를 가져왔다고 본다. 이것을 보다 일반화하면, 당시의 선순환구조를 찾을 수 있다. 즉 기업과 정부와 기능공 3자 간에 '일반화된 호혜성'이 작동하였다는 것인데, 국가는 기업에 정책과 숙련인력을 제공하고 기능공에는 교육기회와 병역혜택을 주었으며, 기업은 수출로 국가에 기여하고 기능공에게는 일자리와 고임금을 제공하여 계층이동의 기회를 제공했으며, 기능공은 국가에는 산업전사로 기업에는 높은 생산성과 협조적 노사관계를 제공했다는 것이다. 결국 기능공의 중산층화는 국가-기업-기능공 간의 '기능적 상호의존성'이 선순환을 이룬 결과라는 것이다.

3. 아산의 한국적 경영과 향후 과제

아산이 완성한 것은 한국적 경영의 한 원형이다. 그것은 앞에서도 언급한 바와 같이 제도적 환경과 아산의 전략이 상호작용하여 만들어낸 미시-거시 연계의 합작품이다. 아산은 부재하는 시장과 압도적 국가라는 비대칭적으로 결합된 제도적 환경 속에서 발생하는 높은 거래비용을 조직 안으로 내부화했다. 그리고 기업을 운영함에 있어서는 거버넌스, 기업 간 관계, 노사관계, 직업훈련 등의 각 영역들 간 기능적 호환성을 높였다. 그리고 이들 영역에 대응하는 국가의 공적 제도들과의 정합성을 높임으로 해서 조직의 성과를 극대화할 수 있는 구조를 완성하였다. 또한 아산은 미시적 측면에서는 위계적이고 끈끈하며, 집단지향성이 강한 한국적 문화규범에 잘 부응하는, 흡인력을 가진 리더십을 발휘하여 '의기투합해 돌격 앞으로' 할 수 있는 고지탈환형 조직문화를 이끌어냈다.

이처럼 아산이 창출해낸 성과를 우리는 '한국형 기업모델'이라고 부를 수 있을 것이다. 그리고 한국형 모델은 발전국가 시기 고도성장을 통해 그 효율성을 입증한 바 있다. 그것은 강력한 지도력과 결합하여 신속한 의사결정 과정을 거칠 경우 매우 큰 위력을 발휘했다. 그리고 짧은 시간에 규모의 경제와 범위의 경제를 동시에 달성할 수 있는 비방秘方으로 칭송받았다.

그러나 21세기 세계화와 개방화의 거센 압력 속에 아산이 남긴 한국적 경영은 변화된 환경에 놓여 있다. 현대그룹은 조선시대 양반가 분재기分財記와 같은 방식으로 계열 분리했고, 2, 3세 경영의 무대가 되었다. 속도경영과 장시간 노동은 위험사회의 안전 추구 의식과 공존해야 하는 과제를 안게 되었다. 선거 때마다 반복되는 '경제민주화' 요구는 위계적 거버넌스의 적실성에 의문을 제기한다. 노동분배율은 지속적으로 낮아졌고, 노동시장의 이중구조도 심화되었다.

서구 기업모델과의 거리도 바짝 좁혀졌다. 1997년 외환위기는 발전국가 시기의 비교적 닫힌 제도적 환경 속에서 운영되던 한국 기업의 위계적이고 일사불란한 시스템이 세계화, 민주화, 네트워크화로 인해 개방적이 된 환경에 적응하지 못해 경험하게 된 시련이었다. 국제금융기금IMF에 의해 강요된 구조조정은 위계적인 구조를 해체하기 위한 다양한 정책을 쏟아내었고, 전문화를 둘러싸고 계열분리나 빅딜 등을 통한 업종 전문화를 강요했으며, 투명성을 강화하기 위한 다양한 제도개선책들이 도입되었다.

이제는 글로벌한 네트워크 사회로 깊숙이 진입한 한국 경제의 미래를 고민할 때가 되었다. 이 시점에서 아산이라면 어떤 대안을 제시할까. 그 해답은 아산 모델의 '기계적 적용'이 아니라, 그가 당시 문제 해결을 위해 고민했던 '방법의 창의성'을 변화한 현상황에 맞게 구현하여 개방적 환경에서 잘 작동하는 '새로운 선순환의 구조'를 만들어내는 데 있을 것이다.

이재열(서울대학교)

유교와 민족주의

- 아산의 기업관과 자본주의 정신

류석춘(연세대학교), 유광호(연세대학교)

류석춘

학력
연세대학교 사회학과 졸업, 미국 일리노이대학교 대학원 박사.

경력
영국 옥스퍼드대학교 교환교수, 미국 UC San Diego대학교 교환교수, 연세대학교 이승만연구원 원장,
현 연세대학교 사회학과 교수.

저서 및 논문
The Korean Economic Developmental Path: Confucian Tradition, Affective Network, Palgrave Macmillan,
2013. Skilled Workers in Korea: From Industrial Warrior to Labour Aristocrat, Cornell University Press,
(forthcoming)(공저).
〈사회자본 개념으로 재구성한 한국의 경제발전〉, 사회와 이론, 12, 2008(공저).
〈1970년대 기능공 양성과 아산 정주영〉 아산사회복지재단 편, 《아산 정주영과 한국경제 발전 모델》, 집문당,
2011(공저).

유광호

학력
서울대학교 역사교육과 졸업, 연세대학교 대학원 사회학 박사.

경력
연세대학교 이승만연구원 박사 후 연구원, 연세대학교 강사, 현 연세대학교 사회발전연구소 전문연구원.

저서 및 논문
《한국현대사 이해》(경덕출판사, 2007, 공저).
〈정주영의 기능공 양성과 중산층 사회의 등장: 현대중공업 사례를 중심으로〉, 東西硏究, 27(3), 2015(공저).

1. 서론

이 연구는 아산 정주영이라는 한 기업인이 국가적 요구에 호응해 못살던 나라를 강대국형 산업구조를 갖춘 선진 국가로 단기간에 탈바꿈시키는 국가적이고 민족적인 과업을 성공적으로 수행할 수 있었던 문화적·규범적인 가치와 동기가 과연 무엇이었는지를 규명하는 연구이다. 물론 가치와 동기만으로 개인적 혹은 국가적 과업의 성공 과정을 충분히 이해할 수는 없다. 거기에는 개인적 차원의 가치와 동기를 구현할 수 있는 제도적 맥락은 물론 그러한 제도를 선택한 구조적 조건, 나아가서 국제적 환경까지도 변수로 작용한다. 그럼에도 불구하고 개인의 동기와 가치는 외부의 다양한 조건과 결합하여 특정한 성과를 만들어 내는 과정에서 가장 근원적인 동력으로 작용한다. 이 연구는 바로 이 대목에 초점을 맞춘다.

《논어》를 중시했던 근대 일본의 재계 지도자 시부사와 에이이치[1]는 "한 국가가 다른 나라의 경제 제도는 모방할 수 있지만, 기업정신마저 수입해서 발전시킬 수는 없다. 기업정신은 자국의 고

---

[1] 시부사와 에이이치(澁澤榮一, 1840~1931)는 일본 에도 막부 말기 농업과 상업을 겸한 집에서 태어나 어려서부터 '왼손에는 《논어》 오른손에는 주판을 들고' 선비적 문제의식과 상인적 현실감각을 익혔다. 1867년 파리 만국박람회를 시찰하고 메이지 정부의 조세국장을 맡아 금융제도 등을 근대적으로 개혁했다. 1873년 실업계에 투신하여 제일국립은행과 500개의 기업을 설립하는 데 관여하면서 경제적 지식과 기업윤리를 모두 갖추고 정부의 관료들과 동등함을 느끼는 새로운 기업가상을 세우고자 하였다. 그것을 위해 무사도와 상업적 자질의 결합을 의미하는 "사혼상재(士魂商才)"라는 말을 만들어 냈고, 도덕과 이익을 조화시키는 것이 공자의 경제관이라고 주장하는 《논어와 주판》(1927)을 저술하고 강연하였다. 그는 '일본 자본주의의 아버지'로 불린다(시부사와 에이이치, 2012; 타이쿠오후이, 1996).

유한 문화와 사회적 조건들로부터 자연스럽게 스며나와야 한다(타이 쿠오후이, 1996, p. 131)"고 갈파한 바 있다. 이런 맥락에서 오늘날 한국의 대표적 기업인으로 꼽히는 창업자 세 사람 즉 LG의 구인회(연암連庵, 1907~1969), 삼성의 이병철(호암湖巖, 1910~1987), 현대의 정주영(아산峨山, 1915~2001)이 모두 어릴 때 한학을 배워 유교적인 교양과 지혜를 체화하고[2] 결국에는 국제적 경쟁력을 가진 글로벌 기업을 일으켰다는 사실은 주목할 만한 사실이다.

이 세 인물은 태어난 해가 각각 1907년, 1910년, 1915년으로 거의 동년배라 볼 수 있다. 따라서 이들은 일제강점기(1910~1945)에 유년기와 청년기를 보낸 공통점이 있다. 해방이 되던 해 이들은 각각 만 38살, 35살, 30살이었다. 이 세 인물 가운데에서도 특히 주목을 끄는 인물은 정주영이다. 왜냐하면 다른 두 인물은 상대적으로 부유한 가정을 배경으로 전통적 서당 교육은 물론 근대 교육의 혜택을 충분히 받으며 성장할 수 있었기 때문이다.[3] 그러나 정주영은 경제적으로 매우 어려운 가정배경 때문에 근대적 공식 교육의 뒷받침을 제대로 받지 못하며 성장했다. 그럼에도 불구하고 정주영은 유교적 교양을 강조한 조부 덕택에 남부

---

2 LG의 창업자 구인회는 7년, 삼성의 창업자 이병철은 5년, 현대의 창업자 정주영은 3년 동안 각각 조부가 세우거나 직접 가르치는 서당에서 한학을 배웠다. 수학 기간이 가장 긴 구인회는 사서삼경(四書三經)을 모두 마쳤고, 정주영과 이병철은 똑같이 사서 중 《대학》, 《논어》, 《맹자》까지 배웠다(김영태, 2012, pp.22~24; 이병철, 1986, pp.6~7; 정주영, 2011, p.23).

3 구인회는 진주 그리고 이병철은 의령의 전통적 지주 집안 출신으로 모두 남부럽지 않은 근대 교육을 이수하였다. 구인회는 할아버지가 조선의 홍문관 교리 출신으로 일제강점기 사학의 명문인 중앙고보에서 수학하였다. 한편 이병철은 일제강점기에 일본 와세다 대학에 유학하며 수학하였다(김영태, 2012, 이병철, 1986).

럽지 않은 서당 교육을 받을 수 있었다(정주영, 1999, p.22: 정주영, 2011, p.23).

그렇다면 유교라는 전통적 가치를 유년기에 받아들이고 난 후 이렇다 할 근대적 공식 교육의 세례를 받지 못한 아산의 가치관과 리더십은 어떻게 시장경제 즉 이윤 추구를 기본으로 하는 자본주의라는 새로운 시스템에 적응할 수 있었는가? 나아가서 어떻게 아산은 국가적 과제인 경제발전에 기여하고 결국에는 국제적 경쟁력을 가진 기업을 다수 만들어 자본주의의 챔피언이 될 수 있었는가? 이 글은 이 질문에 대한 대답을 기업인 정주영의 입장에서 추론해 보는 작업이다.

한국 자본주의의 발전 과정에서 발견되는 가장 큰 특징은 두 번의 때 이른 심지어 '황당'하기까지 한 선택이 있었다는 사실이다. 첫째는 1960년대 초반의 때 이른 수출 주도 산업화이다.[4] 또한 이로부터 약 10년 후인 1970년대 초반 한국 경제는 다시 한 번 때 이른 중화학공업화를 추진한다. 그리고 우리나라의 경제는 이 두 번의 때 이른 선택 때문에 '한강의 기적'이라 불리는 두 자리 수의 성장을 자랑하며 마침내 선진국 문턱까지 치고 올라갈 수 있었다.[5]

---

4 정부의 이와 같은 정책 선택의 배후에는 홍콩의 보세가공 산업을 눈여겨 본 전택보라는 기업인의 역할이 있었다(김입삼, 2003 김용삼, 2013, p.162).

5 당대의 지식인들은 대부분 박정희 정부의 이러한 두 번의 선택에 당혹해 했다. 국내외 학자들은 한결같이 '수입대체 산업화' 즉 경공업을 중심으로 내수시장을 통해 경제발전을 도모하는 내포적 발전의 길을 가야한다고 주장하였다(이영훈, 2013, pp.376–379).

이 두 번의 도약을 만들어 내는 과정에 가장 핵심적인 역할을 한 사람은 말할 것도 없이 박정희다. 그러나 박정희가 '수출 주도 산업화'라는 때 이른, 심지어 보기에 따라서는 황당하기까지 한 국가적 과제를 추진할 때 온갖 어려움을 이겨 내고 결국에는 글로벌한 기업을 탄생시키며 오늘날 대한민국의 경제를 세계 속에 우뚝 세우는 데 앞장 선 민간의 동반자들이 없었다면 그의 프로젝트는 성공할 수 없었다.[6] '기업보국企業報國'을 핵심 가치로 삼은 이들 민간의 동반자들이야말로 한국의 경제발전 과정을 기업현장에서 관리하면서 오늘날의 글로벌 기업을 탄생시킨 주역들이다. 대표적인 인물이 바로 앞서 언급한 세 사람이다.

그중에서도 근대적 교육의 혜택을 별로 누리지 못한 정주영의 경우가 특히 우리의 흥미를 끈다. 왜냐하면 다른 두 인물은 기업경영 혹은 시장경제 나아가서 자본주의라는 서구의 추상적 개념을 공식적인 교육을 통해 조금이라도 익힐 수 있었기 때문이다. 그러나 정주영의 경우는 전혀 그러하지 못했다. 그렇다면 정주영은 '수출 주도 산업화'라는 역동적인 국가적이고 민족적인 과제를 수행하면서 과연 어떠한 심리적·문화적 가치와 규범을 내세우며 스스로의 역할을 정당화시켰는지 그리고 나아가서 주변의 사람들을 설득하는 리더십을 발휘할 수 있었는지 궁금하지 않을 수 없다.

---

6 왕혜숙(2015)은 정치 지도자 박정희와 기업 지도자 정주영이 맺어간 관계를 '인정투쟁'의 개념으로 분석한다.

서당 교육으로 대표되는 전통적 유교 교육과 가치만을 학습한 기업인이 이윤 추구를 본질로 하는 자본주의 시스템을 받아들이고 마침내는 국제적 경쟁에 성공해 글로벌한 자본주의의 챔피언이 되는 과정에 대한 이해가 없다면, 우리는 한국 경제의 발전을 역사적 우연이라고 치부하는 무책임한 모습을 벗어날 수 없다. 그러나 그렇게 치부하기엔 우리가 발전을 위해 쏟아부은 노력과 애정이 너무 크고 많다. 이 연구는 정주영의 사례를 통해 한국 자본주의의 발전이 전통적 가치인 유교를 출발점으로 하여 수출 주도라고 알려진 해외시장 개척 즉 '경제적 민족주의economic nationalism'[7]가 실현되는 과정이라고 분석한다.

---

7 '민족주의'라는 말은 'nationalism'의 통상적인 번역어다. 'nationalism'은 근대 이후 '국민주의' '국가주의' '민족주의'라는 의미를 두루 가지는 복합적인 개념이다. 본 논문에서는 그것의 대표적인 번역어로 '민족주의'를 선택하였다. 그런 민족주의는 보편적으로 민주성(demos)과 종족성(ethnos)을 함께 가지고 있다(장문석, 2007, pp.25–33). 본 논문의 맥락에서 쉽게 공유할 수 있는 의미를 든다면, 그것은 대외적으로 독립적이며 다른 민족으로부터 무시당하지 않을 부강한 나라를 만들어야 한다는 의식이다. 또한 대내적으로는 전통적인 신분질서를 타파하고 가난을 극복함으로써 평등한 사회구조를 창출하는 것을 국가적 목표로 설정하고 헌신하는 의식이라고 할 수 있다. 더불어 한국인들의 자질이 그러한 과제를 달성할 수 있다는 믿음을 가지고 있는 것을 포함한다. 이와 같이 민족주의는 사회의식의 한 형태이자, 현실을 인지적 · 도덕적으로 조직하는 하나의 방식이다. 이와 같이 민족주의는 근대 사회 도덕질서의 기초이자 가치의 원천으로 근대 사회에 특징적인 민족적 정체성 및 사회통합의 기반을 표상한다(Greenfeld, 2001, p.25). 경제적 민족주의는 이와 같은 민족주의를 경제적인 차원에서 구현하는 민족주의이다.

2. 유교와 민족주의의 결합–한국 자본주의 정신

유교의 철학적 특징: '효'와 '배워서 이기기'

유교적인 전통이 자본주의의 발전에 미치는 영향에 관해서는 막스 베버 이후 지금까지 많은 논의가 있어 왔다(류석춘, 1992). 최근에는 유교의 죽음에 대한 처리 즉 후손이 조상에 대해 주기적으로 의례祭祀를 지내는 일의 의미를 종교적으로 재해석하여 경제 성장의 밑거름이 된 헌신적인 노동윤리 나아가서 세계적인 교육열의 등장을 설명하는 논의가 등장했다(Lew, 2013, pp.25-46; 류석춘·최우영·왕혜숙 2005). 이 논의는 특히 효孝 즉 제사의 종교적 의미를 재해석하여 그것이 제도화 되는 과정에서 선대를 더 잘 기억하고 더 잘 재현하려는 동기가 집집마다 경쟁적으로 보급되면서 한국인들로 하여금 다른 집보다, 남들보다 현세에서 더 잘 살아야 한다는 의식을 체화하게 만들었다고 주장한다. 결국 유교의 효라는 가치가 선대의 기억과 재현을 위해 근면하게 일해야 한다는 노동 윤리와 자식 교육에 최선을 다해야 한다는 경쟁을 유발해 경제발전을 위한 개인 차원의 미시적 동기를 제공했다는 설명이다.

죽음을 둘러싼 이와 같은 유교의 종교적 동기는 유교의 다른 철학적 특징들과 결합하면서 한국 자본주의 발전에 결정적인 기여를 했다. 유교 철학이 '모방에 의한 창조' 즉 '배워서 이긴다'는

가치와 태도를 한국인들에게 고무시켰기 때문이다. "배우고 때
때로 익힌다學而時習"는 문구가 유교 최고의 경전 《논어》의 출발인
이유는 다름 아니라 모르는 것이 있으면 배우고 익혀야 한다는
자세를 절대적으로 강조하는 말이다.[8] 말할 것도 없이 이와 같은
배우겠다는 자세야말로 근대화 과정에서 선진국을 따라잡는 가
장 중요한 태도이고 가치이다. 특히 "진정으로 변화하고 성장하
기 위해서는 그동안의 삶의 방식과 전혀 다른 새로운 방식을 기
꺼이 나의 삶으로 받아들이고 내 것이 되게 하려는 노력이 더해
져야 한다(한재훈, 2014, p.196)".

유교는 나름의 자존적인 문명 의식을 가지고 항상 중심을 지
향하면서 보다 고등高等한 문명에 대한 동경과 적응력을 보여주
었다.[9] 기본적으로 유교는 세계종교 가운데 가장 탈주술화된
disenchanted 종교로서 '현세적응적' 합리주의를 가지고 있다(Weber,
1951; 전재국, 2013). 비록 유교가 과학기술 측면에서 중대한 결
함을 지니고 있었던 것이 사실이라 하더라도,[10] 인간이야말로 천
하와 만물의 주인이라는 인본주의를 내면화하고 '화이관華夷觀'에

---

8 "學의 기본적 뜻은 '본받음'이다. '본받음'이란 반드시 자기 자신의 부족과 결핍을 자각할 때만 행해진다는 특별한
전제가 있는 인간행위다. 인간은 자신의 문제점을 자각했을 때 외부로부터 무엇인가를 받아들임으로써 이를 해결
하려고 하는데 그것이 곧 '본받음'이다"(한재훈, 2014, p.196).

9 "유교는 위상의 '차이'를 인정하고, '권위'를 존중하며, '약자'를 배려하라고 가르친다. 다만 불합리한 권위일 경우,
유교만큼 저항과 불복종을 가르치고, 또 순교까지 권유한 가르침이 드물다"(한형조, 2008, pp.73~74).

10 이 점은 일반적으로 인정되어온 점인데, 뚜웨이밍도 "유가 전통은 문화역량을 과도하게 강조한 나머지 문화에
큰 영향을 주는 비(非)문화적인 요소, 즉 자기의 경제력이 강한지의 여부와 군사적 역량이 충실한 지의 여부 등을
경시했던 것 같다"고 지적하였다(뚜웨이밍, 2007, p.202).

입각한 문화적·정신적 차원의 자부심을 가지고 있었다(한형조, 2012, pp. 176-182; 이승만, 2015a, pp.247-248; 이승만, 2015b, p.16).

이러한 한국인의 문화적 자존심이 근대화 과정에서 선진국의 부강함에 대하여 반응하고 도전하는 '경제적 민족주의'를 실행하는 원동력이 될 수 있었다. '모방emulation' 나아가서 경쟁심이란 앞선 상대의 방식을 따라하면서 겨루는 상태를 의미한다(Reinert, 2007, pp.71-100). 다시 말해 경쟁에서 승리하기 위해서는 배우고 나아가서 '따라잡기catch-up'를 해야 한다는 가르침이 유교 문화의 핵심적 특징이다.

마지막으로 유교는 사회학적으로 표현하면 개인과 사회·국가를 상호 배태된 관계로 보는 인간관과 사회관을 특징적으로 가지고 있다. 유교는 부자 형제간의 도리인 효제孝悌를 밖으로 미루어 남에게 베풀라는 지향, 즉 인仁의 도리를 사회화하는 이념을 핵심 가치로 세웠다. 이러한 유교의 특징을 상투적인 용어인 '가족주의'라고 표현한다면 그 온전한 의미를 잡아내기 어렵다. 왜냐하면 그것은 오히려 가족 이기주의와 반대되는 사고이자 윤리이며 선공후사先公後私의 가치관을 따르는 철학이기 때문이다.

그러므로 이 가치는 '여민與民' 즉 백성과 더불어 즐기는 것을 공동선으로 여기는 가치이다(배병삼, 2012a). 다시 말해 남에게 기여하는 도덕적 의무감을 고취하는 가치이다.[11] 이 가치가 경제적

---

11 "조선사회를 특징짓는 '도덕사회'는 조선왕조의 국가 이데올로기인 유교, 특히 성리학(性理學)의 강한 영향 아래

민족주의와 결합하면 국가적으로 필요한 과제를 국민들에게 제시하고, 각각의 개인은 그 가치를 실현하기 위해 스스로의 희생을 무릅쓰는 결과를 가져온다.

민족주의라는 자본주의 정신

막스 베버Max Weber는 자본주의 정신으로 프로테스탄트 윤리만을 고집하지 않았다. 각각의 문화에는 그것에 대한 기능적 등가물이 있을 수 있다고 인정했다(Weber, 2002; Greenfeld, 2001, pp.15-16; 류석춘, 1992). 또한 그 어떤 전통 종교도 자본주의 정신이라는 '끊임없는 이윤 추구' 나아가서 그에 기초한 지속적인 경제성장과 공업화를 요구하는 윤리를 제시하지 않는다. 반면에, 근면을 통해 생활을 향상시키고 현실에서 여유 있게 생활하는 것이 잘못된 일이 아니라는 전통 윤리나 가르침은 이 지구상에 수도 없이 많다. 전통적 종교와 윤리가 경제적 풍요와 부에 대해 보여주는 이와 같이 애매한 입장 때문에, 종교가 자본주의 발전의 동력과 윤리로 작용했다는 설명은 항상 '의도하지 않은 결과'라는 단서를 붙이지 않을 수 없다(Weber, 2002; Hirsh, 1977; 후쿠야마, 1996).

한층 더 강화되는 경향을 보였다. 전근대사회의 국가적 혹은 사회적 이데올로기 가운데 성리학만큼 '호혜·재분배'에 의한 통합구조의 달성을 강력하게 희구한 이데올로기를 찾아보기 어렵다"(김성우, 2012, p.324).

그러나 이 논의에서 중요한 질문은 왜 자본주의 정신 즉 끝없는 이윤의 추구가 한편으로는 개인 수준에서 인간의 본성을 구성하는 합리적 이기심으로 그리고 다른 한편으로는 동시에 사회적 수준에서 공동선과 최고의 집합 이익을 구현하는 방법으로 널리 받아들여지게 되었느냐 하는 문제이다. 기독교이건 유교이건 혹은 그 어떤 종교이건 인간의 지나친 돈벌이 욕구는 규율해야 하는 경계의 대상으로 삼아 왔다. 그렇기 때문에 그러한 성향이 나타나면 그것은 일부 개인의 특성으로만 여겼다. 따라서 돈벌이에 대한 욕구 즉 이윤 추구를 긍정하는 사회적 가치의 출현 뒤에는 새로운 기준에서 집합적으로 그러한 행동을 정당화하는 윤리적 기준이 마련되지 않으면 안 된다.

따라서 본격적인 자본주의 정신의 등장은 의도하지 않은 역할을 '우연히' 제공하는 전통적 윤리의 존재만으로는 설명이 충분하지 않다. 이보다는 훨씬 더 분명한 집단적 목표와 새로운 성취 동기 그리고 윤리체계를 필요로 한다. 베버 테제가 보여주는 이와 같은 약한 고리에 대한 논리적이고 실증적인 보완이 최근의 연구에서 제시되었다(Greenfeld, 2001 ; Reinert, 2007). 이들은 세계사의 경험으로 볼 때 자본주의적 산업화를 이루는 데 있어서 가장 중요한 동력은 근검절약이라는 종교적이고 개인적인 차원의 동기가 아니라 국가 간의 경쟁에서 살아남기 위한 국민적 차원의 경제적 동기 즉 '경제적 민족주의'라고 주장한다(Greenfeld, 2001, p.26, 475 ; Reinert, 2007, pp.283-285).[12]

경제적 민족주의야말로 자본주의 정신이 등장하는 결정적 배경이라는 추론을 적극적으로 검토해 보자. 일찍이 백여 년 전 베버는 개신교 종파인 캘빈주의의 예정설 때문에 구원 가능성에 대한 불안을 견디지 못한 신자들이 현세에서의 생활을 근면성실하게 영위함으로써 자본주의라는 새로운 시스템을 '본의 아니게' 성립시켰다고 설명했다(Weber, 2002).[13] 그러나 베버의 이 주장은 같은 캘빈주의 국가이면서 동시에 당시 경제적으로 가장 앞서 있었던 네덜란드 공화국을 제치고 상대적으로 후진이었던 영국이 왜 산업화에 먼저 성공하였는지를 분명히 설명할 수 없다(Greenfeld, 2001, p.15, pp.21-26; 골드스톤, 2011, pp.94-101).[14]

새로운 연구들은 경제발전의 역사에서 민족주의가 자본주의와 매우 자연스럽게 결합하고 있음에 주목한다. 왜냐하면 산업혁명의 역사가 민족주의 역사와 완벽하게 일치하기 때문이다. 실제 경제발전의 역사는 선진 국가로부터 후진 국가로 발전이 자연스럽게 흘러들어간 결과가 아니라 오히려 매우 역동적인 추격과 방어의 과정을 동반하여 왔다. 예컨대 영국은 뒤처진 가운데 출

---

12 민족주의가 군사력과 결합한 제국주의에 관한 논의는 여기에서 다루지 않는다. 자본주의 시장경제가 전 세계를 석권한 오늘날의 상황이 여기에서의 검토 대상이다.

13 이것은 베버 자신의 표현대로 개신교 윤리와 자본주의 경제발전 사이의 선택적 친화를 분석한 것이었고 하나의 가설로 제시된 것이다. 이와 함께 베버는 서구에서 자본주의를 발생시킨 여러 부문의 제도적 특징과 역량을 동시에 연구했다. 그는 서구의 특징적인 제도적 역량들이 결합하여 자본주의라는 새로운 시스템을 만들 수 있도록 점화하는 역할을 제공해 준 정신체계가 개신교의 캘빈주의 윤리라고 설명했다(Weber, 2002).

14 영국이 경제적 지배력을 장악할 문턱에서 영국은 세계에서 가장 선진한 경제가 아니었다. 경제적 이륙을 위한 전제조건들의 구축이라는 객관적 역량의 관점에서 볼 때, 16세기 말까지는 네덜란드 공화국, 프랑스, 독일, 심지어 스페인이나 이탈리아가 영국보다 최초의 경제적 이륙을 위해 더 나은 위치에 있었다(Greenfeld, 2001, p.22).

발하여 앞서 있던 네덜란드 경제를 따라잡고 결국에는 추월했다. 이후 프랑스, 독일, 일본의 영국 추격도 마찬가지 모습을 보여주었다(Gerschenkron, 1962). 최근에는 중국도 이 대열에 합류하고 있다.

게다가 앞서 살펴보았듯이 똑같이 캘빈주의를 신봉했음에도 불구하고 경제적으로 선진이었던 네덜란드 공화국이 아니라 상대적으로 후진이었던 영국이 돌파구를 만들어 근대 자본주의 체제에서 지속적인 지배력을 획득했다. 이러한 사실은 '프로테스탄트 윤리' 가설에 대해 변칙적인 상황이 존재하고 있음을 말해 준다. 그린펠드(Greenfeld, 2001, pp.21-26)는 이러한 변칙적인 상황을 설명하기 위해서는 민족주의에 관한 논의를 도입하여야 한다고 주장한다.

민족주의는 최초로 영국에서 출현해서 사회의 지배적인 비전이 되었고 1600년까지 영국의 사회의식을 효과적으로 전환시켰다. 비슷한 전환들이 다른 나라에서 감지되기까지는 백여 년의 시간이 더 지나야 했다. 특히 네덜란드는 정치적으로뿐만 아니라 경제적으로도 당시 최고의 선진국이었기 때문에 국민적 정체성과 의식의 변환은 오히려 훨씬 더 지체되었다. 심지어 19세기에 들어설 때까지도 네덜란드에서는 그러한 의식이 크게 드러나지 않았다(Greenfeld, 2001, p.23, pp.90-104).

이 새로운 정신 혹은 원동력은 영국이라는 나라가 가진 상대적으로 후진적인 조건에 하나의 결정적인 요소를 더해 주었다. 그

요소는 다름 아닌 빈약한 조건과 자원을 새로운 방법으로 결합하고 확대하여, 다른 나라들이 더 잘 갖추고 있었던 자본주의의 발전 조건을 영국이 추월할 수 있도록 자극하는 역할이었다. 이 정신적 동력이야말로 영국이 다른 나라들에 대한 경쟁 우위를 추구하여 산업화를 최초로 이룩할 수 있도록 만든 새로운 힘이었다(Greenfeld, 2001, p.23).

프로테스탄티즘 가설이 분석하는 자본주의 정신의 '우연한' 성립과는 달리, 민족주의 테제는 근대경제가 요구하는 사회구조의 유형을 '필연적'으로 촉진시킨다. 왜냐하면 대외적으로 경쟁하는 민족주의는 대내적으로 평등을 지향하지 않을 수 없게 하기 때문이다. 외부의 경쟁에서 패배하지 않기 위해서는 내부의 위계를 흔들어 특히 전통적으로 무시당하던 직업 특히 이윤 추구를 지향하는 직업의 지위를 상승시켜야 한다. 그래야 국력을 키워서 대외적인 경쟁을 할 수 있다. 이는 그런 직업에 종사하는 사람들이 캘빈주의의 예정조화 교리와 소명론을 통해서 스스로의 활동에 정당성을 부여할 수 있다는 논리와 정확히 같은 결과를 만들어 내는 효과를 가진다(Greenfeld, 2001, p.23).

또한 민족주의는 다른 나라와의 관계에서 경쟁적으로 평가되는 조국의 위상 즉 국가적 위신을 높여야 한다는 구성원들의 관심 때문에 반드시 국제 경쟁에서 살아남기 위한 적극적 노력을 동반한다. 두말할 것도 없이 이러한 동력이야말로 한 나라가 그 자신의 이미지를 위해 중요하다고 생각하는 분야에서 '국제 경쟁력'을 갖게 하는 최고의 자극이다. 따라서 경제적 민족주의를 배경으로 후발국은 선발국을 따라잡는 자본주의적 국제 경쟁에 헌신하지 않을 수 없다. 이 자극이야말로 근대 경제의 경향적 특징인 국민경제의 지속적 성장을 만들어 내는 궁극적 동력이다 (Greenfeld, 2001, p.23).

따라서 경제적 민족주의는 경제성장에 긍정적 가치를 부여하고 온갖 인간의 욕망을 경제성장에 집중하게 하는 하나의 새로운 세트로 구성된 윤리와 가치체계이다. 특히 경제적 민족주의라는 자본주의 정신은 특정한 나라의 경제가 국제적 경쟁의 장 속에 포함되는 맥락에서만 등장한다. 따라서 민족·국민·국가 의식 national consciousness을 기초로 한 자본주의 정신의 성립은 나라마다 그 환경과 조건에 따라 달리 나타난다(Greenfeld, 2001, pp.474-475). 독일의 경우 결정적 계기는 비스마르크 체제를 뒷받침한 민족주의 경제사상가 리스트Friedrich List의 활동이었다(Greenfeld, 2001, pp.199-218). 일본은 전통적인 '경세제민' 이념에 입각해 '경제 전쟁'이라는 관점과 전략에서 선진국 따라잡기를 시작한 명치유신이 결정적인 계기였다(Greenfeld, 2001, pp.334-345). 두 나라 모두 2차 대전 패전 후 이러한 자극은 더욱 강화되어 제국주의라는 역사적 잘못을 뒤로 하고 최근에는 더욱 경제적 민족주의에 매진하는 모습을 보이고 있다.[15]

---

15 일본의 경우 아베 신조 총리의 등장 이후 경제적 민족주의를 넘어선 군국주의의 부활이 아닌가 하는 우려가 있

한국의 경우 경제적 민족주의는 박정희가 우리 민족의 무기력한 역사에 대하여 행한 충절의 반역 즉 5·16 혁명을 계기로 본격적으로 시작되었다(이영훈, 2013). 그때부터 선공후사의 가치와 규율에 입각하여 개인과 국가의 상호 배태에 의해 조율된 행동의 힘이 본격적으로 경제에서 작동하면서 이른바 수출 주도 산업화에 매진하며 경제가 지속적으로 발전하기 시작했다(류석춘·왕혜숙, 2008). 이러한 경제적 민족주의의 양태는 '우리도 잘 살아보세'라는 구호로부터 출발하여, '일본인도 하는데 한국인이 왜 못하나' 하는 일본 따라잡기로 구체적인 모습을 드러냈다. 나아가서 경제적 민족주의 의식은 기업인으로 하여금 국가와 민족공동체에 대한 의무로서 해외시장에 진출할 수 있는 국제 경쟁력을 가진 기업의 육성을 요구하였다.

단순한 사욕 즉 인간의 본능적인 탐욕은 국가적 차원에서 지속적인 경제성장을 가져오지 못한다. 이윤 추구 동기가 경제적 민족주의라는 집합적 가치와 목표에 귀속되는 경우에만 자본주의 정신으로 발현되어 경제적으로 합리적인 행위에 정당성을 부여하면서 장기적인 경제발전이 가능해 진다.[16] 우리나라에서는 "민족중흥" 혹은 "조국 근대화"와 같은 민족주의적 이념과 목표가

는 것도 사실이다.

16 이런 맥락에서 미국 기업인들의 개인주의적인 경쟁 방식은 매우 독특하다. 미국 이외의 다른 국가에 속한 다국적 기업들은 일반적으로 여전히 민족적인 특징을 보여준다(Greenfeld, 2001, pp.482-483: 후쿠야마, 1996).

등장하고 나서야 지속적인 경제발전이 이루어졌다.[17] 민족주의라는 가치 속에서 한국의 기업은 국가의 대표 그리고 국민의 대표로 해외시장에서 경쟁하며 기업보국企業報國이라는 가치를 실현하는 과제에 뛰어들지 않을 수 없었다. 그러므로 이윤 추구를 정당화하는 자본주의 정신이 확립되기 위해서는 국제 경쟁에서의 생존이라는 민족주의 가치에 온 국민이 다함께 참여하도록 하는 자극이 필요하다(Greenfeld, 2001 ; Reinert, 2007).

3. 유교 교양인으로서의 아산

여기서는 앞서 제시한 외부 문명의 접촉과 도전에 대한 유교 특유의 대응 방식을 배경에 놓고 아산 정주영의 유교적 교양과 철학은 과연 어떤 모습을 가진 것이었는지를 구체적으로 검토해 본다. 결론부터 얘기하자면 아산의 유교 가치와 윤리는 '배움의 가르침'의 연속체, 특히 구체적으로는 《대학》의 8조목 즉 '격물格物, 치지致知, 성의誠意, 정심正心, 수신修身, 제가齊家, 치국治國, 평천하平天下'와 궤를 같이하며 각각의 단계를 모두 나름대로 체현體現하고 있다고 평가할 수 있다. 지금부터는 아산의 한학漢學 수학 과정 그리고 그로부

---

17 자본주의라는 경제 제도 나아가서 민주주의라는 정치제도가 특정한 국가에서 본격적으로 작동하려면 그 기능을 원활하게 해 주는 전통적인 문화적 가치와 관습을 역사에서 부활시켜야 한다. 다시 말해 합리적 계산은 필요조건이고 문화적 전통에 바탕을 둔 호혜성, 도덕률, 공동체에 대한 의무, 신뢰 등이 추가되어야 한다. 그러한 요소들은 현대사회에서 시대착오적인 것이 아니라 오히려 생존과 발전을 위한 필수적인 조건이다(후쿠야마, 1996, p.30).

터 체득한 유교적 소양들을 하나하나 나열하며 검토한다.

　아산은 식민지시기 보통학교(초등학교)에 들어가기 전 3년 동안(1920-1923)[18] 조부의 서당에서 《천자문千字文》, 《동몽선습童蒙先習》, 《명심보감明心寶鑑》, 《소학小學》, 《대학大學》, 《논어論語》, 《맹자孟子》, 《십팔사략十八史略》 등을 배우고 무제시無題詩, 연주시聯珠詩, 당시唐詩를 익혔다.[19] 이러한 배움의 과정을 고려하면 아산을 유학자로까지 볼 수는 없다고 하더라도, 당당한 유교 교양인이었다고 평가하기에는 모자람이 없다.

　조선 전기의 거유巨儒로 조광조趙光祖의 스승이며 문묘에 배향된 '소학공자小學公子' 김굉필金宏弼은 "《소학》 이상은 필요 없다"고 할 정도로 소학을 중시하였다. 아산은 그런 정도의 비중을 가진 소학을 넘어 《대학》과 《논어》 그리고 《맹자》도 배웠다. 아산은 "이 덕분에 보통학교에 들어가서는 더 배울 것이 없었다. 어릴 때 한문을 조부께 종아리를 맞아가며 괴롭게 배웠지만 그 한문이 일생을 살아가는 데 있어서 내 지식 밑천의 큰 부분이 되었다. 그때 배운 한문 글귀들의 진정한 의미는 자라면서 깨달았다"고 회고

18　1998년에 간행된 자서전 《이 땅에 태어나서》에 실려 있는 연보에는 한학 수학 기간이 "1919-1922"라고 쓰여 있으나, 아산이 6-9세 기간이라고 하므로 1920-1923년이 옳을 것이다. 또한 자서전에는 "1930년 3월 송전소학교 졸업"으로 되어 있으나, 《건설자 정주영》(김명호, 1997)의 3쪽에 실린 졸업사진에 "소화(昭和) 6년 3월 송전공립 보통학교 졸업생"이라고 적혀 있으므로 1931년 3월 졸업이 옳다.

19　이것은 1998년에 간행된 자서전 《이 땅에 태어나서》에 있는 아산의 서당 공부 목록이다. 그런데 이보다 앞서 간행된 1991년의 자서전 《시련은 있어도 실패는 없다》에는 자치통감(資治通鑑)도 읽었다고 밝히고 있다. 그러나 방대한 거질인 자치통감은 조선에서 읽지 않았다. 1991년판 자서전의 착오로 추정된다. 단 자치통감의 요약본인 통감절요(通鑑節要)는 읽었을 수 있다.

했다(정주영, 2011, pp.23-24).

그렇다면 아산의 조부는 아산에게 왜 서당 공부를 시켰을까? 또한 역으로 그러한 한학 공부에서 얻게 된 '배움'은 아산에게 과연 무엇이었을까? 그때는 서당을 마치고 취학 연령이 되면 자연스럽게 신식 학교인 보통학교에 입학하는 것을 당연하게 여기던 상황이었다. 이미 조선이라는 유교 국가가 사라진 마당에 서당에서의 한문과 유학 공부가 현실적 출세의 수단이 될 수는 전혀 없었다. 그러므로 아산은 '사람다운 사람이 되기 위한 공부' 혹은 순수한 학구열로부터 출발한 공부를 하였다고 보아야 한다(정순우, 2007). 또한 이것이 조부의 기대였음은 더 말할 것도 없다.

이러한 배움으로 아산은 세상의 이치와 사람으로서의 도리를 깨우치기 시작했다(박정웅, 2007). 조선 후기에 정약용이 과거 때문에 학문이 사라졌다고 개탄했듯이(한형조, 2012, pp.180-181), 그때나 지금이나 학력을 쌓고 자리를 차지하기 위해 자격을 따기 위한 공부 즉 이른바 '스펙'을 위한 위인지학爲人之學은 진정한 배움이 될 수 없다(정범모, 2008). 따라서 수신修身을 위한 어릴 때의 '위기지학爲己之學' 경험이 아산의 인격적 본질을 형성하는데 크나 큰 역할을 하였음에 틀림없다.

아산의 서당 공부 기간은 3년으로 비록 짧았지만, 그가 배운 《대학》이나 《논어》 그리고 칠언시七言詩, 오언시五言詩는 요즘 대학 출신들도 한문으로 읽고 해석하기가 쉽지 않은 높은 수준이다. 따라서 정주영의 학문이 결코 짧다고 볼 수는 없다. 짧기는커녕 세상 이치를 터득하는 데 필요한 기본이 《소학》이나 《대학》에 들어 있다고 인정한다면, 아산의 지적 밑바탕에는 동아시아 3천 년 이상의 문명이 쌓아 온 지혜가 고스란히 전수되었다고 보아야 한다.

아산이 가장 좋아했다는 '일근천하무난사(一勤天下無難事: 부지런하면 세상에 어려움이 없다)', 그가 위기에 몰릴 때마다 떠올렸다는 '유지자사경성(有志者事竟成: 뜻이 강하고 굳은 사람은 어떤 어려운 일에 봉착해도 기어코 자신이 마음먹었던 일을 성취하고야 만다)' 혹은 '치지재격물(致知在格物: 사람이 지식으로 올바른 앎에 이르자면 사물에 직접 부딪쳐 그 속에 있는 가치를 배워야 한다)' 같은 구절에 대한 인용은 그의 학문적 소양이 결코 짧지 않음을 말해주고 있다(홍하상, 2004, p.17). 사실 천자문만 잘 읽어도 세상의 이치와 도리를 터득하였다고 볼 수 있는데(김근, 2003), 하물며 《맹자》까지 공부했다는 사실은 이미 요즘 대학 수준의 학문을 훌쩍 넘어서는 지적 소양을 아산이 갖추고 있음을 인정하지 않을 수 없도록 한다. 다시 말해 '현대'라는 기업군을 거느리고 국가 발전에 기여하는 데 필요한 제왕학帝王學을 아산은 이미 서당 교육을 거치며 훈련받은 셈이다.

아산은 자신을 세간에서 '불도저'라고 비아냥거리며 불렀던 일에 대해 겸손하지만 동시에 매우 높은 자부심이 담긴 반박을 한다.

"내가 학식이 없는 사람인 것은 분명하다. 그러나 학식이 없다고 해서 생각도 지혜도 없는 것은 아니다. 한 인간이 가진 자질과 능력에 대한 평가를 학교에서 배운 학식의 부피나 깊이만으로 내린다는 것은 커다란 오류이다. 나는 어떤 일에도 결코 덮어놓고 덤벼든 적이 없다. 학식은 없지만 그 대신 남보다 더 열심히 생각하는 머리가 있고, 남보다 치밀한 계산 능력이 있으며, 남보다 적극적인 모험심과 용기와 신념이 나에게는 있다."[20]

위에서 보듯이 아산의 지적 능력과 군센 의지 그리고 높은 창의성은 학력만 높고 실천을 하지 못하는 고정관념에 갇힌 사람들과는 전혀 반대의 모습을 지향하고 있었다. 그 결과 아산만큼 유교의 배움의 가치를 체득하고 삶을 통해 실천한 사람을 찾기 어렵다. 이와 같은 사실은 아산이 "불치하문不恥下問"이라는 말을 즐겨 쓴 데에서도 엿볼 수 있다. 즉 "나보다 어리고 사회적 지위가 아래라 해도, 내가 모르는 것을 물어 가르침을 받는 것은 부끄러움이 아니다"란 논어의 가르침을 그는 평생 가슴에 새기며 살았다(정주영, 1999, p.94).

나아가서 아산이 "배워서 이기려는" 사람의 표본임은 다음과 같은 발언에서 너무도 분명히 드러난다.

"배워야겠다는 생각을 한다면 자존심은 집에다 두고 와야 합니다. 세상에 공짜로 배울 수 있는 것은 아무것도 없습니다. 상대방이 나를 얕잡아 보고 업신여겨서 자존심이 상한다고 해도 그에게 배울 것

---

20 정주영, 2011, p.233.

이 있다면, 마음속으로 언젠가는 그를 뛰어넘어서 콧대를 납작하게 해주겠다는 오기를 품더라도 지금은 머리를 숙이고 배워야 합니다. 모르는 것은 부끄러운 게 아닙니다. 모르면서 자존심 때문에 아는 척을 하려 드는 모습이 정말로 부끄러운 것입니다."[21]

실제로 그는 젊어서 자동차 정비 공장을 경영하면서 자동차에 대해 빠짐없이 배워 기계의 원리를 터득하였다. 또한 미군에 납품하는 공사를 하면서 미군으로부터 건설에 관한 앞선 기술을 전부 익혔다. 아산은 정말이지 '배워서 이기려는' 사람의 챔피언이었다.

배워서 이기려는 아산의 긍정적 정신은 해결 불가능해 보이는 삶의 고난과 실패의 경험을 오히려 그 어려움을 이겨내는 힘과 지혜로 곧바로 재활용하는 역발상에서 잘 드러난다. 이러한 사고방식을 아산은, 《대학》의 격물치지格物致知론에 근거해 설명한 바 있다. 아산은 이 구절을 "사람이 지식으로 올바른 앎에 이르자면 사물에 직접 부딪쳐 그 속에 있는 가치를 배워야 한다"는 뜻으로 해석하면서 "무모했지만 그 무모함이 부른 혹독한 시련을 견디고 뛰어 넘고 쳐부수면서 우리는 산 공부를 해가며 강인해졌다. (…) 참다운 지식은 직접 부딪쳐 체험으로 얻는 것이며 그래야만 가치를 제대로 안다는 것이다"라고 밝혔다(정주영, 1999, p.275).

---

[21] 현대경제연구원, 2011, p.110.

이러한 정신의 내면에는 현재의 고난에서 오히려 미래를 창조하는 실천적 지식을 습득할 수 있다는 인식이 담겨있다. 이 독특한 사고에 따라 모든 실패는 그 실패를 극복할 수 있는 긍정적 계기 즉 '시련'으로 '산 공부'이자 '참다운 지식'으로 승화될 수 있었다. 이러한 인식은 그야말로 진유眞儒라 할 수 있을 정도로 유교 철학에 대해 근본적인 그리고 실천적인 이해를 아산이 하고 있었다는 증거가 된다.

아산은 또한 귀신도 그 기백에 놀라 피한다는 '단이감행斷而敢行'의 인물이었다.[22] 아산은 유쾌하고 긍정적인 성격에 타고난 기氣와 건강이 넘쳤다(이응석, 2011, p.36). 아산의 어릴 적부터의 거침없는 행동은 맹자가 말한 '대장부大丈夫'의 호연지기浩然之氣 그 자체였다. 맹자는 '대장부'를 "천하의 넓은 집에 살고仁, 천하의 바른 자리에 서며禮, 천하의 대도를 행하며義, 뜻을 얻으면 백성과 함께 도를 행하고 뜻을 얻지 못하면 홀로 그 도를 행하여, 부귀富貴가 마음을 방탕하게 하지 못하며 빈천貧賤이 절개를 옮겨놓지 못하며 위무威撫가 지조志操를 굽힐 수 없는 것"이라고 정의하였다.[23] 이런 '대장부'를 오늘날의 사화과학 용어로는 '주체적인 자유의지를 가진 독립적인 인격의 이상형'이라고 풀 수 있다. 아산은 자유를 소중하게 생각했다. 생각이 자유로워야 기존 인습의 한계를 깰

---

22 사마천의 《사기》 이사(李斯) 열전에 나오는 '단이감행 귀신피지(斷而敢行 鬼神避之)' 즉 무슨 일이든 과단성 있게 추진해 나가면 귀신마저 그 기백에 놀라 이를 피하게 된다는 말이다.

23 《맹자》 등문공 하 2.

수 있고, 그래야 새로운 것을 창조할 수 있다고 확신했다(정몽준, 2011, p.112). 이와 같이 아산은 기본적으로 진정한 개인주의적 인간상을 지향했다.[24]

이러한 모습은 아산의 인간관 및 세계관과 직결된다. 아산은 유교의 성현들 중에서 공자보다 맹자를 좋아했다.[25] 아산은 맹자를 자신과 같이 서양식의 개인주의 사상을 가졌던 인물로 보았다고 한다(정몽준, 2011, p.112).[26] 맹자는 "화와 복이 자기로부터 구하지 않는 것이 없다"고 하였다.[27] 아산은 이로부터 한 걸음 더 나아가 "인간은 누구나 자기 문제를 스스로 해결할 수 있는 능력을 갖고 있다. 노력 여하에 달려 있는 것이다"라고 하였다(정주영, 1999, p.328). 이렇게 보면 맹자와 아산은 인간이 본원적으로 평등한 능력을 내부적으로 가지고 있다는 믿음을 공유한 셈이다. 따라서 아산은 근본적으로 자기 책임과 자조의 철학을 중요하게 생각했다.

이런 기본적 인식 위에 맹자는 양주楊朱의 이기주의와 묵자墨子의 겸애주의 즉 공산주의를 배척하여 인심을 바로 잡는 것을 자신의 임무로 삼았다. 맹자에 따르면 양주와 묵자의 이론은 사람

---

24 이는 박정희가 강조한 자조, 자립, 자주의 완성적 인간 즉 전인(全人)의 구체적인 모습과 같은 맥락의 개념이다.

25 이에 반해 삼성의 창업자 이병철은 《논어》의 가르침과 지혜를 자신의 인생과 경영철학의 평생 스승으로 여겼다(이병철, 1986, pp.269~270).

26 대만의 철학자인 이명휘(李明輝)도 그런 입장이다(이명휘, 2012).

27 禍福 無不自己求之者 (《맹자》 공손추 상 4.)

에게 나라가 있음을 깨닫게 하지 못하고 아버지가 있음을 알지 못하게 하는 사설邪說이라는 것이다.[28] 맹자를 따라 아산도 독립적인 개인이면서 동시에 국가에 몸과 마음을 바치는 의리와 충절의 중요성 그리고 지친至親과 같이 남보다 더 가까운 사랑의 대상이 있을 수밖에 없다는 사실을 깨달아 갔다. 그리하여 가족을 광의의 자신으로 여기는 동시에 주체적 개인과 국가 혹은 민족이 맺어야 하는 상호관계를 도출하였다.

그래서 아산은 "자유주의와 자본주의의 목적과 정신은 돈을 벌어 나 개인, 또는 내 가족만 풍족하게 살고 보자는 것이 아니다. 열심히 일해서 그 이윤으로 내 가정을 안정시키고 나아가서 사회에 기여하고 봉사하면서 인간답게 살고자 하는 것이 그 진정한 정신"이라고 말할 수 있었다(정주영, 2011, p.400). 이는 수신제가치국평천하修身齊家治國平天下라는 유교의 대의를 실제적으로 구현한 인생관이라고 할 수 있다. 사익을 공익으로 연결시키는 유가 기업가의 가치관이 자본주의와 자유민주주의 원리와 조화롭게 접목된 전형이다(후쿠야마, 1996).

바로 이 대목에서 "우리가 잘되는 것이 나라가 잘되는 것이고 나라가 잘되는 것이 우리가 잘될 수 있는 길이다"라는 현대중공업 사훈이 특별한 의미를 갖는다. 아산의 이 문구에 아산의 사상이 집약되어 있다. 앞부분은 개인이 없으면 국가가 무슨 의미가

---

28 《맹자》, 등문공 하 9.

있느냐는 것이고, 뒷부분은 나라가 잘되는 것이 나하고 무슨 상관이냐는 냉소적인 생각이 잘못되었음을 지적한 것이다. 아산의 의중은 앞부분에 더 실려 있었다고 한다(정몽준, 2011, p.112). 그렇다면 아산의 사상은 이른바 '가족주의' 내지 '집단주의'로 흔히들 오해하는 유교 사상의 본래 모습을 온전히 드러내주고 있다고 생각된다.[29] 이 사훈이야말로 개인과 국가가 상호 배태된 "일반화된 호혜성"의 관계에 있어야 함을 지적하고 있기 때문이다(Lew 2013, pp.119-140; 류석춘·왕혜숙, 2008). 나아가서 이러한 사고야말로 아산의 자본주의 정신이 근본적으로 "시민적·개인주의적 민족주의(Greenfeld, 2001)" 혹은 "자유주의적 민족주의(Tamir, 1993)"에 입각해 있음을 말해 준다.

아산은 특히 '호연지기'[30]를 체득하였기 때문에 '사농공상'이라는 위계적인 한국사회의 가치관에도 불구하고 기업을 통해서 국가에 보답한다는 '기업보국企業報國'의 자부심과 사명감을 실천하면서 경제발전에 선도적인 역할을 담당할 수 있었다. 맹자는 말의 옳고 그름은 물론 호연지기 즉 마음속의 정직과 옳은 가치를 의구심 없이 밀고 나가 의리를 과감하게 행하는 것을 강조했다. 맹

---

29 한형조(2013)도 유교는 전체를 위해서 개인을 희생하라는 가르침을 주지 않으며, 그것만큼 유교를 왜곡하는 일도 없다고 주장한다. 배병삼(2012b)도 이른바 '멸사봉공(滅私奉公)'은 일본식 조어로 국가와 개인 간의 이원적 대립을 극명하게 보여주고 있다고 주장한다.

30 《맹자》에 "스스로 돌이켜서 정직하다면 비록 천만 명이 있더라도 내가 가서 당당히 대적하겠다(공손추 상 2)"라는 말이 있다. 아산이 1987년 현대중공업의 쟁의 현장에 가서 수많은 파업 근로자들을 상대한 것은 그의 호연지기를 잘 보여준다.

자는 "말言을 알면 도의道義에 밝아서 천하의 일에 의심스러운 바가 없고 기氣를 기르면 도의에 배합되어서 천하에 일에 두려운 바가 없으니, 이 때문에 큰 책임을 담당하여도 부동심不動心할 수 있다"고 설파했다.[31] 부동심을 가지면 의구심을 면할 수 있어서 큰일을 할 수 있다. 다시 말해 '자부심'이라는 정신적 동기가 없으면 어렵고 큰일을 끈기 있게 해낼 수 없다. 경제에 대하여 인의仁義 도덕을 매우 강조한 맹자와 주자를 맹렬히 비판한 시부사와(2012)와 달리 아산이 맹자를 좋아한 것을 보면 아산이 자신의 기업 활동이 당당하고 의롭다는 것에 대하여 한 점 부끄러움도 가지고 있지 않았음을 입증해 준다고 할 수 있다.

그래서 아산은 '가능하다'고 생각하는 국민만이 국가를 부흥시킬 수 있다고 믿었다. 울산의 조선소는 이 믿음의 상징이자 표본이다. 그래서 아산은 "모든 사람이 뜻을 가지느냐 가지지 않느냐가 가장 중요하다고 생각한다. 뜻을 가지고도 이루지 못하는 것은 없다. 가능성에 대한 의심, 중도에서의 좌절, 독약과도 같은 부정적인 회의만 없다면 누구든지 무슨 일이든 뜻을 이룰 수 있다. 그러나 노력이 따라야 한다. 어려운 일에 부딪혀도 열심히 생각하며 '빈대가 천정에서 사람의 배 위로 떨어져서 욕망을 해결하는 식'의 길이 나온다. 긍정적인 사고를 가지면 그야말로 하늘이 무너져도 솟아날 구멍이 있고, 무엇이든 이룰 수 있다"고 확

---

31 《맹자》 공손추 상 2.

신할 수 있었다(정주영, 1999, pp.329-331).

여기에서 성誠에 대한 아산의 신앙과도 같은 믿음과 실천을 확인할 수 있다. 맹자는 "성誠은 나에게 있는 이理를 모두 성실히 하여 거짓이 없는 것이니 하늘의 길이고, 성실히 할 것을 생각함은 사람의 길이다. 지극히 성실하고서 남을 감동시키지 못하는 자는 있지 않다"고 했다.[32] "상황을 저울질하여 중도를 얻는다면 그것이 바로 예"[33]라고 했는바, 이 말은 임기응변의 권도權道도 평소에 정도正道를 실천해 온 사람이 활용하면 예禮가 구현된 효과를 볼 수 있다는 뜻이다. 아산은 담대한 비전을 가지고 성심을 다하여 세심하게 준비하는 사람임과 동시에 권도 즉 임기응변에 능한 순발력과 창의성이 특출한 사람이었다. 이러한 아산의 모습은 결국 그가 정성을 다하는 사람이라는 데에서부터 유래한 것이며, 유교의 원리에 의하면 더 근본적으로는 그가 남을 생각해주는 어진仁 사람이라는 데에서 나오는 모습이다.

아산은 또한 '군자불기君子不器'라는 개념을 자주 언급했다. 아산은 "《논어》의 위정爲政 편에 군자불기라는 말이 있다. '군자란 한 그릇에만 머물러서는 안 되고 어떤 그릇도 되어야 한다'는 뜻으로 알고 있다. 소인은 한 그릇에 그치나 군자는 세모꼴 그릇에서는 세모꼴로, 네모꼴에서는 네모꼴이 되어 어떤 자리에 놓아도

---

32 誠者 天之道也 思誠者 人之道也 至誠而不動者 未之有也 (《맹자》 이루 상12).

33 權而得中 是乃禮也 (《맹자》 이루 離婁 상 17).

그 책무를 수행할 수 있는 능력의 소유자가 되어야 한다는 말이다"라고 해석하였다.[34] 그는 이어서 "그러나 인간으로서의 원리 원칙에는 부동不動의 자세여야 한다. 나는 이것을 이 시대를 사는 우리들이 가져야 할 적응력으로 바꿔 풀이한다. 고정관념의 노예가 되어 있으면 적응력이 뛰어날 수가 없다. 교과서적인 사고방식도 함정이다. 뛰어난 인간은 함정을 슬기롭게 지나간다"고 하였다(정주영, 1999, pp.322-323).

아산은 "내가 공부를 제대로 했습니까? 내가 대학을 나왔습니까? 내가 영어를 할 줄 압니까?"라는 겸사謙辭를 또한 자주 구사했다. 그러나 이러한 겸사에서 우리는 오히려 아산의 내면에 충만한 자부심을 읽을 수 있다. 그래서 아산은 이렇게 말할 수 있었다. "나는 이날까지 살아오면서 고매한 인품을 가진 사람을 만났을 때 존경의 마음으로 고개를 숙이며 그 인품을 부러워한 일은 있지만, 대단한 권력에 존경심을 품거나 그것을 부러워해 본 일은 맹세코 단 한 번도 없다(정주영, 2011, p.422)."

마지막으로 아산은 중용中庸과 인화人和의 가치를 실천한 인물이다. 중용을 실천하는 사람을 유교는 이상적 인간으로 평가한다. 중용의 의미는 복잡한 사회, 복잡한 시공時空의 네트워크 안에

---

34 유교의 '군자불기' 개념은 베버(Weber)로부터 많은 비판을 받은 유교의 핵심 개념이자 가치다. 그렇기 때문에 사회과학에서는 이 개념에 대해 부정적인 평가가 지배적이다. 베버는 특히 이 개념에 대하여 서구적 '전문가'를 중시하는 관점에서 유교 관료제의 '교양인'을 정당화하기 위한 이데올로기라고 비판하고, 나아가서 바로 이런 특징 때문에 유교 문화에서는 자본주의가 발생할 수 없었다고 지적하였다(Weber, 1951). 그러나 아산은 '군자불기'를 다방면에 유능한 적응력을 지닌 지도자상으로 풀이하였고, 자신이 기업 경영 내에서뿐 아니라 다양한 분야에서 이룩한 창의적인 업적들로 보여주었다. 그것이 '군자불기'의 본뜻에 가깝다고 하겠다.

서 가장 적절하고 가장 합리적인 선택을 하는 것이다. 중용을 하기 위해서는 스스로 힘써 강해져야 하며 자신의 능력을 정확히 알아야 하며 서로 다른 여러 측면의 모순을 관찰해야 한다. 따라서 현대 사회의 기업인이 이러한 유형의 '중용지도中庸之道'를 이해할 수 없다면 변화무궁한 상업세계에 대응하기는 어렵다(뚜웨이밍, 2007, pp.111-112). 아산이 창의적인 발상과 치밀한 계산으로 해외시장에서 거둔 역동적인 성취들은 그가 '중용지도'의 묘리를 체득하고 있었음을 말해 준다.

한편 중용은 시중時中을 얻어야 도달할 수 있는 경지이다. 시중이란 사람이 때와 장소와 자신의 지위에 맞게 처신해야 함을 강조하는 말이다. 아산은 가난한 시절에 매우 검약하였다. 그러나 사업을 할 때는 직원들을 배불리 먹이는 일에 돈을 아끼지 않았다. 큰 기업인이 되고서도 여전히 자기 자신에게는 인색하기 그지없었지만, 사회적 공익을 위해서 큰돈을 쓰는 일에 서슴지 않았다.[35] 일을 지휘할 때는 엄하기 그지없었지만 성誠을 다하는 근로자에게는 자상하여 보상을 늦추지 않았다. 그래서 아산은 소탈했지만 자연스럽게 뿜어져 나오는 권위가 있었다.

또한 아산은 즐겨야 할 때와 장소에서는 윗사람의 입장임에도 불구하고 아랫사람들 앞에서 스스로 망가져 줄 정도로 시중을 체

---

35 아산은 아산복지재단 설립을 위해 1977년 현대건설의 개인 주식 50%(당시 4-500억 원 상당)를 희사했다. 아산재단은 지방의 의료 취약 지구에 5개의 종합병원을 설립하는 등 여러 사회사업을 펼쳐오고 있다.

현한 사람이었다. "일을 하기 위해서 위아래가 있는 것이지 인간
은 평등하다"는 것이 아산의 생각이었다(정주영, 2011, p.362). 중
용의 도를 실천하는 지도자는 아래로부터 자발적인 권위를 인정
받는다. 지위가 높아졌어도 서민들 속에서 부자연스럽지 않은 중
용의 도를 체현한 인물이어야 국민을 단합시키며 민족적 가치를
위한 헌신을 이끌어 낼 수 있다. 자본주의 정신은 단순한 경제적
합리성 이상의 윤리적 동기와 인간적 단합을 만들어 내는 중용의
리더십을 필요로 한다.[36]

4. 아산의 기업관과 자본주의 정신

이제는 앞에서 살펴본 아산의 유교적 소양을 그의 기업관 나
아가서 자본주의 정신과 연결시켜 분석하는 작업이 필요하다. 아
산은 젊을 때 부친의 노고를 가까이서 보며 수확체증적이지 못한
농사를 가지고는 가난한 사람들을 구제할 수 없다고 생각했다.
제조업을 중심으로 한 기업 활동에 그가 거침없이 뛰어든 이유다
(Reinert, 2007). 그는 기업의 사명을 "고용을 증대시키고 이익을
내서 국가에 세금을 납부해 국가의 살림 주머니를 채우는 것"이

---

36 네덜란드가 16세기 세계 경제에서 최고의 발전 수준을 누렸지만 '돈벌이'라고 하는 경제적 합리성을 뛰어넘는 국
  가적, 국민적, 민족적 정체성과 성취동기 및 집단적 윤리를 만들어내지 못한 결과 17세기를 통해 당시 네덜란드
  에 비해 후진적이었던 영국에 추월당하고 산업혁명을 이루지 못하며 쇠퇴해 갔던 사실은 바로 이 문제에 대한
  역사적 사례가 될 수 있다(Greenfeld, 2001, pp.59~104).

라고 규정하고, 나아가 "값싸고 질 좋은 제품을 국민에게 공급함
으로써 기업 노력의 과실을 국민 모두에게 골고루 돌아가게 하는
데 있다"고 여겼다(정주영, 1999, p.268).

결국 기업이란 "보다 발전된 국가의 미래와 보다 풍요로운 국
민 생활을 보람으로 알고 일하는 집합체이지, 어느 개인의 부를
증식시키기 위해, 혹은 폼내기 위해 있는 것이 아니"라는 것이다
(정주영, 2011, p.364). 그래서 아산이 해외에 진출하고 글로벌 시
장을 누빈 이유도 '조국' 때문이었다. 그는 "아무리 국가 간 경계
가 허물어지고 다국적 기업들이 세계 곳곳에 뿌리를 박는다고 해
도 조국까지 사라지는 것은 아니"라고 보았다. "사람이 태어나서
각자 나름대로 많은 일을 하다가 죽지만, 조국과 민족을 위해 일
하는 것만큼 숭고하고 가치 있는 것은 없다"는 것이다(현대경제연
구원, 2011, pp.206-207). 아산은 앞에서 살펴본 바와 같이 개인주
의자이면서 동시에 철저한 민족주의자였다.

이러한 아산의 기업관과 인생관은 세계 경제사에서 민족주
의야말로 자본주의 정신이라는 그린펠드의 주장과 일치한다
(Greenfeld, 2001). 자본주의화 즉 산업화는 이윤만 쫓는 '장사치'
에게 맡기기엔 너무 큰일이 아닐 수 없다고 한다. 왜냐하면 지속
적인 경제성장을 통한 산업구조의 고도화는 국민적 그리고 국가
적 차원에서 추진해도 성공이 보장되지 않는 민족적 과제이기 때
문이다. 그렇기 때문에 민족경제의 발전이라는 프로젝트에는 제
조업을 하는 민족주의적 기업가가 반드시 필요하다(Greenfeld,

2001, p.203). 영국을 세계 최초로 경제 슈퍼 파워로 만든 것도 그 개인주의가 아니라 개인주의와 협력하여 작동한 영국의 민족주의 정신이었다고 한다(Greenfeld, 2001, p.222-223). 그렇기 때문에 아산은 단순한 재산의 소유에 의한 수익보다는, 노동·성실·신용을 근간으로 사회에 기여한 공로에 따라 소득을 제공하는 경제를 중시했다. 다시 말해 아산은 민족주의에 기초한 자본주의 정신 즉 경제활동을 통해 백성 혹은 민족을 구한다는 '경세제민經世濟民' 의식을 다른 무엇보다 기업인이 추구해야 할 가치의 으뜸으로 여겼다.

대한민국이 바로 이러한 기업인을 필요로 할 때 아산이 바로 그 자리에 준비된 모습으로 존재했던 사실은 엄청난 의미를 갖는다. 1971년 4월 치러진 대통령 선거에서 대한민국은 결정적 갈림길에 있었다. 야당의 김대중 후보는 '대중경제론'에 입각해 농업 및 중소기업 위주의 수입대체 경제발전 노선을 주장했고, 여당의 박정희 후보는 대규모 제조업 중심의 수출 주도 경제발전 노선을 내세우며 대결하고 있었다(이영훈, 2013, p.342). 이 상황에서 1968년 2월 착공하여 1970년 7월 준공된 아산의 경부고속도로 건설은 박정희 노선을 국민들이 선택하게 하는 상징적 사업으로 다가왔다. 아산은 박정희 모델의 한국형 경제발전 경로에 가장 핵심적 역할을 제공한 실행자였고 선도자였다.

물론 아산의 경제적 동기는 시간과 지위가 달라져 감에 따라 진화했다. 청년 시절의 그는 사회의식이 그다지 높았다고 말할 수 없다. 아산이 "나라를 위해서 나는 무엇을 할 것인가를 생각하지는 않았다. 솔직히 말해 그때까지는 내 가족들, 내 직원들만 챙기면서 나 자신의 발전만을 생각하며 살았다"고 고백하듯이(정주영, 2011, p.103), 그도 처음에는 단순히 돈을 벌기 위한 목적으로 사업을 시작했다. 이 단계를 굳이 평가하자면 바로《대학》의 제가^{齊家} 단계였다. 조상과 가족 그리고 자식으로 대표되는 주변 사람을 챙기는 효^孝 가치에 충실한 이른바 가족주의적 기업 경영에 충실한 모습이었다.

그러나 비록 출발은 그러했지만 아산은 기업이 커가면서부터 돈보다는 보다 상위의 가치들을 추구하게 되었다. 그 결과 마지막에는 심지어 정치나 통일운동에도 뛰어들게 되었다. 그러나 이 상황에서도 그는 직원들에게 "자신의 발전을 통해 회사를 키우고 나아가 나라를 키워야 한다"고 당부했다(정주영, 1999, p.255). 즉 기업이란 단순히 돈을 버는 곳을 넘어서 자아실현과 애국의 장이 되어야 한다고 강조한 것이다. 기업보국이라는 가치를 그는 절대 놓지 않았다. 그에게 기업이란 "국가 살림에 쓰이는 세금의 창출에 큰 몫으로 기여하면서, 보다 발전된 국가의 미래와 보다 풍요로운 국민생활을 보람으로 알고 일하는 집합체이지, 어느 개인의 부를 증식시키기 위해 있는 것이 아니"였기 때문이다(정주영, 2011, p.364). 아산의 기업관이 바야흐로《대학》의 '치국평천하^{治國平天下}' 단계로 진화한 모습을 드러낸다.

아산은 '아버지 종교'를 가지고 있다고 할 수 있을 만큼 효심이

지극했다. "나의 육체를 만드시고 정신을 만드신 분"이라는 유교의 《효경》에 나오는 문구가 자서전에 등장할 뿐만 아니라, 부친을 "인간의 도리를 실천으로 가르쳐 주신 나의 가장 큰 스승"이라고 고백하고 있기 때문이다(정주영, 2011, p.6). 또한 "맏자식은 제 아우들을 부모처럼 보살피고 책임져야 하며 그 책임을 다하려면 어떻게 살아야 하는가 하는 교훈을 나는 말로써가 아닌 아버님의 무언의 실천에서 배워 가슴에 새겼다"고 토로하기도 했다(정주영, 2011, p.16).

아산은 "고향을 뛰쳐나올 때는 분명히 돈이 목적이었고, 돈을 벌어서 내 부모님과 형제들에게 장남으로서의 책임을 다하자는 것이 목표였다"고 밝히고 있다(정주영, 2011, p.421). 그는 묵묵히 노동으로 고생만 하는 아버지를 불쌍해했다. 고생해도 가난을 면할 수 없는 처지의 아버지를 해방시켜 주고 싶은 것이 그의 소원이었고 가출의 이유였다. 어린 정주영은 그런 아버지가 웃으면 행복했다고 한다. 어쩌면 아산이 걸어갔던 아니 달음박질쳤던 그 인생은 무의식적으로 아버지가 활짝 웃는 세상을 향하고 있었을지도 모른다(김태형, 2010, p.101). 이 단계에서 아산은 이 세상에서 성공해 조상의 한을 풀고 나아가서 남들보다 조상을 더 잘 기억하고 재현하여 남부럽지 않은 자식이 되어야 한다는 유교의 효 윤리로 무장하고 있었음에 틀림없다(Lew, 2013, pp.25-46; 류석춘 외, 2005).

그러다가 아산이 "가족의 생계유지를 위한 쌀가게 같은 장사가 사업이 되고 사업이 기업이 되자, 돈보다는 일감을 생각하고, 그것을 이루고 키워나가는 것만이 나의 관심사가 되었다. 돈을 생각하지는 않는다"고 말한 것은 그의 기업관이 진화하고 있음을 잘 드러내 준다(정주영, 1999, p.343). 이어서 그는 "나는 기업이 일단 커지면 그것은 저절로 공익성을 띠게 되고 또 띠어야 하며, 아울러 기업 자체가 공공사업이 되기 때문에 기업의 손해는 국가의 손해라고 생각한다. 따라서 일이 잘 풀려나가지 않을 때도 손해 때문에 초조해하기보다는 어떻게 하면 국가를 위해, 회사를 위해 최선을 다할 것인가를 떠올리게 된다"고 자서전에서 밝히고 있다(정주영 1999, p.344). 기업을 통해 국가적이고 민족적인 가치에 헌신하는 경제적 민족주의 즉 자본주의 정신이 확립되어 가고 있음이 잘 드러나고 있다.

아산은 일제강점기에 아픈 경험을 했다. 1940년대 초 일제가 기업을 정리할 때 비록 규모가 작긴 했지만 자신의 자동차 정비 공장을 처분당했기 때문이다. 전시 동원 체제에서 일본에 협력하지 않을 수 없었던 일부 다른 기업인들의 경우와는 달리 아산은 그래서 민족주의적 성향을 강하게 가지게 되었다(정근식·이병천, 2012, p.489). 아산의 이러한 태도는 박정희의 '조국근대화' 즉 '민족중흥' 프로젝트와 만나면서부터 일본에 대해 강렬한 '반응적 민족주의reactive nationalism'의 모습을 보였다. 반응적 민족주의란 선진국 특히 이웃한 선진국의 경제적 침투에 대항함과 동시에 그 번영을 부러워하여 모방하며 따라잡으려고 하는 강렬한 동기에 기초한 민족주의를 말한다(Greenfeld, 2001, p.24; Reinert, 2007). 다시 말해 앞선 이웃으로부터 배워서 이기려는 민족주의다.

우리나라의 경우 주로 일본이 그러한 정서의 대상이 됐다. 일본에게 망국의 치욕을 당했기 때문에 더욱 그렇다(류석춘, 2002). 아산의 경우도 예외가 아니었다. 다음과 같은 아산의 행적은 이런 해석을 매우 구체적으로 뒷받침해 준다. 아산은 이미 1960년대부터 앞선 일본의 조선업에 관심을 두었다. 1966년 일본을 경유하면서 당시 일본의 3대 조선소를 모두 시찰했다(정주영, 2011, p.162). 그 후 1972년에 시작된 울산의 조선소가 오늘날에는 현대중공업으로 발전하여 전 세계 조선업의 선두 주자로 우뚝 서있다.

또한 아산은 현대자동차를 조립 기지화하려는 의도를 포기하지 않는 미국의 포드 자동차와의 합작을 파기하는 엄청난 모험을 감행하면서까지 독자 모델(포니)을 개발하여 결국 글로벌 자동차 메이커로 키워냈다(박정웅, 2007, pp.17-28). 반응적 민족주의가 구체적으로 실현된 대표적 사례들이라 하지 않을 수 없다. 아산은 한국의 브랜드 국산화 노선과 대만의 일본 하청 노선을 항상 분명하게 구별하였다(김용삼, 2015, pp.218-25). 아산의 목표 중 하나는 일본이 차지하고 있는 세계시장을 우리 시장으로 만드는 것이었다(정주영, 2011, p.351). 아산의 이와 같은 동기야말로 몇몇 선진 강대국만이 가진 중공업을 가난하고 빈약한 나라에서 시작해 성공으로 이끄는 가장 근본적인 동력이었다.

아산은 특정한 사업이 국가와 민족에게 필요한 일이고 또한 옳은 일이라고 판단하면 만난을 무릅쓰고 실행했다. 그는 옳다고 생각하고 그가 해야 할 가치 있는 일이라는 확신이 들면 상식이나 세인의 평가가 두려워 행동에 옮기는 일을 외면해 본 적이 없었다. 아산의 선택 기준은 그것이 쉬운 길이냐 어려운 길이냐가 아니라, 그것이 해야 할 일이냐 아니냐 하는 문제였다. 다시 말해 상황을 지켜보는 것이 아니고 자신의 신념에 따라 상황을 주도하는 선택을 했다. 이것은 아산에게 체화된 '대장부'적인 의義의 가치가 발현된 것이라고 볼 수밖에 없다.

그는 기업 경영에 관해 그가 가졌던 신념을 행동으로 옮긴 즉 '해봤던' 인물이다. 남들이 주저하는 조선 사업을 비롯한 중공업 건설에 앞장섰고, 미국 대사를 앞세운 포드 자동차 회사의 협박도 일언지하에 거절하고 자동차 독자 모델 노선을 포기하지 않은 것도 아산이 의롭기 때문이었다(박정웅, 2007, pp.269-286). 부국강병을 목표로 자립경제를 위한 개발에 착수하고 이를 성공시키는 것은 동서양을 막론하고 결코 쉬운 선택이 아니다. 의로운 동기와 강한 의지, 선공후사의 민족주의 가치와 같은 집단적 윤리가 경제적 능력과 결합되어야 가능한 일이다.

"한국 경제는 원칙론적으로 보면 전부 안 될 일 뿐이지 될 일은 하나도 없었다. 자본도, 자원도, 경제전쟁에서 이길 만한 기술 축적도 없다. 이것이 우리의 현실이었다. 그럼에도 오늘날 우리 산업을 이만큼 끌어올린 것은 오로지 우리에게 부족한 모든 부분을 창의성과 진취적인 모험심으로 메우려는 남다른 사명감과 노력의 결과라고 나는 생각한다. 그 당시 통치권자의 진취적인 사고와 확고한 신념의 소산인 포항제철이 있었기 때문에 싼 값으로 철을 공급받아 조선도 자동차도 세계적인 경쟁력을 갖게 된 것이다."[37]

아산이 선공후사 윤리를 중시했던 모습은 1952년부터 1955년까지의 고령교 복구공사에서 이미 드러나고 있었다. 예상치 못한 난공사로 엄청난 손해를 보고 형제들의 집까지 모두 날렸다. 그러나 그는 군소리 않고 계약대로 공사를 완수했다(정주영, 2011, pp.64-68). 이후 아산은 여러 번 자신의 사익을 돌보지 않고 국가와 민족이 요구하는 목표를 이루기 위한 사업에 앞장서 나가곤 했다. 국가의 적극적인 역할이 요구되는 선공후사의 윤리는 앞서 말한 대로 후발 국가가 선진 국가의 경제를 따라잡기 위해 경제적 이륙이 필요할 때 반드시 등장해야 하는 자본주의 정신이다.

만약 아산이 대자본가가 되고 나서 즉 외국 자본과의 대결을 피할 수 없는 상황이 되고서야 사대주의를 배격하고 민족주의를 선택하는 모습을 보였다면 기회주의적이라는 비난을 피할 수 없을지도 모른다. 하지만 "아산은 사업 초기부터 사대주의가 아닌 민족주의적 경향을 강하게 드러냈고, 이러한 아산의 민족주의적 경향은 때때로 부르주아 민족주의의 한계를 넘어서는 모습을 보

---

37 정주영, 1999, pp.6-7.

이기도 했다"(김태형, 2010, p.166).[38]

아산은 사대주의자가 아니었기에 남들이 엄두도 못 내는 사업에 과감히 도전할 수 있었다. 그리고 그 때문에 매번 사대주의자들로부터 판에 박힌 비난을 받았다.[39] 아산의 민족주의적 성향을 보여주는 일화는 수도 없이 많다. 선진국의 저의를 꿰뚫어 보았던 아산은 "선진국들은 저희가 하고 남는 부분을 우리가 하길 바랐지만 남는 것이 없거나 있어도 별 볼일 없는 것들이다"라는 말을 남겼다(박정웅, 2007, p.326). 또한 아산은 "경제란, 돈이 아니라, 한 민족의 생명력에 진취적인 정기를 불어넣어서 만드는 것"이고(정주영, 2011, p.359), "모든 일의 성패나 국가의 흥망이 결국은 그 집단을 이루는 사람들의 정신력에 의해 좌우된다"고 했다(정주영, 2011, p.184). 다음의 자서전 내용은 이런 모습의 백미^{白眉}라 하지 않을 수 없다.

종교에는 기적이 있을 수도 있겠지만 정치와 경제에는 기적이란 없다고 나는 생각한다. 경제학자들이 기적이라고 하는 것은 경제학 이론으로 또한 수치로는 불가능한 것이 실현된 데 대한 궁색한 변명이다. 확실히 우리는 이론적으로나 학문적으로는 불가능한 일을 해냈

---

38 이러한 모습은 정주영뿐만 아니라 한국의 다른 기업인들, 예컨대 이병철이나 김우중에게서도 똑같이 나타난다.

39 아산이 갖은 난관을 극복하고 선박을 수주하여 건조와 조선소 건설을 동시에 하고 있을 때 경제학 교수 출신 경제부총리는 "한국의 조선업이 성공하면 내 열 손가락에 불을 붙이고 하늘로 올라가겠다"고 악담을 계속 했다고 한다(정주영, 2011, p.182).

다. 우리 국민들이 진취적인 기상과 개척 정신과 열정적인 노력을 쏟아 부어 이룬 것이다. 바로 정신의 힘이다. 신념은 불굴의 노력을 창조한다. 진취적인 정신, 이것이 기적의 열쇠이다.[40]

이러한 인식은 자기 민족, 국민, 동포에 대한 신뢰로 이어졌다. 만약 아산이 사대주의적 기업가였다면, 감히 사업 초기부터 선진국을 따라잡거나 앞서겠다는 꿈을 꾸지 못했을 것이다. 하지만 그는 우리 민족을 신뢰하는 마음을 지니고 있었다. 그래서 '우리는 할 수 있다'고 자신 있게 외칠 수 있었다. 아산은 "나는 우리 한국인에 대해 큰 자부심을 가지고 있는 사람이다. 우리의 과거와 현재로 보나 역사, 문화로 보나 아시아에서 우리 민족 이상으로 훌륭한 민족은 없다. 세계 어느 민족보다도 우리는 성실하고 어질고 착하고 그러면서 우수하다"고 토로한 바 있다(정주영, 2011, p.346).

아산은 심지어 '어질고 착하다' 혹은 '정이 많다'는 우리 민족의 심성까지도 장점으로 꼽았다. "아마도 그것은 그가 농부였던 아버지의 선량함 그리고 자신이 직접 몸으로 체험한 노동자들의 선량함을 무의식에 새기면서 성장했다는 배경으로부터 비롯된 일일 것이다. 아산이 가진 민족에 대한 굳건한 믿음은 아버지에 대한 사랑과 신뢰에 바탕을 두고 출발해, 노동자들과 직접 부

---

40 정주영, 1999, pp.8-9

대끼는 경험을 통해 키워지고, 세계 도처에 나가 있는 한국 근로자들에 대한 외국인의 긍정적 평가에 의해 산악처럼 거대해진 것 같다는 평가는 전혀 어색한 평가가 아니다"(김태형, 2010, pp.177-178).[41]

따라서 아산은 경제발전을 이룩하려면 '국민의 힘'에 의거하는 방법이 최선이라고 믿었다. 왜냐하면 "한국인 모두 작심만 하면 뛰어난 정신력으로 어떤 난관도 돌파할 수 있는 민족이고, 무슨 일이라도 훌륭하게 성공시킬 수 있는 아주 특별한 능력과 저력이 있는 사람들"이며(정주영, 2011, p.184), 미국의 황금시대의 강도귀족에 비교하여 "한국의 기업은 선비들이 일으키고 이루어낸 것"이기 때문이라고 했다(정주영, 1999, p.264).

아산은 청빈낙도를 숭상하는 유교를 생활사상으로 하고 있는 한국인들의 반反기업 정서를 섭섭해 했다. 그럼에도 불구하고 아산이 인정한 '한국인의 아주 특별한 능력과 저력'이란 과연 무엇이었을까? 앞에서 살펴봤던 유교의 역량이 아닐까? 아산은 한국 경제발전의 견인차인 기업가들의 정체성도 '선비'라고 했다. 그렇다면 유교 교양인 아산의 자본주의 정신은 결국 유교적 가치

---

41 농민의 아들이라는 정체성을 갖고 있었던 박정희도 바로 그와 같은 생각이었다. 아산은 박정희와의 관계를 다음과 같이 회고했다. "박 대통령도 나처럼 농사꾼의 아들이었다. 박정희 대통령과 나는 우리 후손들에게는 절대로 가난을 물려주지 말자는 염원이 서로 같았고, 무슨 일이든 신념을 갖고 '하면 된다'는 긍정적인 사고와 목적의식이 뚜렷했던 것이 서로 같았고, 그리고 소신을 갖고 결행하는 강력한 실천력이 또한 서로 같았다. 공통점이 많은 만큼 서로 인정하고 신뢰하면서 나라 발전에 대해서 같은 공감대로 함께 공유한 시간도 꽤 많았던, 사심이라곤 없었던 뛰어난 지도자였다. 개인적으로 특별한 혜택을 받은 것은 없었지만. '현대'의 성장 자체가 무엇보다 경제발전에 역점을 두고 경제 정책을 강력하게 추진했던 박 대통령의 덕이라고 나는 생각한다"(정주영, 2011, p.253).

와 마음공부에 깊이 배태되어 있는 경제적 민족주의라고 보아야 한다. 다음의 두 인용문이 '배워서 이기는' 유교에 기초한 경제적 민족주의 즉 아산의 자본주의 정신을 너무도 잘 대변한다.

"기업은 인간을 위한 인간의 단체이다. 이기심을 버린 담담한 마음, 도리를 알고 가치를 아는 마음, 모든 것을 배우려는 학구적인 자세와 향상심 (…) 이러한 마음을 가지고 있는 집단이라야만 올바른 기업의 의지, 올바른 기업의 발전이 가능하다고 생각한다."[42]

"자유주의와 자본주의의 목적과 정신은 돈을 벌어 나 개인, 또는 내 가족만 풍족하게 살고 보자는 것이 아니다. 열심히 일해서 그 이윤으로 내 가정을 안정시키고 나아가서 사회에 기여하고 봉사하면서 인간답게 살고자 하는 것이 그 진정한 정신이다. 돈만을 목적으로 하는 고리 대금업이라든지, 은행 이자만을 받아서 재산을 불린다든지 하는 것은 진정한 자본주의가 아니다. 그것은 악성 자본주의다."[43]

---

42 정주영, 1999, p.345.

43 정주영, 2011, p.400.

5. 결론

대한민국의 건국과 함께 경제활동을 본격적으로 시작해 오늘날 국제 경쟁력을 가진 기업을 일으킨 인물은 대부분 유교 가치를 체화한 기업인들이었다. 전통사회의 끝자락에서 태어나 물밀듯이 들이닥친 근대적 가치와 문물을 헤쳐 나오면서 이들은 우리나라의 경제를 세계 10위권에 진입시키는데 결정적 기여를 했다. 이들은 박정희가 내세운 수출 주도 산업화라는 국제 경쟁에서의 승리가 다른 무엇보다 중요한 경제발전의 동력이라는 사실을 일찍부터 깨달았다. 경제적 민족주의 기치 아래 이들은 수출의 역군으로 기업보국을 실천했다.

한국의 산업혁명은 구인회, 이병철, 정주영과 같이 유교 가치를 체화한 인물들에 의해 주도되었다. 이들의 자본주의 정신 즉 한국의 경제적 민족주의의 기저에는 유교 가치와 유교 문화가 면면히 이어져 왔다. '배워서 이긴다'는 유교 정신 그리고 국가와 민족에 기여하는 일이 다른 무엇보다 우선한다는 '선공후사'의 유교 가치가 없었다면 후발국인 한국의 산업혁명은 불가능했다.

이들 가운데에서도 단연 돋보이는 인물이 아산 정주영이다. 왜냐하면 그는 서구에서 시작된 근대적 사상과 이념의 축복을 별로 받지 못한 경우였기 때문이다. 그에게는 서당 교육과 일제 강점기의 초등교육이 전부였다. 그러나 아산은 유교를 통해 지친至親이라는 인간과 세계의 근본을 깨달았다. 그래서 고생하는 아버지

를 기쁘게 하려고 다시 말해 남부럽지 않은 효도를 하려고 경제
활동을 시작했다.

아산은 수신제가修身齊家 이후에는 치국평천하治國平天下 즉 국민과
국가에 경제활동으로 어떻게 기여할 것인가를 두고 해외시장을
개척하며 국제적인 경쟁력을 가진 기업을 일구었다. 그리하여 아
산은 대한민국의 경제적 민족주의를 실천하는데 누구보다 앞장
섰다. 입신立身을 한 다음 행도行道를 하라는 유교의 가르침을 따라
'배워서 이겨' 세계적인 기업을 만든 기업인이 바로 아산 정주영
이다.

유교 문명에는 자부심이 있다. 또한 모든 경제발전에는 '모방'
혹은 '경쟁심'이 결정적인 동력으로 작용한다. 따라서 후발국이
선발국을 따라잡는 과제에 유교전통은 일품一品으로 어울렸다. 왜
냐하면 유교 문화의 담지자는 자기 자신보다 우월한 존재가 출현
했을 때 그냥 정신적으로 굴복하지 않는다. 그렇다고 전면적 항
거나 또는 정신적 도피를 하는 것도 아니다. 배워서 이기려고 한
다. 이러한 자세야말로 진정한 자신감이고, 자부심이요, 자존심
이다. 개인의 수준뿐 아니라 국가의 수준에서도 마찬가지다. 국
가적 수준에서 배워서 이기려는 노력은 열린 민족주의 즉 경제적
인 차원의 국제 경쟁에 나설 때 가능하다.

이러한 자세는 아산의 도전 정신에서 너무나 명확히 드러난다.
아산은 제조업 나아가서 중공업을 창업하면서 나라를 선진 강대
국형 산업구조를 갖추는 데 이바지했다. 아산은 누구보다 일찍

중후장대한 사업에 전력했고 또 그것을 무기로 해외에 진출했다. 아산은 자원이 부족하고 인구가 넘치는 나라에서는 다른 무엇보다 제조업을 해야 국제 경쟁에서 살아남을 수 있다는 현실적 판단을 했고, 또한 그 선택이 올바른 선택이었음을 전 세계에 보였다. 백성을 가난에서 구해야 한다는, 공자가 깨닫기는 했지만 실천하지 못한 '경세제민'이라는 목표를 아산은 몸소 이뤄낸 인물이다.

아산은 개인주의적 민족주의자였다. 그는 정직하고 성실하여 당당한 사람들이 자유롭게 자신의 창의를 펼칠 수 있는 자유시장 경제와 다함께 잘 살 수 있는 복지사회를 지향했다. 아산은 솔직하고 개방적이며 창의적이고 진취적인 한민족의 자질에 바탕을 두고 기업, 근로자, 소비자가 협동하여 경제활동을 해나가는 "민간 주도 경제"의 구현을 일찍이 자신의 목표로 삼았다(정주영, 1999, p.290).

아산은 국민들이 경제성장을 바라면서도 기업의 성장을 백안시하는 모순된 마음을 가지고 있다고 우려했다. 그는 기업의 성장이 경제발전이며, 경제발전은 국민들의 물질적 행복은 물론 도덕적 향상과 사회적 신뢰를 가져온다고 믿었다. 그는 국민들이 기업을 홀대하거나 경제발전에 대한 관심과 지지를 철회하면 경제성장은 멈추게 되고 국가는 쇠퇴하여 국민들의 물질적 생활수준이 저하됨은 물론 도덕적 타락과 사회적 갈등까지도 심화된다고 걱정했다(정주영, 2011; Greenfeld, 2001; Friedman, 2005).

아산은 개인과 기업 혹은 국가가 서로 간에 '일반화된 호혜성'의 원리에 따라 상대에 대한 도덕적 의무를 수행하며 경제발전을 위해 노력하면 구성원들의 물질적 삶의 조건은 물론 사회통합까지도 이룰 수 있다고 굳게 믿었다. 또한 그는 그 믿음을 현실에서 실천했다. 그리하여 그는 글로벌한 국제 경쟁에서 국민적인 기대를 가장 앞장서 실천한 대한민국 자본주의의 진정한 승리자가 되었다. 일자리를 만들어 국민을 부유하게 하고 어려운 사람들을 중산층으로 끌어 올리며 강대국형 경제를 만들었기 때문이다.

자본주의의 마음

- 아산의 파우스트 콤플렉스

김홍중(서울대학교)

학력
서울대학교 사회학과 졸업. 동 대학원 석사. 프랑스 파리 사회과학 고등연구원(EHESS) 박사.

경력
대구대학교 사회학과 조교수, 계간 〈문학동네〉 편집위원. 현 서울대학교 사회학과 부교수.

저서 및 논문
《마음의 사회학》(문학동네, 2009).
〈서바이벌, 생존주의, 그리고 청년세대〉, 한국사회학 49(1), 2015.
〈마음의 사회학을 이론화하기〉, 한국사회학 48(4), 2014.

* 이 글은 2015년에 《사회사상과 문화》 18(2)에 "파우스트 콤플렉스. 아산 정주영을 통해 본 한국 자본주의의 마음"이라는 제목으로 실린 논문이다.

1. 빈대에 대한 명상

정조 치하의 문인 이옥(李鈺, 1760-1812)이 남긴 산문 중에 흥미로운 장면이 등장한다. 자신의 살에 달라붙어 피를 빨려는 벼룩[蚤]을 발견하고 손톱으로 그것을 잡아 죽이면서, 이옥은 벼룩의 '파렴치한' 흡혈의 욕망을 다음과 같이 꾸짖는다. "너는 사람의 고혈을 빨 수 있다고 생각하고, 구멍을 뚫어 들어갈 수 있다는 것을 알아, 티끌 속에 서식하고 틈 사이에 들어차서는, 한밤에는 으스대고 한낮에는 숨어 지내지. 그러다가 형세를 타서 나아가는 것은, 굶주린 쥐가 욕심이 많은 것과 같고, 이익을 보면 재빨리 달려가는 것은 가을 모기가 나면서부터 아는 것과 같구나. (…) 어쩌면 너는 네 입만을 사랑하고 네 몸뚱이는 사랑하지 않아서, 허겁지겁 말리末利를 좇다가 그 본진本眞을 잃어버리는 자가 아니냐? 아니면, (…) 물욕에 덮여 눈앞이 어두운 자가 아니냐?(이옥, 2001, pp.92-94)". 선비의 어투에는 경멸과 분노가 엿보인다. "말리"라는 단어가 그 과도한 감정적 반응의 연유를 밝혀준다. 이옥은 지금 빈대를 '도덕적' 대상으로 보고 있다. 사리에 매몰된 '소인'의 마음, 우리에게 익숙한 용어로 말하자면 호모 에코노미쿠스의 마음을 빈대에게서 읽어내는 것이다. 이득을 향한 욕망을 이옥은 성리학적 도덕주의의 견지에서 질타하고 있다.

아산峨山 정주영(1915~2001)도 빈대에 관한 흥미로운 일화를 남긴 바 있다. 1933년경에 인천 부두에서 막노동을 하던 시절, 고된 노동을 마치고 돌아온 인부들이 몸을 눕히던 막사에 빈대들이 출몰한다. 밥상 위로 피해 잠을 청하면, 빈대들이 거기까지 기어 올라와 인부들을 물었다고 한다. 꾀를 내어, 밥상 네 다리에 물을 담은 양재기를 고여 놓고 자면 빈대들은 벽을 타고 천정으로 몰려와 그의 몸으로 떨어지는 것이었다. 이 광경을 본 정주영은 "소름끼치는 놀라움"을 느낀다. 이 경악은 후일 자신의 삶과 〈현대〉의 스타일을 규정하게 될 어떤 깨달음으로 이어진다. "하물며 빈대도 목적을 위해서는 저토록 머리를 쓰고 저토록 죽을힘을 다해 노력해서 성공하지 않는가. 나는 빈대가 아닌 사람이다. 빈대한테서도 배울 건 배우자. 인간도 무슨 일에든 절대 중도 포기하지 않고 죽을힘을 다한 노력만 쏟아 붓는다면 이루지 못할 일이 없다. 돌이켜 보면 내 인생은 줄곧 '더 하려야 더 할 게 없는 마지막까지의 최선'의 접철이 아닌가 한다(정주영, 1991, pp.66-67; 정주영, 1998, p.41)". 이옥과 마찬가지로 정주영 역시 빈대의 행태로부터 인간 세상에 적용 가능한 모럴을 추출해 내고 있다. 그런데, 양자 사이에는 의미심장한 차이가 존재한다. 이옥에게 빈대가 일종의 반反-군자, 즉 사욕에 매몰된 소인배, 경멸스런 인간의 알레고리였다면, 정주영에게 빈대는 도리어 모방해야 하는 행위의 전범으로 등장한다. 그가 빈대로부터 배운 것은, 이옥이 비판한 그 맹렬한 흡혈의 욕망, 생존에의 충동, 그리고 실행의 무모함과 끈질김이었다. 약 150년을 사이에 두고, 상이한 두 개의 마음가짐이 드라마틱하게 충돌하고 있다. 전자로부터 후자로 나아가는 길의 어딘가에 한국 자본주의 정신, 혹은 이 연구가 제안하는 개념을 빌려 말하자면, 한국의 '자본주의적 마음'의 기원이 존재한다. 세속적 이익을 향한 집착을 긍정하면서, 그런 실천력을 극대화시키려는 어떤 근대적 마음의 질서, 지향, 에너지가 정주영이 남긴 빈대의 일화에 선명하게 각인되어 있다. "더 하려야 더 할게 없는, 마지막의 마지막까지 다하는 최선"을 경주하는 이 마음은 또한 개발근대를 이루어낸 20세기 한국인들의 전형적 마음가짐 중의 하나이기도 하다.

이 논문은 〈현대〉의 창시자이자 카리스마적 경영자였던 정주영의 삶과 언설들을 분석함으로써, 거기에 표상된 20세기 한국 자본주의의 마음의 구조를 규명하고, 그 성취와 한계를 비판적으로 성찰하는 것을 목적으로 한다. 이를 위해서 우선, 정주영의 자서전과 연설문 등의 기초 자료를 다룸에 있어서 방법적으로 성찰해야 하는 사항들을 점검한다. 이어서, 연구의 핵심 개념을 이루는 '자본주의적 마음'과 '자본으로서의 마음' 개념을 정립함으로써 정주영을 통해 한국 고유의 자본주의적 마음의 이념형을 파악하기 위한 이론적 검토를 시도한다. 이 과정에서 정주영의 인간-자본 그리고 꿈-자본에 대한 강조와 그 의미를 분석한다. 셋째, 정주영의 삶의 이력을 소략하게 제시하고, 일련의 성취들을 추동한 심적 동력인 '파우스트 콤플렉스'의 실체를 규명한다. 넷째, 정주영의 파우스트 콤플렉스의 핵심인 '생존지향적 발전주의 survival-oriented developmentalism'를 그의 언설을 중심으로 분석하고, 이것이 한국 사회의 돌진적 근대화와 어떻게 접합되어 있었는지를 살핀다. 마지막으로 정주영의 꿈과 그가 대표하는 자본주의적 마음이 소위 '후기 근대'의 문명사적 위기상황(장기적 저성장사회, 위험사회, 환경적 파국)에서 재구성되어 탈바꿈되어야 할 필요성을 제기하고자 한다.

2. 방법적 고민들

두 가지 방법적 고민이 있다. 첫째는, 리더 혹은 인물에 대한 사회학적 탐구 방법의 부재이다. 사회학은 전통적으로 특정 개인 행위자에 대한 탐구를 주된 방법으로 삼고 있지 않다. 아마도 개인들을 움직이는 구조의 힘을 행위자보다 더 강조하는 학풍 때문일 것이다. 질적 연구에서 개별 행위자를 심층적으로 탐구할 때도, 그 대상이 대개는 민중이나 무명씨인 경우가 많다. 사회의 핵심 포스트를 차지하는 인물들에 대한 사회학적 연구는 그다지 일반화되어 있지 않다. 이는 사실 사회학의 큰 약점 중의 하나이다. 왜냐하면 영향력 있는 정치가들, 외교관들, 경영인들, 법조인들, 스타들, 예술가들, 종교 지도자들, 사회 운동가들은 단순히 구조의 명령을 수행하는 것이 아니라 구조를 생성하거나, 수정하거나, 재구성하는 비상한 실천력을 보여준 경우가 적지 않기 때문이다. 이들이 결정적인 순간에 내리는 의사결정, 정치적 입장, 도덕적 지향, 사상과 언어, 그리고 행위들은 수많은 동시대인들의 삶에 심대한 그림자를 드리우기도 한다. 따라서 사회를 움직이는 '예외적 개인들'을 탐구하는 것은 그 사회를 이해하기 위해서 매우 효과적이거나 필수적인 과제일 수 있다. 특히 20세기 한국 사회처럼 인간(리더)의 힘이 시스템의 상대적 부재 속에서 결정적인 역할을 했던 사회에서는 더욱 그러할 것이다. 문제는 그 방법적 절차들이 아직 충분히 완비되어 있지 않기 때문에 과감한 실험의 필요성이 제기된다는 것이다.

두 번째 제기되는 고민은 연구의 중심 자료가 될 자서전의 분석과 연관되어 있다.[1] 일반적으로 인문 사회과학이 분석대상으로 삼는 자서전은 "어떤 실제 인물이 자기 자신의 존재를 소재로 하여 개인적인 삶, 특히 자신의 인성의 역사를 중점적으로 이야기한, 산문으로 쓰인 과거 회상형의 이야기"로 정의된다(르죈, 1998, p.17). 자서전의 핵심 의미 구도는 고해confession, 회고memoir, 아폴로기아apologia이다(Hart, 1969-1970). 프리먼과 브로크마이어는

---

1 유명 인사들의 회고록은 많은 경우 세속적 목적을 위한 도구적 의미(선거운동, 자기광고, 자기미화 등)가 주된 동기를 이루며, 그것이 자신의 삶을 진실하게 서술하고 있는지에 대한 사회적 의구심, 더 나아가서 자서전 자체가 본인에 의해 저술되었는지 아니면 대필(代筆)을 썼는지에 대한 기초적 의혹을 야기한다. 1990년대 초반 다수의 기업가들이 자서전을 출간했을 때 "자신들의 경영 이념과 생애를 미화해 독자들에게 강요하는 또 다른 지배자의 논리"(경향신문, 1992년 5월 9일)라는 비판이나 "막대한 회사돈과 인력을 투입해 상징을 조작하고 이미지를 둔갑시키는 지경"(한겨레신문, 1996년 7월 3일)이라는 비판도 제출되었고, 이들은 한국 사회가 기업가들의 자서전을 바라보는 시각을 여실히 반영하고 있다. 연구에서 활용될 기초 자료는 정주영의 자서전, 연설문집, 전기 혹은 일화집이다. 자서전의 경우, 1991년 대선출마를 앞두고 출판된 《시련은 있어도 실패는 없다》와 1998년에 출판된 《이 땅에 태어나서》를 분석대상으로 하였다. 연설문집은 1985년에 출판된 《아산 정주영 연설문집》그리고 1997년에 출판되어 주로 경제관련 연설을 담고 있는 《한국 경제 이야기》, 같은 해에 출판되어 정치와 사회분야의 연설을 담고 있는 《새로운 시작에의 열망》을 분석 대상으로 하였다.

여기에 '윤리적 의도'를 추가한다. 자서전의 저자가 공동체의 가치에 부합하는 방식으로 형성시킨 '좋은 삶'에 대한 평가를 독자들에게 설득시키려는 의도 역시 자서전의 핵심요소라는 것이다 (Freeman and Brockmeier, 2001, p.83). 이에 비추어 다음 사항들이 이 연구에서는 진지하게 고려되어야 한다.

우선 지적되어야 하는 것은, 정주영의 자서전에 고해의 성격이 매우 약하다는 사실이다. 절대타자에게 자신 삶의 과오를 토로함으로써 영혼의 메타노이아를 실행하고, 참다운 자아를 회복하려는 실존적 몸부림이 고해의 본질이라면, 정주영의 자서전에는 이런 종류의 회한, 반성, 성찰 등은 거의 나타나지 않는다. 그의 삶은, 독자를 때로 아연하게 만드는 패기와 낙관으로 점철된다는 점에서 다분히 '소년적'이다. 둘째, 대신 부각되는 것은 사업 영역에 대한 현격한 집중으로 특징지어지는 회고담이다. 〈현대〉그룹의 역사와 정주영 개인의 역사는 회고 속에서 분리할 수 없는 일체를 이루고 있다. 이 의미론적 조합에 경우에 따라서 국가나 민족과 같은 거대단위가 섞여 들어오기도 한다. 개인, 기업, 국가의 역사가 간헐적 중첩과 분리 속에서 어우러지면서 정주영의 자기서사를 이끌어 가는데, 이는 모두 '난관의 극복사克復史'라는 서사론적 축으로 수렴된다. 연속적인 위기와 고난을 극복하고 마침내 성취하며 앞으로 나아가는 존재가 자서전에 등장하는 "서술된 자아storied self"의 요체이다(Eakin, 1999, p.99 이하). 세 번째 관찰되는 특이성은 자기신화화의 경향과 아폴로기아(변명) 경향의 공존이다. 그의 자서전에는 삶의 성취들을 극화하는 다양한 에피소드들이 신화소神話素의 형식으로 반복되어 제시된다. 그의 자기신화화에는 나르시시즘으로 완전히 환원할 수 없는, 어떤 시대적 감격의 요소가 들어 있는 것이 사실이다. 그러나 이와 동시에 여러 종류의 '아폴로기아'도 나타나고 있다. 정경유착, 문어발식 경영, 노사갈등과 연관된 사회적 비판을 의식하면서, 나름의 방식으로 해명을 제시하고자 하는 것이다. 말의 진실성 여부를 떠나서, 이런 아폴로기아의 존재는 정주영의 마음속에 한국 사회로부터의 도덕적 인정을 받고 싶은 욕망이 존재함을 보여준다.

이 두 고민은 서로 연결되어 있으며, 이 연구에 제약과 더불어 도전을 제기한다. 무엇보다도 자료와 접근법에 내재하는 제한은 우리에게 정주영의 실제의 삶의 체험들에 대한 '경험주의적' 접근 대신, 그가 자신의 삶을 회고하고 서사하는 방식 그 자체의 사회학적 의미에 대한 '해석학적' 천착을 유도한다. 이 '방식'이 바로 정주영의 윤리를 구성하며, 가치를 표시하고, 그의 서사적 정체성을 구현하기 때문이다(Holstein and Gubrium, 2000). 이렇게 보면, 정주영의 자서전은 한국 자본주의적 에토스를 드러내는 전형적 매뉴얼 중의 하나로 읽힐 수 있다. "가난하고 학벌이 없어도 큰 사업을 할 수 있다는 '견본'이 된 나를, 현재 어려운 여건 속에서 큰 미래를 꿈꾸는 사람들이 다소 부러워하고 좋아할 것이다(정주영, 1991, p.255)"라고 말하는 정주영은, 기업가로서 성공한 자신의 삶이 하나의 '좋은 삶'이라는 사실을 전시하고자 하며,

그것이 자신이 걸어간 길을 추종하는 사람들에게 귀감이자 범례가 될 수 있기를 희망하는 듯이 보인다. 미국 자본주의 정신의 예시를 프랭클린Benjamin Franklin의 자서전에서 발견하는 베버의 방식을 따라서(베버, 2010, pp.71-82), 나는 정주영의 자서전에서 〈현대〉의 창시자이자 경영자로서 그가 실천하고, 행위하고, 언술하고, 꿈꾼 '자본주의적 삶'의 심적 엔진들을 찾아내고자 한다. 이와 같은 사회학적 이해의 대상으로 설정된 정주영은 '구조-형성적 행위자structure-shaping agent'라 지칭될 수 있는 독특한 존재이다. 그는 기왕에 존재하는 행위구조를 변형시켜 새로운 틀을 창설, 구성, 강화하는 비범한 행위 능력agency을 소유한 행위자의 한 사람이다(베버는 이들을 카리스마적 리더라 부른 바 있다). 이들은 사회학이 흔히 설정하는 구조/행위의 대립하는 두 차원을 매개하고 통합하는 특이하고 예외적인 존재들이다. 이들에 대한 사회학적 탐구는 어떻게 가능한 것인가? 이 연구에서 내가 실험하고자 하는 것은 바로 이들의 행위 능력의 원천인 마음에 대한 탐구하고, 이들의 언설과 행위를 깊이 있게 분석함으로써, 이들을 움직인 마음의 의미연관을 밝혀내는, 그런 방식의 해석학적 사회학이다(김홍중, 2014a).

3. 자본주의의 문화사회학

자본주의적 마음

자본주의에 대한 다양한 입장과 관점의 스펙트럼(막스, 좀바르트, 슘페터, 브로델, 월러슈타인) 중에서 이 연구는 특히 막스 베버의 자본주의 정신^{Geist} 개념에 주목한다. 자본주의의 작동에 있어서 그 정신의 중요성에 착안하는 베버의 입장은, 자본주의 체제가 사회 경제적 제도로만 구성된 것이 아니라, 그 제도 속에서 자본주의적 실천을 수행하면서 그것을 가동시키는 살아있는 사람들의 삶의 방식(에토스, 모티프, 심리적 동인)과 구조적으로 연동되어 있다는 관점을 통하여, 자본주의에 대한 심층적 문화사회학의 접근 가능성을 제공하고 있다. 베버에게 경제 질서는 "규칙화된 행동들의 총체$^{ensemble\ d'activités\ réglées}$" 혹은 "구성원들의 행태에 영향을 주는 요소들의 총체"로 간주되는데(푸코, 2012, p.236; Heilbroner, 1985, p.20), 그 결과 자본주의는 생존을 위해 투쟁하는 인간 주체들(기업가와 노동자)을 특수한 방향으로 행동하도록 강제하는 행위 준칙들의 집합으로 나타난다. 그는 이렇게 쓰고 있다. "오늘날의 자본주의적 경제 질서^{Wirtschaftsordnung}는 개인들이 태어나 그 안으로 내던져지는 거대한 우주인 바, 이 우주는 개인들에게 – 적어도 개인들로서 – 그들이 살아가야만 하는 사실상 불변적인 껍데기로서 주어진다. 그 우주는 개인들이 시장에 관련되는 한 자신의 경제

적 행위의 규범을 강요한다. 이러한 규범에 적응할 수 없거나 적
응하려고 하지 않는 노동자는 실업자로 길거리에 내던져지듯이,
이러한 규범에 지속적으로 대립해 행위를 하는 공장주는 경제적
으로 반드시 제거된다. 그러니까 경제적 삶을 지배하게 된 오늘
날의 자본주의는 경제적 도태 과정을 통해 필요한 경제 주체(기업
가와 노동자)를 교육하고 창출하는 것이다(베버, 2010, pp.78-79)".

그렇다면 자본주의가 강요하는 "경제적 행위의 규범"은 구체
적으로 무엇인가? 다음의 두 가지 준칙이 가장 대표적이다. 첫
째, 자본주의는 (약탈이나 폭력에 의한 갈취가 아니라) 오직 "교환 기
회의 이용을 통해 이윤을 얻을 수 있다는 기대, 즉 (형식적으로) 평
화롭게 영리를 취득할 수 있는 기회에 근거하는 행위"를 규칙으
로 한다(베버, 2008, p.288). 자본주의의 영리 행위는 철저한 (목
적)합리성을 요구한다. 근대 자본주의는 이런 점에서, 오래 전부
터 존재해왔던 비합리적, 투기적, 폭력적, 약탈적 자본주의와 질
적 차이를 갖는다. 둘째, 자본주의적 질서는, 평화적으로 획득된
재화를 (쾌락을 위해 소비하는 것이 아니라) 강박적인 동시에 무제한
적인 방식으로 축적하는 것을 행위준칙으로 한다(Boltanski and
Chiapello, 1999, p.37). 근대 자본주의의 영리 추구와 자본축적의
실천들은 공리주의적 행복 추구와는 무관한, 의무적 성격을 갖고
있다. 잘살기 위해 부를 축적하는 것이 아니라, 부를 축적하기 위
해 부를 축적하도록 강제되는, 동어 반복적 자기목적화의 과정이
그것이다(Wallestein, 1983, p.14, 47). 이것이 근대 자본주의에 강

박충동compulsion의 성격을 부여하는 핵심 기제이며 '세속적 금욕주의'의 본질이다(기든스, 1998, p.107, 110).

　이런 시각에서 보자면 자본주의는, 합리적 방법에 의해 이윤을 추구하고 부를 축적하는 것처럼 보이지만, 실질적으로 매우 비합리적 행위를 강제하는, 역설적 시스템이다. 자본주의적 경제 질서의 본성에 존재하는, 이 "비합리적 합리성(푸코, 2012, p.163)"은 자본주의적 노동 과정(그것이 기업가의 것이건 아니면 노동자의 것이건)에 근본적 부조리를 제공한다. 부의 감각적 향유가 계속 미래로 미루어지는 상황에서 지속적으로 수행되는 노동의 의미는 묘연한 것이다. 게다가 노동자는 자신의 노동으로부터 구조적으로 소외되어 있고, 자본가는 자본의 맹목적 무한 증식을 위하여 경제회로에 자본을 부단히 재투입해야 한다. 이러한 노동과 축적의 요구는 추상적 절대성을 띠게 된다. 전통적 관점에서 보았을 때, 이런 과도한 역동성을 특징으로 하는 삶의 형식은 이해하기 어려운, 고통스런, 더 나아가서 의미를 결여하고 있는 시지프Sysiphe의 고역에 다름 아니다(벤야민, 2008, pp.122-125; Boltanski and Chiapello, 1999, pp.37-41). 요컨대 자본주의 그 자체에는 어떤 대의나 도덕적 목표가 존재하지 않는다. '왜'라는 질문에 대한 해답을 자본주의는 제공하지 않는다. 자본주의에 '정신'이 요청되는 것은 바로 이 때문이다. 어떤 "실천적 동인들"이 외부로부터 도입되어 들어와 자본주의에 접합되어 자본주의적 삶에 의미를 부여해 주지 않는다면, 자본주의는 효과적으로 기능할 수 없기 때문이다. 대개 그것은 주로 종교(문화)에 그 기원을 두고 있음을 베버는 보여준 바 있다(베버, 2002, p.170). 이렇게 보면, 자본주의 정신은 경제적 하부구조에 의해 결정되는 단순한 '상부구조'가 아니며, 또한 물질계를 초월한 '이데올로기'도 아니다. 자본주의 정신은 경제적 행위자(주체)를 생산하는 하부구조 그 자체의 또 다른 하부구조로 기능한다(푸코, 2012, p.235). 그것은 이념이 아니라, 일상적 실천들을 제어하는 "생활규제체계Lebensreglementierung", "심리적 동인Psychologische Antrieb", 혹은 "의향Gesinnung" 등 실제적 삶을 추동하는 내면 영역을 포괄한다(베버, 2002, p.169; 베버, 2010, p.172, 89).

이런 관점에서 나는 베버가 자본주의 정신이라 부른 자본주의적 삶의 심리적 동력을 '자본주의적 마음capitalistic heart'이라는 개념으로 전환하여 사용할 것을 제안한다. 이때 '마음'은 "사회적 실천들을 발생시키며, 실천을 통해 작동(생산, 표현, 사용, 소통)하며, 그 실천의 효과를 통해 항상적으로 재구성되는, 인지적/정서적/의지적 행위 능력의 원천"이라는 의미를 부여받는다(김홍중, 2014a, p.184). 마음의 작동 영역은 '정신' 개념이 지시하는 관념, 교리, 사고, 사상의 영역을 훨씬 넘어선다(유승무·박수호·신종화, 2013, p.3). 마음은 행위자의 내면에 스며들어 있고, 습관의 형식으로 체화되어 있으며, 다양한 마음의 실천들을 규칙적으로 생산하는 제도적 장치들과 복합적으로 접합되어 있는 동시에, 문학과 예술을 포함하는 문화적 상징들 속에서 표현되고 소통된다(Kim,

2014, pp.44-45). 자본주의적 삶의 양식에 참여하는 행위자들은 이처럼 자발적인 판단(인지), 희망(감정), 의욕(의지)으로 구성되는 복합적 마음의 작용들을 매개로 하여 경제 시스템에 참여하는 것이다. 가령, 그것은 자본주의의 규칙에 부합하는 방식으로 실행되는 발심發心, 회심回心, 결심決心, 욕심慾心, 탐심貪心, 수심守心, 항심恒心, 명심銘心, 조심操心, 합심合心, 진심盡心 등의 구체적이고 지속적인 마음의 수행performance과 그것을 가능하게 하는 사회적 장치들의 작동의 접합으로 이루어진다. 요컨대, 자본주의는 자본주의적 마음을 가진 행위자들의 일상적 실천과 수행을 통해 가동되는 체계이지, 그 스스로 신비적인 힘에 의해 움직이는 자동기계인 것이 아니다. '자본주의적 행위자들이 무엇을 위해서, 무엇을 꿈꾸며, 어떤 감정에 사로잡힌 채 행위 하는가'라는 질문에 대한 해답을 추구하는 것은 자본주의 시스템의 움직임 전체를 그 구체적 심적 의미의 형성 메커니즘으로부터 설명하려는 문화사회학적 기획에 해당된다.[2] 이런 점에서, '자본주의적 마음'은 자본주의 경제체제

---

2 정주영의 리더십에 대한 기왕의 연구들은 대개 '아산정신(峨山精神, Asanism)'이라는 용어를 사용하면서, 그의 기업가정신, 경영철학, 혹은 리더십의 특성들(가령, 창조적 예지, 적극 의지, 강인한 추진력, 창업정신, 사회적 책임정신, 문화의 창조정신)을 열거하는 방식으로 수행되어 왔다(김성수, 1999; 고승희, 1999, 정대용, 2001; 박유영, 2005; 김화영·안연식, 2014). 그러나 엄밀히 말하면 아산정신은, 이 논문에서 분석되는 아산심이 작동하여 드러나는 행태들을 언어화, 상징화, 부호화한 것에 불과하다. 아산 정신이 표현 형태라면, 아산심은 그런 표현 형태들을 발생시키는 심층 메커니즘이다. 바로 이런 맥락에서 김정수는 "지금까지의 논의들은 아산의 기업가 정신과 경영철학이 지닌 특징들을 요약하고 이를 나름의 시각으로 명명하여 다소 '복잡하게' 체계화하려는 경향"을 지닌다는 점을 지적하면서 "좀 더 단순하고 직관적으로" 아산정신을 이해할 필요성을 제기한다(김정수, 2014, p.12). 파우스트 콤플렉스는 아산정신의 내용들을 가능하게 하는 심층 구조로서의 아산심(峨山心)을 가리킨다. 여기에서 사용된 콤플렉스라는 용어는 정신분석학과 심리학의 일반적 용례를 따른다. 그것은 "부분적으로 혹은 완전히 무의식적인 상태로 남아 있으며, 강력한 정서적 가치를 띠고 있는 표상들과 기억들의 조직된 총체"이다(Laplanche and Pontalis, 1967, p.72).

에 참여하는 행위자들의 독특한 실천을 추동하며, 그런 실천 속에서 다시 변형되며 재구성되는 복합적이고 심층적인 행위 능력으로 이해될 수 있다.

마음이라는 자본

자본주의는 사회구성체의 운영 원리인 동시에 인간 행위자의 마음의 운영 원리이기도 하다. 자본주의의 강력한 특성 중의 하나는, 그것이 사람의 심저心底로부터 솟아나는 에너지를 효과적으로 이윤 추구와 결합시킨다는 점에 있다. 인적 자본이 논의되기 오래전에 베버는 이미, 자본주의와 인간 마음이 맺고 있는 유기적 연결을 명확히 이해하고 있었다. 이는 캘빈주의 분석에서 탁월하게 묘파되어 있다. 가령, 그가 자본주의 정신의 기원으로 설정하는 캘빈주의의 예정론은 인간 영혼의 구원을 이미 정해진 사태이자, 누구도 그 여부를 미리 알지 못하며, 어떤 방법으로도 그 사실을 변경할 수 없다는 가혹한 교리로 특징지어진다. 이 "비장함을 불러일으킬 만큼 비인간적인 교리"는 신도들에게 "전대미문의 내적 고독감"을 안겨 주었다(베버, 2010, p.182). 이런 상황에서 신도들에게 가장 화급한 과제로 육박해 오는 것은 다름 아닌 '나는 구원받도록 선택되었는가'라는 질문에 대한 해답을 찾는 일이다. 교리적 맥락에서 말하자면, 이 질문에 대해 누구도 답변할 수 없다. 그러나 목회실천의 수준에서는 i)스스로를 선택된

자로 간주하고 의심을 물리치고 ii)그런 확신에 도달하기 위한 부단한 직업노동에 몰두하라는 두 가지 구체적 삶의 방침이 권고되었다(베버, 2010, p.194). 구원을 위해 할 수 있는 유일한 일은 이제 자신이 맡은 직능에서 성공하기 위해 전심전력을 다하는 것이었다. 베버는 이런 "윤리적 생활양식의 체계화(베버, 2010, p.213)"가 근대 자본주의에 친화적으로 결합되어, 자본주의 정신이 역사적으로 형성된 것으로 본다.

이 논의를 확장시키면, 자본주의는 이미 그 기원에서 '마음의 자본주의'였다는 인식이 가능하다. 왜냐하면, 자본주의적 인간이 나타나기 위해서는 위에 논의된 마음의 세 차원, 즉 미래에 대한 불안, 구원 혹은 성공을 향한 열망, 그리고 자신 행위를 통제함에 있어서의 합리성이 먼저 발현되어야 했기 때문이다(혹은 자본주의는 그런 마음을 생산하고 동원하기 때문이다). 요컨대, 마음은 하나의 자본이다. 이 말은 마음이 단순한 자산^{asset}이나 자원^{resource}이라는 사실을 의미하는 것이 아니다. 그것은 마음이 자본주의적 가치생산과 축적의 프로세스에 중요한 요소로 설정되고, 인지되고, 구성된다는 것을 의미한다.[3] 이런 의미에서 마음은 다른 유형의 자본들(경제 자본, 사회 자본, 문화 자본)을 축적하여 행동하게 하는 동

---

3 주지하듯, 자본은 단순한 '부(wealth)'와 구분되며, 자본의 성립은, 특정 양의 화폐가 더 많은 화폐를 낳는 연속과정(M-C-M')에 투입되어 자기증식하는 가치로 전환될 때 비로소 이루어지는 것이다(마르크스, 2008, p.232). 따라서 자본은 물질적 실체라기보다는, "물질적 사물들을 그 지속적인 역동적 실존 속에서 사용하는 과정"에 더 가까운 것이며, 모든 화폐가 자본으로 불리는 것이 아니라, 오직 "사용 중인 화폐(money-in-use)"가 자본이라 불려져야 한다(Heilbroner, 1985, pp.36-37).

기, 충동, 욕망에 해당되는 자본 이전의 자본, 자본을 향하게 만드는 사전적事前的 자본, 시초 자본始初資本, 혹은 비유적으로 표현하자면 씨앗-자본seed-capital이다. 씨앗-자본은 마음이 보유한 총체적 행위 능력 혹은 감수 능력인 동시에, 미래의 방향성과 역동성의 잠재적 형태이다. 그것은 다른 유형의 자본들의 생산 조건, 혹은 자본이 아직 물질화되기 이전의 원형적 에너지이다. 가령, 누군가가 자본주의적 노동에 돌입하고, 그로부터 획득된 소득을 다시 투자하여 자본화함으로써 경제 자본을 합리적으로 축적해 나가는 체계적 과정에 편입되기 위해서는, 무엇보다도 행위자가 그와 같은 삶에 대한 동기, 열정, 희망 혹은 욕망 즉 '자본주의적 마음'을 가지고 있어야 한다. 그 마음은 부모에게서 상속되었을 수도 있고, 종교적으로 고무되었을 수도 있다. 교육이나 학습을 통해 폭력적으로 형성되었을 수도 있고, 때로는 어렵고 고통스런 리얼리티를 극복하기 위해서 내적으로 만들어낸 판타지에 뿌리내리고 있을 수도 있다. 예외적 강도를 가지고 결집된 마음의 에너지는 종종, 삶에 주어진 치명적 상처나 잊을 수 없는 굴욕 혹은 극복하기 어려운 상처들로부터 발생했을 수도 있다. 중요한 것은 후일 자본 형태로 열매를 맺게 될 씨앗인 시초 자본이 행위자의 마음에 파종되지 않는다면, 그는 결코 용이한 방식으로 자본주의적 노동형태에 적응하지 못하리라는 사실이다.

이런 여러 씨앗-자본들 중에서 특히 중요한 것으로 인지되는 것은, 미래를 선취하여 거기에 자신의 이상적 가능성을 투사하고, 현재적 쾌락을 연기하면서 목표를 향해 스스로를 추동하는 능력, 즉 꿈-자본dream-capital이다. 꿈-자본은 행위자가 보유하고 있는 꿈꿀 수 있는 능력의 총체이며, 마음 자본의 핵심적인 요소를 이룬다. 1960년대에 알제리 사회에 자본주의적 사회 시스템이 도입되는 과정에서 발생한 다양한 문제들에 대한 현장연구를 수행하면서 부르디외가 발견한 것이 바로 그것이다. 막스 베버의 자본주의에 대한 선구적 탐구에 적지 않은 빚을 지고 있는 알제리에서의 연구에서 부르디외가 발견한 바에 의하면, 자본주의 시스템에 적응하면서 살아가기 위해 행위자들은 무엇보다도 자본주의적인 방식으로 미래를 상상하고, 그 미래에 희망이라는 감정적 요소를 부여할 수 있는 능력을 갖고 있어야 한다. 가령, 급격한 변동을 겪던 알제리 사회의 실업자와 불안정한 노동자들을 자본주의적으로 동원하는 작업은 당시에 매우 어려운 과제였는데, 그 이유는 이들에게 "미래 속으로 자신을 투사할 능력capacité de se projeter dans l'avenir"이 결여되어 있기 때문이었다(부르디외, 1995, p.101;Bourdieu, 1998, p.97). 미래 속으로 자신을 투사할 수 있는 능력은, 좀 더 쉽게 풀어서 말하자면, 상상적으로 표상된 미래의 자기를 향해 적극적으로 움직여 나갈 수 있는 심적 동원의 능력이다. 이를 위해서는 감정적 지원(희망)이 요구되며, 그 목표를 이루기 위한 합리적 자원과 기술들에 대한 장악과 긍정적 태도들, 그리고 좌절이 닥쳐왔을 때 이를 극복하고 넘어설 수 있는 회복탄력성resilience 등이 복합적으로 요구된다. 이런 맥락에서 보면, 꿈이 없는 자는, "미래와 적극적으로 대결하는데 필요한 성향" 혹은 "기획된 미래에 대한 선호 속에서 현재를 변화시키려는 합리적 야심"이 없는 자로서, 현재의 고통을 금욕적으로 인내하고 그 결실을 미래에서 취하는 전형적으로 자본주의적인 하비투스를 아직 체화하지 못한 행위자인 것이다(Bourdieu, 2003, p.324: Bourdieu, 1998, p.97). 새롭게 부과되는 자본주의적 경제 질서에서 밀려난 자들은 이처럼 꿈꾸는 능력의 손상을 체험하고 있으며, 장래에 대한 포부와 희망을 상실한 "미래 없는 자들"로 전락하고 있다(부르디외, 1995, p.79). 이런 통찰에 근거해서 말하자면, 꿈은 순수한 유희나 백일몽이 아니다. 꿈은 자본주의의 역동적 기능 요건 중의 하나이다. 부르디외가 베버의 연구를 심화시키며 드러낸 것은, 자본주의적 삶의 핵심에 행위자들이 마음에 품고 있는 "장래에 대한 전망visée de l'avenir"이 있다는 사실이다(부르디외, 1995, p.80). 장래에 대한 전망이 없을 때, 그는 현실을 탕진하거나 실현불가능한 요행주의에 빠지거나, 환상적 혁명사상으로 기울어간다. 자본주의를 움직이는 것은, 자본 축적, 자본 추구, 자본 활용의 동기를 부여하는 원형적 자본이며, 아직 자본으로 물질화되지 않았지만, 자본들을 생산하는 씨앗-자본인 꿈꾸는 마음이다. 자본주의의 주체는 이런 점에서 보면 단순한 강박적 노동자가 아니라 언제나 미래를 꿈꾸는 몽상가로 나타난다.

　자본주의와 마음의 이런 연관은, 자본주의적 근대로의 발전이 자생적이지 못했고, 제국주의의 침탈과 파괴적 내전을 겪고 난 폐허에서 새로운 경제 질서를 일으켜 세워야 했던 한국 사회에서는 더욱 중요한 요소로 부각되게 된다. 주요 자본과 기간시설이 파괴되었고, 오직 미국의 원조와 적산 불하를 통해서 민간 자본이 시초축적 될 수 있었던 상황에서(이한구, 2004, pp.61-83), 다른 무엇보다 더 중요한 것은 미래에 대한 희망과 신념을 가지고 고투하고 자녀들을 교육시키고 절약하고 저축함으로써 비참을 벗어나고자 열망했던 민중의 집합적 '마음-자본heart-capital'이었기 때문이다. 1960년대 이후 진행된 "발전으로의 돌진(Hart-Landsberg, 1993)" 과정에서, 정치, 경제, 사회, 문화, 종교 등의 영역에 출몰한 구조-형성적 행위자들은, 용어의 중립적인 의미에서 꿈의 생산자, 꿈의 설교자, 꿈의 교육자, 그리고 꿈의 자본가였다. 정주영 역시 한국 자본주의의 대표적 몽상가였다.

　이는 특히 그의 '자본'에 대한 이해 방식에서 잘 드러난다. 정주영에게 자본은 반드시 경제 자본을 의미하지 않는다. 그는 자본이라는 용어를 매우 융통성 있게 활용하면서, 경영과 노동에 있어서 개인의 심적 동력, 시간 관리 방식, 가치관, 신용 등 거의 모든 인간적, 사회적 삶의 형식들을 자본 영역에 포함시킨다. 가령, 시간은 "누구에게나 평등하게 주어지는 자본금"이며(정주영,

1998, p.7, 199), 생명 그 자체와 동일시되는 가치를 지니는 것으로 간주되었다(정주영, 1991, p.168). 특히 신용信用은 각별하게 의미심장한 자본으로 인정된다(정주영, 1985, p.36). 바로 이런 유연성 속에서 인간이라는 자본에 대한 그의 지속적 강조가 반복되고 있다. 그는 자원 빈국인 한국이 경제발전을 이루어낸 원동력이 인적 자원이었음을 수차례 지적하면서(정주영, 1985, pp.103-104), "모든 것의 주체는 사람(정주영, 1998, p.240)"이고, "국가의 부존자원은 유한한 것이지만 인간의 창의와 노력은 무한(정주영, 1998, p.359)"한 것이라고 설파한다. 그렇다면, 사람의 무엇이 가장 중요한 자본의 요소를 갖는가? 정주영에 의하면 그것은 바로 사람이 품고 있는 "마음가짐" 혹은 "마음자세"이다[4]. 성패를 좌우하는 것은 "마음먹기"에 달렸고(정주영, 1985, p.141), 인간의 정신력은 "계량할 수 없는 무한한 힘"을 가졌고, 바로 그것이 흥망을 좌우하는 것이다(정주영, 1998, p.184). 마음은 그로부터 모든 것이 시작되는 시발점이다. 그는 기업의 운영과 경영의 핵심, 그리고 개인 혹은 조직이 발전하는 것을 주재하는 원리를 결국 인간의 마음에서 발견하고 있다. "이기심을 버린 담담한 마음, 도리

---

4 "사회나 국가에 있어서도 발전을 주도하는 것은 자본이나 기술이 아니라 인간이며, 인간 중에서도 오직 지식이나 학교 교육만을 갖춘 사람보다도 못 배웠어도 성실한 **마음자세**를 가진 인간이라고 생각합니다"(정주영, 1997a, p.193, 강조는 필자). "기업과 기업인이 국민적 신뢰와 지원을 받으려면 먼저 기업과 기업인이 우리의 사명과 책임을 다하려는 **마음가짐과 자세**가 있어야 할 것입니다"(정주영, 1997b, p.118, 강조는 필자). 사실, 마음가짐에 대한 이런 강조는 이병철의 경우에도 동일하게 발견된다. 이병철은 자신에게 가장 큰 영향을 준 서적으로 주저없이(논어)를 꼽는다. 그 이유는(논어)가 "인간이 사회인으로서 살아가는 데 불가결한 **마음가짐**을 알려"주기 때문이다(이병철, 2014, pp.418-419, 강조는 필자).

를 알고 가치를 아는 마음, 모든 것을 배우려는 학구적인 자세와 향상심 (…) 이러한 마음을 가지고 있는 집단이라야만 올바른 기업의 의지, 올바른 기업의 발전이 가능하다고 생각한다"(정주영, 1991, p.345). 특히 그는 아직 물질화되고 가시화되지 않았지만 그럼에도 불구하고 누군가의 마음속에 "씨앗"처럼 뿌려진 채 자라나는 열망에 주목한다.

> "사업하는 사람은 누구나 비슷하겠지만, 밥풀 한 알만 한 생각이 **내 마음속에 씨앗**으로 자리 잡으면, 나는 거기서부터 출발해서 끊임없이 계속 그것을 키워서 머릿속의 생각을 눈으로 볼 수 있는 커다란 일거리로 확대시키는 것이 나의 특기 중에서도 주특기라고 할 수 있다. (…) 기업을 하는 사람은 항상 보다 새로운 일, 보다 큰일에 대한 열망이 있다. 보다 새로운 일, 보다 큰일에 대한 **열망이 기업하는 이들이 지닌 에너지의 원천**이다. 기업인은 누구나 자신이 만든 기업이 영원히 남기를 바란다. 나도 누구보다 우리의 현대가 영원히 존재하기를 염원한다. 그 염원의 조건을 만들어놓기 위해서도 나는 항상 '큰일', '보다 큰일'을 추구하면서 살았다. 조선소라는 '밥풀 한 알'이 언제 내 마음 속에 씨앗으로 자리 잡았는지는 정확하게 모른다. 어쨌든 1960년대 전반에 이미 내 마음속에 조선소가 멀지 않은 **미래의 꿈**으로 들어앉아 있었던 것은 확실하다."[5]

---

5 정주영, 1998, pp.161~162, 강조는 필자.

"이젠 기술자나 관리자나 다 똑같은 인적 자원입니다. 아무 생각 없이 일찍 출근하고 늦게 퇴근할 것 같으면 그것은 어제나 오늘이나 똑같고 이달과 새달이 똑같고 금년과 작년이 똑같은 것입니다. (…) 모든 사람은 **발전하는 꿈**을 가지고 있어야 하고 그 꿈에 대해서 실행력을 가지고 있어야 합니다. **아무 꿈이 없이 사는 사람은 아무리 오래 살아도 발전하지 못하고 오래 그 일을 한다고 해서 하나도 발전을 찾아 볼 수 없는 것입니다.** 그렇기 때문에 모든 사람들은 발전하기 위해서 공부를 하고 다른 사람이 하는 일을 더욱더 노력해서 그 일을 더욱더 발전시켜 나가는 것입니다. 그렇기 때문에 그 사회는 발전하고 인류는 발전하고 우리가 선배세대보다 후배세대가 발전하는 것입니다."[6]

위의 두 인용문은 정주영에게 꿈이 어떻게 개인 차원의 씨앗-자본으로 인지되고 있는지, 더 나아가서 조직 구성원들의 꿈-자본을 그가 어떻게 촉발하고 고무하고 있는지를 잘 보여준다. 개인적인 수준에서 정주영은 씨앗-자본으로서의 꿈의 능력에 대한 명료한 인식을 보여준다. 그것은, 시간을 미리 앞당겨 그 미래의 어느 지점에 이상화된 자신의 욕망의 그림을 던져 놓고, 그렇게 선취된 이미지 쪽으로 강력하게 움직여가려는 의지를 실현해

---

6 정주영 '현대중공업' 내 연설문 녹취록 파일 N. 28. "생산 4급 이상 특강"(1983. 2. 28), 아산리더십연구소 소장. 강조는 필자.

나가는 능력(실행력)을 포함한다. 배를 건조할 기술도 자본도 없는 상황에서 이미 조선소를 미래 현실의 씨앗으로 가슴 깊이 품어 버리는 것처럼, 아직 도래하지 않은 미래를 공격적으로 구성해나가는 방법을 그는 자신의 노동자들에게 교육하고 있다. 위의 두 경우 모두 꿈은 미래에 대한 '발전'의 원점을 구성한다. 첫 번째의 경우 그 발전은 "항상 큰일, 보다 큰일"을 지시하며, 두 번째의 경우 사회와 인류의 발전, 미래의 발전까지를 내포한다. 정주영이 인지하는 꿈-자본의 실현 방향은 이처럼 '무한한 발전' 혹은 '영원한 존재'를 향하고 있다는 강한 방향성을 표시하고 있다. 그렇지만, 그 꿈의 질적 실체가 선명하게 규정되어 있지는 않다. 즉, 무엇을 위한 발전인가? 더 큰일이란 어떤 일을 가리키는가? 발전의 끝은 언제이며, 또 무엇이며, 그 결실은 누가 향유하는가? 사실, 이런 질문들에 대한 구체적인 해답이 제시되고 있지는 않다. 꿈은 이때 내용이 아니라 하나의 형식, 텅 빈 삶의 형식이 된다. 내용을 규정하는 도덕성이 선명하지 않을 때, 꿈은 어떤 것도 담고 달릴 수 있는 강력한, 그러나 맹목적인 견인차로 기능한다.

앞서 언급한 것처럼, 근대 자본주의가 상정하는 자본축적의 과정은 종결되지 않는 무한한 프로세스이다. 특히 한국의 20세기적 발전주의는 선진국을 따라잡고catch-up, 자신을 추격하는 국가들을 앞서야 한다는 '조급함'이라는 심리적 프레임을 동반했다. 가장 중요한 것은 국가 수준의 안보(냉전적 불안으로부터의 안전)와 경쟁에서의 승리이지, 사회적 평등이나 정의, 행복 따위가 아니었던 것이다. 따라서 발전의 꿈에 동반된 세계상은 '항상적 위기상황'이고, 여기에서 살아남기 위해서 우리는 지속적으로 발전의 꿈을 추진해야 하며 이 과정에서 분배 정의 등의 문제는 괄호에 묶어 놓아야 한다는 '항구적 유예의 논리'가 한국 사회를 오랫동안 지배했다(서재진, 1991, pp.197-198; 전인권, 2006, pp.254-256). 또한 극빈 상태를 벗어나고 폐허를 다시 일으켜 세워 경제기적을 향해 돌진해 온 한국 근대성의 핵심에는 '중단 없는 전진', '우리도 한번 잘살아 보자', '하면 된다' 등의 표어들이 표상하는 발전의 꿈이 엔진처럼 장착되어 있었다(한상진, 1995, p.142). 그 꿈은 민중과 노동자의 침묵 속의 희생을 요구하는 것이었다. 꿈의 자본가는 이런 점에서 괴테의 파우스트를 닮아 있다. 우여곡절을 겪고 최종적으로 세간의 사업에 뛰어들어 간척 사업을 벌이며 자연의 무상을 뛰어 넘어서기 위해 고투했던, 그러나 동시에 그런 욕망의 본질과 한계와 끝에 대해서는 사유하지 못했던 근대 자본가의 원형, 그 마음의 핵심을 나는 '파우스트 콤플렉스Faust complex'라 부른다.

4. 파우스트 콤플렉스

소명으로서의 건설업

정주영은 1915년 강원도 통천군 송전면 아산리에서 출생하였다. 소년 정주영에게 특징적으로 발견되는 사건은 네 차례의 가출이다. 가난을 벗어나려는 집념 혹은 "성공에 대한 강렬한 열망"이 아마 동기가 되었을 터(권영욱, 2006, p.15), 그는 도주와 귀향을 반복하다가 열아홉 살인 1933년에 네 번째 가출을 하여 인천 등지에서 막노동을 하다 우연히 쌀가게 〈복흥상회福興商會〉에 취업을 하게 된다. 특유의 성실함에 감복한 주인이 가게를 맡아달라는 제안을 하고 이를 받아들인 정주영은 1938년에 〈경일상회京一商會〉라는 상호로 자신의 간판을 내건다. 중일전쟁의 여파로 가게를 정리하고 1940년에 그는 〈아도서비스〉라는 자동차 수리 공장을 세운 뒤, 1946년 4월에는 〈현대자동차공업사〉를 설립한다. 해방 이후 정주영은 건설업에 뛰어들어 1947년 5월에 〈현대토건사〉의 간판을 올린다. 두 회사는 1950년 1월에 〈현대건설주식회사〉로 통합된다. 공칭자본公稱資本 3천만 원, 불입자본拂入資本 7백5십만 원, 소재지는 중구 필동 1가 41번지였다.

한국전쟁 동안 〈현대건설〉은 빠르게 성장한다. 미군 발주 공사들을 거의 독점하였고, 아이젠하워 대통령 숙소 공사와 유엔군 묘지 잔디밭 공사는 정주영 특유의 아이디어와 뚝심을 보여주는 계기로 인구에 회자되었다. 1954년의 고령교 복구공사에서 큰 손실을 입었지만, 1957년 당시 최대 규모의 관급 공사였던 한강 인도교 건설공사를 따냄으로써 설립 10년 만에 업계의 최정상에 선다.[7] 1960년대 중반 이후 정주영은 해외로 눈을 돌려, 1965년 9월 태국의 파티니 나라티왓 고속도로 건설공사를 수주했고, 1966년 1월에는 베트남 캄란만 준설공사, 방오이의 주택건설공사를 수주한다. 1967년에는 소양강 다목적댐 공사를 시작했고, 같은 해 〈현대자동차주식회사〉를 설립하여 급속하게 성장한다. 1968년에 정주영은 경부고속도로의 전장 4차선 428km 중 40%를 담당하는 대토목사업에 뛰어들어 이를 완수한다. 1970년대에는 정부의 중화학공업 정책에 부응하면서 중공업 분야와 해외 건설 사업에 착수한다. 1972년에 〈현대조선소〉가, 1973년에 〈울산조선소〉가 기공식을 가졌다. 1974년에는 26만 톤급 대형 유조선을 두 척 건조하는 동시에, 울산조선소의 1, 2 도크 준공을 마침으로써 2년 3개월 만에 조선소 건설과 배를 건조 진수하는, 전무후무한 기록을 남긴다. 1976년에는 그해 국가 예산의 절반에 해당하는 공사비 규모의, 사우디아라비아 주베일 산업항 공사를 수주하는 쾌거를 올린다. 1980년대에 88서울올림픽 유치, 〈현대전자〉의 설립 등의 행보를 이어가다가, 1992년에 '통일국민당'을 창

---

7 이승만 정권하에서 정부가 발주하는 건설공사에서의 비경쟁 입찰을 통해 소위 '건설 5인조'가 형성되었는데, 그것은 이용범(대동산업), 조성철(중앙산업), 이재준(대림산업), 김용산(금동건설), 그리고 〈현대건설〉의 정주영이었다(김윤태, 2012, p.83; 공제욱, 1993, p.201).

당하여 국회의원에 당선되고, 급기야 제14대 대선에 출마했지만 실패한다. 1998년에는 84세의 고령으로 소 천 마리를 끌고 민간인 최초로 판문점을 통과해서 고향을 방문하는 일대 이벤트를 벌인다. 정주영의 일생은 이처럼 비범한 창의력과 돌파력, 그리고 불가능해 보이는 일들에 도전하여 결국은 이들을 성취해 낸 다양한 사건들로 장식되어 있다.

〈현대〉의 성공과 정주영의 카리스마적 리더십은 분리할 수 없는 일체를 이룬다. "조직 통제 및 경영전략 수립, 그리고 과단성 있는 사업전개와 강력한 추진력 등으로 대표되는 특유의 기업 문화 형성에 결정적인 영향력"을 행사한 것이 정주영이며(조동성, 1990, p.225), "위험을 부담하면서(무모함), 할 수 있다는 강한 성취동기에 의한 과감한 의사결정 및 추진력으로 대표되는" 정주영 리더십이 〈현대〉의 성장의 원동력이 되었다는 사실은 별다른 논란의 여지를 제공하지 않는다(박유영, 2005, p.141). 앞에서 열거한 수많은 성취들은 일반적 상식과 교과서적 지식을 통해서는 이해할 수 없는 배짱과 모험, 그리고 철저한 낙관적 판단 속에서 시도된 것들이다. 흥미로운 것은, 이 모든 것의 기초에 〈현대건설〉의 체험과 이로부터 형성된 소위 "건설업자적 발상", 혹은 토건적 상상력이 존재한다는 사실이다. 가령 모두가 반대했던 조선소 건설을 결정하게 된 과정을 정주영은 이렇게 회고한다. "어렵게 생각하면 한없이 어려운 일이나 쉽게 여기면 또 한없이 쉬운 일이다. 조선이라서 공장 짓는 것과 다를 바 뭐 있나. 철판 잘라

용접하고 엔진 올려놓고 하는 일인데 '모두 우리가 건설 현장에서 하던 일이고 하는 일이 아닌가' 하는 식의 **건설업자적 발상**으로 내 생각은 다른 사람들과 달랐다"(정주영, 1991, p.116. 강조는 필자).[8] 베버의 용어로 말하자면 정주영은 건설업에서 자신의 '소명Beruf'을 발견하고 있다. 그는 건설업을 자신 "사업의 모체요 원동력"이라 부르고(정주영, 1997a, p.59), "현대건설은 나의 생애 동안 정성과 정열을 기울인 국내 최대 기업이다"라고 공언하며(정주영, 1991, p.177), 스스로 "여러 가지 업종을 가지고 있고, 여러 업종별 산업협회에도 관련되어 있고, 또 전경련도 맡고 있습니다만 경제인이 아니고 건설업을 하는 한 건설인이라고 자부"하고 있기도 하다(정주영, 1985, pp.70-71).

여기에는 두 가지의 근거가 있다. 첫째는 〈현대건설〉이 국가와 사회의 기간을 정초했다는 자부심이다.

"어떤 선진국에서도 나라의 탄생 초기부터 우리나라처럼 건설업이 국가 경제에 크게 기여한 예가 없다. 나는 아무 것도 없이 곤궁했던 우리나라가 이룩한 한 시대의 눈부신 경제성장 과정에서 우리의 건설업이 선도적인 역할을 수행했다는 사실에 무한한 자부심을 갖는다."[9]

---

8 조동성은 〈현대〉의 특징 중의 하나는 중공업과 건설업 사이에 비약이 아닌 "유기적 연관성"이 존재한다는 사실을 지적한다(조동성, 1990, p.234).

9 정주영, 1998, pp.127-128.

실제로 〈현대건설〉은 한국이 60년대 이후 산업화를 추진하는 과정에서 시급하게 요청되었던 사회간접자본의 기틀을 만들어내었고, 80년대 이후 거대 기업으로 성장하는 〈현대〉의 토대를 확립하게 하는 기초를 제공한다(조동성, 1990, p.227). 국가적 사업에 기여했다는 이 자긍심은, 건설업 자체에 내재된 독특한 난관과 위험들 그리고 이들을 극복하는 과정에서 획득하는 것으로 여겨지는 체험과 능력의 심도에 대한 또 다른 자부심으로 확장된다. 그에 의하면 "건설업은 인간이 직접 자연을 극복하고 그것을 개조하는 업"이고, 자신 스스로 건설업을 통해서 "인간 능력의 무한한 가능성"에 눈을 뜬 바가 있다(정주영, 1997a, p.192). 왜냐하면 "자연의 모든 악조건 아래서, 더구나 장래 희망을 회사에 건 이들이 아니라 공사가 끝나면 뿔뿔이 흩어지는 기능공들을 지휘, 의욕을 불러 넣어주며 노사갈등 없이 성공적으로 한 공사를 끝낸다는 것은 대단한 능력을 필요로 하는 일"이며, 건설업에서의 성공을 위해서는 "모험적인 정보, 모험적인 노력, 모험적인 용기"가 필수적이기 때문이다(정주영, 1991, p.272).[10] 건설은 "인간의 사

---

10 건설현장에서의 성공이 리더십의 평가 기준이 된다는 신념은 두 권의 자서전에서 반복적으로 표명되고 있다(정주영, 1991, p.98: 정주영, 1998, p.129). 1986년 6월 18일의 한 강연에서도 정주영은 "'현대그룹'에서는 해외 건설의 일선 현장을 거치지 않은 사람은 다른 계열회사에서 최고책임자가 될 수 없음"을 지적하고 있다(정주영, 1997a, p.62). 1980년 1월 9일 〈현대건설〉 신입사원특강에서 정주영은 이렇게 말한다. "나는 건설업에서 성공한 사람, 특히 해외 건설 현장에서 성공적으로 근로자들을 이끌고 공사를 채산성 있게 완수해낸 사람은 무엇이든지 할 수 있는 능력이 있다, 이렇게 아주 단정을 하고 생애를 살아오고 있는 사람입니다. 이 사고방식이 내 정신의 저 밑바닥에 깔려 있는 것이지요(정주영, 1985, p.71)".

회 창조력의 표현"으로까지 상찬되고 있다(정주영, 1991, p.271).[11]

한국적 파우스트

이를 가장 드라마틱하게 보여준 에피소드가 바로 서산 천수만 간척 사업이다. 총연장 6천4백 미터의 방조제 공사에 최후로 남은 난제는 270미터 길이의 물막이 공사였다. 이 부분은 초속 8미터의 급류가 흐르는 구간이어서 각종 최신 장비를 동원하여 거대한 암석을 투하해도 유속을 이겨내지 못하고 투하물들이 휩쓸려 가는 상황이었다고 한다. 정주영은 기발한 발상을 해 낸다. 그것은 폭 45미터, 높이 27미터, 길이 322미터의 대형 유조선 '워터베이'호를 물막이 구간 사이에 가라앉혀 물줄기를 차단하는 방법이었다. 1984년 2월 25일 마침내 '유조선 공법(일명 정주영 공법)'을 활용함으로써 공사는 극적으로 성공한다. 그리하여 4천7백만 평의 국토가 확장되었다. 정주영은 여기에 〈서산농장〉을 짓고, 〈아산농업연구소〉를 설립한다(현대건설주식회사, 1997, pp.481-486). 이 간척 사업에 대한 정주영의 꿈 그리고 그 꿈의 실현에 스스로가

---

11 정주영은 토건적 활동의 리스크에 대해서는 거의 언급하지 않고 있으며, 건설업에 내재되어 있는 자연환경과의 치명적 갈등 관계에 대한 감수성도 거의 보이고 있지 않다. 정주영은 건설이 창조라고 생각했지만, 그것이 파괴라는 생각은 하지 않았고, 이는 정확하게 이명박과 정주영이 교감을 이루는 부분이다. 이명박은 자신의 자서전에서 1965년 6월에 〈현대건설〉 입사 면접시험을 보던 장면을 회고하면서, 정주영이 던진 "건설이 뭐라고 생각하나?"라는 질문에 대해서 "창조라고 생각합니다"라고 답했던 사실을 진술하고 있다. 그 까닭을 묻자, 이명박은 "무에서 유를 창조하기 때문입니다"라고 대답한다. 이에 정주영은 만족한 듯 입가에 미소를 띤 것으로 기억되고 있다(이명박, 1995, pp.90-91). 기억의 정확성을 차치하고, 이 장면은 정주영의 토건적 상상력이 이명박의 그것과 크게 다르지 않음을 보여준다.

부여한 복합적 의미는 1998년의 자서전《이 땅에 태어나서》의 서문에 다음과 같이 표현되어 있다. "서산농장은 내게 농장 이상의 의미가 있다. 그곳은 내가 마음으로, 혼으로 아버님을 만나는 나 혼자만의 성지^{聖地} 같은 곳이다(정주영, 1998, p.8)". 삶의 막바지에 이른 노 기업인의 토로는, 괴테의 파우스트가 자신의 숙원인 대규모 간척 사업을 성공하고 난 이후 자신의 간척지를 굽어보면서 스스로 삶의 정점에서 말한 다음의 유명한 대사를 떠올리게 한다.

"악취가 나는 썩은 늪의 물을 몰아내는 것이
마지막이면서도 최대의 공사가 되리라.
이로써 난 수백만의 백성에게 땅을 마련해주는 것이니,
안전치는 못할지라도 일하며 자유롭게 살 수는 있으리라.
들판은 푸르고 비옥하니, 인간과 가축들은
새로 개척한 대지에 곧 정이 들게 될 것이며,
대담하고 부지런한 일꾼들이 쌓아올린
튼튼한 언덕으로 곧 이주해오게 되리라.
(…)
그렇다! 이런 뜻에 나 모든 걸 바치고 있으니,
인간 지혜의 마지막 결론이란 이러하다.
자유도 생명도 날마다 싸워서 얻는 자만이,
그것을 누릴 만한 자격이 있는 것이다.

그래서 위험에 에워싸여 있으면서도 여기에서는,

아이고 어른이고 값진 세월을 보내게 되리라.

나는 이러한 인간의 무리를 바라보며,

자유로운 땅에서 자유로운 백성과 더불어 살고 싶다.

그러면 순간에다 대고 나 이렇게 말해도 좋으리라.

멈추어라, 너 정말 아름답구나!"[12]

　파우스트는 악마 메피스토펠레스와 계약을 맺고 혼돈 속에서 방랑하다가 궁극적으로 영혼의 구원을 얻는 '근대인'의 상징이다. 비극 제2부에서 그는 서재에서 뛰어나와 세상을 주유하면서 공익을 위한 활동에 몰입하는데, 그중의 하나가 바로 황제가 하사한 해안의 광대한 늪지대를 간척 사업을 통해 말려버린 후 비옥한 토지로 변환시키는 토목공사였다. 그에게 파도(바다)는 "그 자체 비생산적인 것"으로서, 광폭한 힘으로 해변을 지배하지만 궁극적으로는 무의미한 영겁의 낭비, 예컨대 "사대원소의 맹목적인 힘"으로 간주된다(괴테, 2010, p.351). 그에게 자연은 아름다움도 신비도 아닌 개조와 정복의 대상으로 인지되고 있던 것이었다. 그의 소망은 인간 노동의 창조적 힘으로 파도의 지배영역을 몰아내고 거기에 인공 낙원을 만드는 것이다. 요정이 되어 나타난 '근심'의 조화로 맹인이 되었지만(파우스트는 근심을 품을 줄 모르

12　괴테, 2010:431-2.

는 오만한 자기 확신의 인간이다) 그의 마음속에는 간척 사업에 대한 욕망이 더욱 커져 마침내 자신의 사업을 완성하고 악마와의 계약대로 죽음을 맞이한다.

파우스트의 삶에는 빛과 그림자가 공존한다. 그는 "언제나 열망하며 노력하는 자"로서 끝없는 발전을 욕망하며 인생을 자신의 사업에 전념한다(괴테, 2010, p.452). "오로지 이 세상을 줄달음쳐왔을 따름"이며, "오로지 갈망하고 그것을 이룩하였고, 또다시 소망을 품고서는 그다지도 기운차게 일생을 돌진해왔다"고 절규한다(괴테, 2010, pp.423-424). 그러나 낡은 것을 넘어 새로운 질서(현대성)를 가져오는 과정에서 그는 참혹한 폭력과 파괴를 감행한다. 그는 욕망에 불타는 자본가의 전형으로서(임홍배, 2014, pp.274-278) 노동자들을 수족처럼 부리고, 그 위에 절대적 정신으로, "수천의 손 부리는 하나의 정신으로" 군림한다(괴테, 2010, p.427). 사업을 위해 모든 것을 희생하는 파우스트는 간척에 저항하는 노인 부부를 폭력적으로 철거시키는 과정에서 그들의 오두막에 불을 질러 노부부를 태워 죽이는 참극을 자행하기도 하였다. 파우스트가 상징하는 이 인간형은, 몇 가지 차이를 감안하고 말하자면, 한국의 20세기를 지도해 나간 주체 유형들과 커다란 유사성을 갖고 있다. 개발독재를 통한 근대화의 주역을 담당했던 한국의 군인, 관료, 재벌 등은 한편으로 경제발전을 위해 군사작전을 방불케 하는 동원과 집중을 수행했고, 또 괄목할 만한 객관적 성취를 이루어낸다. 대신, 이들은 민중과 노동자 계급의 권익과 정치적 열망을 억압하였다. 산업화의 성취는 민중과 노동자의 희생이 없었다면 불가능한 것이었다. '파우스트 콤플렉스'라 부를 수 있는 마음의 동력은 이 양면성을 동시에 함축한다. 여기에서 흥미로운 것은 한국 파우스트의 마음 깊은 곳에 자리 잡고 있는 '아버지' 상징의 특이성이다. 간척지를 굽어보면서 토로한 정주영의 내심內心으로부터 우리는 아버지에 대한 회상이 갖는 의미를 추측해 볼 수 있다.

"나에게 서산농장의 의미는 수치로 드러나는, 혹은 시야를 압도하는 면적에 있지 않다. 서산농장은 그 옛날 손톱이 닳아 없어질 정도로 돌밭을 일궈 한 뼘 한 뼘 농토를 만들어가며 고생하셨던 내 아버님 인생에 꼭 바치고 싶었던, 이 아들의 뒤늦은 선물이다. (…) 일제 식민지 시대를 겪고 8·15 해방과 뒤이은 6·25 동족상잔, 4·19 혁명, 5·16 군사쿠데타, 10·26 정변, 전두환, 노태우로 이어지는 군인 정치 30여 년, 그리고 '문민시대'라는 김영삼 정권 5년. 지난 반세기, 우리는 그야말로 영일寧日이 거의 없는 격랑의 세월을 지내왔다. 이 시점에서 돌이켜보면 우리 '현대'가 그 격랑의 시대를 거치면서 그래도 용케 좌초하지 않고 버티고 자라서 오늘을 맞은 감회가 스스로도 용쿠나 싶다."[13]

---

13 정주영, 1998, pp.5-7.

한국적 파우스트 콤플렉스, 한국 자본주의의 마음의 핵심에는 그의 아버지가 겪었던 가난, 미래의 전망 없이 지겹게 회귀하는 생존의 위협, "손톱이 닳아 없어질 정도로" 고되고 노동하면서도 자연과 역사의 힘 앞에 굴복하고 살아가야 했던 삶의 비참(가뭄, 홍수, 전쟁, 정변), 전근대 한국 사회의 좌절과 그것을 넘어서고자 하는 생존에의 의지will to survive가 있다. 이는 한국의 근대적 노동계급의 의식에서도 유사한 방식으로 드러난다. 구해근에 의하면 한국의 노동자들은 "강한 노동윤리나 일이나 회상에 대한 헌신"을 통해서 고된 노동과 가혹한 처우를 견디어냈던 것이 아니라, "가족을 위한 자기희생의 윤리" 속에서 그런 노동을 견뎌냈다(구해근, 2002, p.99). 이런 맥락에서 보면 '아버지'는 정주영의 성공적 '생존'의 증인이자, 그 성취를 인정해줄 수 있는 존재에 다름 아니다. 왜냐하면, 아버지 자신의 삶의 가장 큰 문제는 다름 아닌 '생존'이었기 때문이다. 20세기 한국 민중의 삶은 기본적 안전과 생존의 문제가 해결되지 못하는 오랜 고통의 시기로 점철되어 왔고, 권태준이 지적하고 있듯이, 이처럼 민의 생존력이 취약할 때, 후견국가tutelary state의 지도는 민중의 생존에의 욕망과 자연스럽게 결합하게 된다(권태준, 2006, pp.33~48). 위의 인용문에서 '감격적으로' 회상되고 있는 〈현대〉의 50년 생존의 역사는, 그의 의미맥락 속에서, 생존을 위해 고투했던 근대 한국 민중의 역사와 중첩되고 있다. '아버지'의 의미는 그리하여 정주영의 개인사적 지평을 벗어난다. 그것은 자신의 부친인 동시에 기초적 생존과 안녕을 꿈꾸면서 살아온 한국 민중을 은밀하게 암시하게 된다. 이런 방식으로 정주영은 자본가로서의 자신의 삶과 한국 민중으로서의 자신의 삶 사이에 도덕적 타협점을 만들어내고 있다.

뒤에서 더 자세히 살펴보겠지만, 끝없는 발전과 개발, 그리하여 건설업자의 에토스로 특징지어지는 '현대정신' 혹은 '아산정신'의 깊은 곳에는 부와 성공에 대한 욕망이 아니라 '생존해야겠다는 마음'이 있었다는, 아버지 시대의 고통을 벗어나겠다는 집념이 있었다는, 바로 그런 마음으로 기업을 해 왔다는 아폴로기아가 있는 것이다. 민족, 국가, 가족, 기업, 개인의 생존 위기가 발전 논리를 정당화하고, 강화하고, 유일한 존재의 의미로 등극시키는 한국 근대성의 아이러니는 바로 '생존' 프레임의 절대적 성격에 있다.[14]

---

14 '생존(survival)'이 존재의 가장 중요한 목적으로 설정되고, 이를 위해 다른 모든 가치들이 유보될 수밖에 없는 특수한 집합 심리의 조직을 '생존주의(survivalism)'라 부른다면(김홍중, 2015, p.186), 한국의 근대는 세 가지 상이한 생존주의의 연쇄적 중첩으로 특징지어진다. 첫째, 1894년 체제. 이는 갑오경장을 계기로, 새로운 근대 질서, 특히 만국공법이 지배하는 열강의 세계에 '우승열패'라는 사회진화론적 이데올로기를 가지고 진입했던 사건으로 특징지어진다. 1894년 체제는 국망과 식민지배라는 민족 생존의 위기를 체험한다. 둘째, 1950년 체제. 이는 한국전쟁 이후에 북한과의 전쟁, 그리고 체제 경쟁 속에서 '자유민주주의 체제'의 생존과 안보를 중심으로 모든 것이 조직되고 운영되는 사회 시스템을 야기하였다. 셋째는 1997년 체제이다. IMF 외환위기로 인해 발생한 위기 상황은 '각자도생'의 사회적 분위기와 가치관을 만연하게 하였다. 이 세 가지 생존주의는 한국의 근대를 '생존을 위한 경주'로 구성하게 하는 역사적 규정력을 갖고 중층적으로 작용하며, 지배 정당성의 원천으로 기능하였다. 즉, 전체의 생존 그리고 이와 긴밀히 연결되어 있는 '나'와 '가족'의 생존을 위하여 자유, 정의, 평등은 항상적으로 유보되어야 했던 것이다(김홍중, 2015, pp.201~205).

5. 생존지향적 발전주의

무한한 발전

파우스트 콤플렉스는 정주영의 마음을 움직이는 "의미연관 Sinnzusammenhang(베버, 1997, pp.125-126)"이자 하나의 "상상태imaginaire" 로서[15], 의심이나 의혹을 접어 둔 채 미래로 쇄도해 들어가는 공격적 낙관을 주된 특징으로 하고 있다. 정주영은 낙관성을 개인의 성격이라기보다는 기업가에게 직능적으로 요청되는 자질로 이해하고 있다. 미래의 수익을 예상하고 투자하고 움직여야 하는 기업가는 자신의 결정에 대한 확신과 신뢰를 갖고 있어야 하기 때문이다(정주영, 1985, p.66). 이런 의미에서 그는 케인즈가 말하는 "야성적 혈기animal spirit"의 가능성을 극단적으로 밀고 간 기업인이라 할 수 있다.[16] 이는 공격적인 경영과 투자로 이어지며, 그것은 때로 실패를 야기할 수 있다. 흥미로운 것은 그가 실패를 딛

---

15 로랑 라피에르(Laurent Lapierre)는 리더십의 핵심에서 그가 '상상태'라 부르는 일종의 심리적 판타지를 발견한다. 그것은 대개 리더들의 내면적 삶을 지배하는 이미지, 욕망, 비전, 동기, 열정, 혹은 고집스런 결단과 같은 것들의 총체로서 외적으로 드러나는 리더의 능력들의 기저에서 움직이는 "인성의 심층구조"를 이룬다(Lapierre, 1994, xv-xvi).

16 《고용, 이자 및 화폐의 일반이론》에서 케인즈는 이렇게 쓴다. "우리의 적극적인 활동의 대부분은, 그것이 도덕적인 것이건 쾌락주의적인 것이건 또는 경제적인 것이건 간에, 수학적 기대치에 의존하는 것보다는 오히려 자생적인 낙관(樂觀)에 의존한다는 인간성의 특징으로 말미암은 불안정성이 또 있는 것이다. 장래의 긴 세월에 걸쳐 그 완전한 결과가 나오는 어떤 적극적인 일을 행하고자 하는 우리의 결의(decision)의 대부분은, 추측컨대, 오직 야성적 혈기(animal spirits) - 불활동(inaction)보다는 오히려 활동을 하려는 자생적인 충동 -의 결과로 이루어질 수 있을 뿐이며, 수량적인 이익에 수량적인 확률을 곱하여 얻은 가중평균의 소산으로 이루어지는 것은 아니다"(케인즈, 2007, p.189). 케인즈에 의하면 경제적 활동에서조차 합리적 계산이 아니라 심정적, 정서적, 의지적 감각, 즉 동물적 직감이 더욱 중요하다. 그 핵심에 바로 미래에 대한 확신이 있다.

고 일어서는 과정에서 활용하는 독특한 논리이다. 그것은 일종의 역^逆의 사유로서, 긍정적인 것에는 부정적인 것의 씨앗이 들어 있고 그 반대 또한 그러하다는 인식, 그리하여 "모든 일에는 좋고 나쁜 면이 항상 공존"한다는 인식을 가리킨다(정주영, 1985, p.38). 실제로 정주영은 여러 차례 전화위복의 상황을 겪는다. 이때 그는 실패를 단순한 패배로 여기는 것이 아니라, 지금 당장 직면하고 있는 심대한 시련들을 잘 극복한다면 후일 커다란 성취의 시발점이 될 수 있다는 적극적인 '해석 회로'를 만들어냄으로써, 실패를 자원으로 전환시킨다. 그런데 이런 인식은 자신의 인생, 기업의 운명, 그리고 국가의 역사에 있어서 모두 모종의 목적론적 논리를 유도한다. 왜냐하면 개인, 기업, 국가의 모든 행위(실패를 내포한)의 최종 종착지가 결국 '발전'으로 수렴되기 때문이다.

"인간의 의지란 자기 자신을 넘어 영구히 존재하는 것이고 **무한히 발전한다는 확신**, 자기가 못다 한 일은 자기 자손이 해낼 것이라는 확신, 우리 세대의 숙제는 우리 다음 세대에 풀어진다는 확신을 가진 사람은 오로지 성취를 통해서 이 영원한 자기를 확인하고 그런 과정 속에서 보람을 찾아 진정한 삶의 기쁨을 누리게 되는 것 같습니다."[17]

---

17 정주영, 1985, p.393. 강조는 필자.

"하루하루 발전하지 않는 삶은 의미가 없다. **우리는 발전하기 위해서 사는 것이다.** 태어나는 자리나 환경, 조건이 똑같을 수는 없다. 그러나 한 가지 똑같은 것이 있다. 누구의 미래든 당신의 발전을 위해 준비되어 있다는 점이다. 발전을 위해 준비되어 있는 미래를 무의미한 것으로 만드는 건 순전히 자기 자신의 책임이다."[18]

"매일이 새로워야 한다. 어제와 같은 오늘, 오늘과 같은 내일을 사는 것은 사는 것이 아니라 죽은 것이다. 오늘은 어제보다 한 걸음 더 발전해야 하고 내일은 오늘보다 또 한 테두리 커지고 새로워져야 한다. **이것이 가치 있는 삶이며 이것만이 인류 사회를 성숙, 발전시킬 수 있다.**"[19]

"이 세상에는 무한한 것이 세 가지가 있다고 생각합니다. 그 하나는 시간이요 또 하나는 공간입니다. 그러나 또 다른 하나의 무한이 있습니다. 하나의 개체로서의 생명은 유한하지만 생명 그 자체는 무한한 것이고 무한히 발전하는 것입니다 (…) 나는 **이 발전의 무한, 인류의 무한한 발전**이라는 제 삼의 무한을 믿습니다. 이 제삼의 무한을 믿는 사람이 이상주의자입니다."[20]

---

18 정주영, 1998, p.412. 강조는 필자.

19 정주영, 1991, p.98. 강조는 필자.

20 정주영, 1985, pp.392-393. 강조는 필자.

정주영에게 발전은 모든 행위의 최종 텔로스이다. 인간은 "발전하기 위해서" 사는 것이며, 발전가능성의 차원에서는 모든 인간이 동등하며, 발전의 길은 "무한"하다. 이런 점에서 그는 자신을 "이상주의자"로 인지하고 있다. 그러나 사실 정주영은 이상주의적이라기보다는 오히려 당대의 지배이념과 잘 공명하는, 상당히 현실적인 마음가짐을 갖고 있었다. 그것은 20세기 중반부터 한국 사회의 지배적 가치로 군림해 온 '발전주의developmentalism'이다. 발전주의는 "자연 환경이나 자원을 이용해 기술, 경제, 산업의 진흥을 도모하는 행위와 이를 둘러싼 가치(조명래, 2003, pp.32-34)", "산업화, GNP 혹은 GDP, 수출 및 무역확대 등으로 표현되는 성장지향성 혹은 성장추구적인 정향(조희연, 2002, p.327)", 혹은 "산업화(또는 후기산업화)와 경제성장 등을 통한 사회의 경제적 발전을 다른 가치보다 우선시하는 태도(김종태, 2014, p.168)" 등 다양한 방식으로 정의된다. 발전주의의 핵심을 이루는 '경제제일주의' 이념은 일찍이 윤보선과 장면에 의해 표방된 바 있지만(이장규, 2014, p.47) 국가 장치들과 정책들, 단계적 계획, 강력한 리더십, 그리고 대규모의 노동 동원, 기업인들과의 '발전 동맹'을 통하여 한국 사회 전체가 수출 지향적 총력전 체제에 본격적으로 돌입한 것은 박정희 정권에 이르러서였다(김윤태, 2012, pp.94-107). 반공적 규율주의 혹은 관료적 권위주의에 기초하여 국가가 자본, 금융, 노동을 통제하고, 경제적 의사결정을 독점하면서 놀라운 성장을 이끈 한국형 발전국가 모델은 IMF 외환위기 이후 그

실효성에 의문이 제기되기 전까지, 사실상 약 반 세기에 가까운 시간 동안 한국 사회를 지배하는 가장 근본적인 정치-경제적 하부구조와 문화적 도식들을 제공해왔다.[21] 특히 한국의 발전국가는 견고한 반공 이데올로기를 바탕으로, 사회와 기업을 일종의 병영으로 구성하고[22], 사회의 모든 에너지를 발전과 성장에 집중시켰다. 발전하는 국가, 발전하는 기업/가정, 그리고 발전하는 자아는, 이와 같은 공격적 발전주의가 지배하는 사회의 삼위일체를 이룬다. 대신 시민사회와 자유로운 공론장의 형성은 지체되거나 억압되었다. 우리가 정주영에게서 발견하는 강력한 발전에의 의지는 이와 같은 시대 상황을 배경으로 할 때 그 의미가 분명히 드러나는 것이다. 정주영의 〈현대〉는 다른 어떤 기업들보다 박정희 정권의 개발정책의 순풍을 타고 약진했으며, 정주영 자신도 박정희와의 교감 속에서 근대화된 한국의 건설에 매진한다. 1970년대 이후 추진된 중화학공업화에 빠르게 적응한 〈현대〉는 발전주의의 시대에 승승장구하여 거대재벌로 성장한다(지동욱, 2002, pp.108-109).

---

21 한국의 발전국가 모델은 1960년대 형성되기 시작하여, 1970년대에 공고화되어, 1980년대 이후 쇠퇴하고, 1990년대 후반에는 큰 위기를 맞이하면서 포스트-발전주의 국가모델로 전환한다(윤상우, 2006). 그러나 외환위기 이후의 국가 역시 과거의 발전국가와 크게 다르지 않은 이념적 토대를 보유하고 있는 듯이 보이는 것도 사실이다. 환언하면, 한국의 신자유주의화는 국가의 형태를 약화시키고 시장을 중심으로 진행된 것이 아니라, "경제성장, 수출증대, 캐취업과 같은 발전주의적 목표를 달성하는 '수단'으로 작동"하고 있다는 것이다(윤상우, 2009, p.42, pp.55-56). 글로벌한 사회변동에도 불구하고 발전주의가 한국사회를 여전히 지도하는 사회적 이념으로 기능하고 있다는 것은 놀라운 현상이며 향후에 정교한 사회과학적 설명을 요청한다.

22 문승숙은 1960년대에 등장하여 1980년대까지 전개된 한국 사회의 독특한 근대성 모델을 "군사화된 근대성(militarized modernity)"이라 부른다. 이 모델의 핵심에는 학교, 기업, 공장, 병영 등을 모두 폭력적 훈육의 원리로 통제하고, 구성원들을 주체화하는 규율(discipline) 권력이 자리 잡고 있었다(문승숙, 2007). 〈현대〉 역시 다른 대규모 제조업체들에서와 마찬가지로, 군대식 규율을 공장과 작업 현장에서 실행한다(이수원, 1994, p.30).

발전 신화

리스트$^{Gilbert\ Rist}$에 의하면 발전 개념은 생명체의 성장이라는 본래 의미가 비유적으로 확장되어 인간의 역사와 사회에 전이된 서구 근대의 대표적 거대담론중의 하나이다(리스트, 2013, pp. 64-81). 일종의 "프로그램화된 신화$^{mythologie\ programmée}$"로 이해될 수 있는 발전 개념은(Perrot Rist Sabelli, 1992, p.54) 진보, 서구화, 문명화를 함축하며, 지속적 성장이 가능하다는 생각을 내포한다(리스트, 2013, pp.86-90). 이런 발전의 가치에 대한 믿음이 담론의 수준에서 명시화된 계기는 1949년 1월 20일 미국 대통령 트루먼의 취임식 연설이다(Esteva, 1992). 이 연설에서 트루먼은 자신 정책의 네 번째 기조를 다음과 같이 제시하고 있다. "넷째, 강력한 새 계획에 착수하여 우리의 선진 과학과 산업적 진보의 성과가 저발전지역$^{underdeveloped\ area}$의 개선과 성장에 이바지할 수 있도록 해야 한다. 세계의 절반이 넘는 사람들이 고통스러운 환경에서 생활하고 있다. 그들은 질병의 희생자다. 경제적 삶은 원시적이고 침체되어 있다. 빈곤은 그들에게나 보다 풍요로운 지역에나 장애와 위협을 안겨주고 있다. 역사상 처음으로 인류는 이들의 고통을 완화시킬 수 있는 지식과 기술을 소유하고 있다. (…) 나는 우리가 평화를 사랑하는 사람들이 더 나은 삶에 대한 열망을 깨닫는데 도움이 되도록 우리의 축적된 기술 지식의 혜택을 받도록 해야 한다고 믿는다".[23]

트루먼의 논리에 의하면, 저발전과 발전 사이에는 가파른 단절이 있다. 서서히 진보하여 발전으로 가는 것이 아니라, 어떤 극적 도약이 요청된다. 저발전은 미개한 것이며 발전은 문명적인 것이다. 발전으로 가기 위해서는 자생적 운동으로는 불가능하다. 발전의 도움이 있어야 하고 발전의 경로를 따라야 한다. 그래서 병리적인 상태를 벗어나 정상적/규범적 발전 상태로 진입해야 비로소 고통이 종결된다. 이 모델은 20세기의 중반 이후 전 세계로 빠르게 확산되어 제3세계를 지배하는 '프로젝트'가 되며(맥마이클, 2013, p.96 이하) 전후 한국을 움직이는 중요한 정치경제적 틀로 기능한다(김종태, 2013, pp.81-84). 트루먼이 말하고 있듯이 발전은 단순히 더 나아진다는 사태 정도를 가리키는 것이 아니라, 공동체의 생사를 가르는 절체절명의 문제로 육박해 온다. 특히 근대로의 진입 과정에서 집합적 생존의 큰 실패와 시련을 체험한 한국인들에게 '발전'은 '생존'이 보장되어 있지 않은 삶(국망, 식민지적 수탈, 한국전쟁, 절대빈곤 등)으로부터 안전하고 부강한 삶으로의 도약을 함축했다. 한국적 발전주의는 국가적/민족적 생존 불안과 결합되어 있었다.

1981년 4월 〈국민윤리학회〉 춘계세미나에서 정주영은 한국사회의 경제발전에 대해 언급하면서 "경제가 인간생활의 유일한 목적이고 최고의 목적이라 생각했기 때문에 경제사회를 추구하

---

23 http://www.presidency.ucsb.edu/ws/index.php?pid=13282 (검색일자: 2015년 3월 25일).

고 경제와 산업의 성장과 발전을 추구한 것이 아님"을 강변한다 (정주영, 1997b, p.103). 경제성장은 그 자체로 목적이 아니라 어떤 불가피한 이유가 있었다는 것이다. 그것은 무엇이었을까? 다음의 인용문에서 보듯이, 정주영의 생각은 '생존'이라는 관념을 중심으로 회전하고 있다.

> "우리나라에서 가장 가난한 것이 바로 의식주라는 **인간생존의 물질적 기초**였기 때문이요, 상대적으로 정신의 유산은 풍부했기 때문이었다고 보고 있습니다. 가난한 것, 가난한 유산은 정신문화가 아니고 **물질적 생존**이었기 때문에 경제성장으로 사회의 정력이 집중될 수 있었던 것이라 믿습니다. 그동안 우리에게는 **실존적 생존**의 필요가 너무나 급박했었다고 말할 수 있습니다"[24]

서산 농장에서 자신의 아버지를 회상하며 감격해 하는 장면에서 드러난 것과 유사한 마음가짐이 위의 인용문에 다시 한 번 노정되어 있다. 즉, 실존적인 동시에 물질적인 생존의 필요성이 그것이다. 이처럼 생존에의 열망으로부터 비롯된 마음의 추동력은 베버가 말한 서구의 자본주의 정신과 사뭇 다를 뿐만 아니라, 한때 많은 논자들이 주창했던 소위 '유교적 자본주의 정신'과도 근본적으로 다른 것이다. 한국 근대를 관통하는 발전에 대한 강박

---

24 정주영, 1997, p.104. 강조는 필자.

의 본질은 절박하고 원초적인 '생존주의'이다. 바로 이런 감각이 정주영의 역사 인식을 선명하게 특징짓고 있다.

그는 지난 1백년의 한국사를, "나라가 힘이 없어서 주권 행사를 제대로 못했기 때문"에 체험해야 했던 "불행한 역사"로 이해하고 있으며, "이 나라의 진정한 독립을 보장하고 이 민족의 무한한 생존을 보전하기 위해서 부와 강을 겸비한 산업을 완성"해야 한다고 말하고 있다(정주영, 1997a, p.10). 정주영의 가슴을 움직인 것이, 민중이 자신들과 가족들의 생존을 위해 고투하는 현장이었다는 사실은, 이런 관점에서 보면, 그다지 놀라운 것이 아니다. 농부의 아들이었고, 민중적 취향의 소유자였던 정주영은 이와 같은 생존의 엄숙한 무게를 목도할 때마다 숙연한 태도로 이를 바라보았음을 고백한다.

'72년 3월 23일, 8천만 달러라는 막대한 자금이 소요되는 현대조선소 기공식이 박정희 대통령의 참석 아래 있었다. 다음 해 6월 완공이 목표였다. (…) 총과 실탄만 없었지 전쟁터였다. 매일같이 계속되는 24시간 돌관 작업으로 신발 끈을 맨 채로 자는 사람이 허다했고, 새벽이면 여기저기 고인 웅덩이의 빗물로 물칠이나 하면 그것이 세수였다. 나 또한 첫 새벽에 일어나 준비하고 있다가 통금 해제와 동시에 집을 나서 울산으로 향하곤 했다. 이른 새벽, 집을 나서서 남대문을 지나치노라면 거기서 무수한 사람들을 보게 된다. 한 부부가 그날 팔 물건을 손수레에 받아 앞에서 끌고 뒤에서는 밀며 시장 골목을 나서는 모습들이 차창을 통해서 희뿌연 안개나 여명 속에 안쓰럽게 보이기도 했다. 그런 광경들을 볼 때마다 나는 뭉클해지고는 했다. **이름도 얼굴도 모르는 그들에게 설명할 길 없는 존경과 유대감을 느꼈다.** 우리도 머지않아 잘살 날이 반드시 온다는 확신을 이름 모를 이들에게 보내면서 새롭게 힘을 얻기도 했다. 사실 그때 우리 임직원 모두는 똑같은 사명감과 일체감 속에서 다 같이 눈물겹게 분투했다. 정신은 계량할 수도, 눈에 보이는 것도 아니지만 바로 그 보이지 않는 정신이 일의 성패를 좌우한다."[25]

위의 회상에는 발전국가의 리더 박정희와 발전연합의 한 주체인 기업가 정주영, 그리고 "이름도 얼굴도 모르는" 민초 모두, 각자가 꿈꾸는 생존/발전을 위해 고투하는, 인상적인 한국 근대성의 소망상所望象이 제시되어 있다. 정주영 자신은 이 그림 속에서, 국가와 민중의 절묘한 매개자로 묘사되어 있다. 한편으로 민중의 생존투쟁에 연대감을 느끼면서, 이와 동시에 국가의 발전을 위해 일하는 자로 스스로를 표상한다. 이들을 연결하는 "보이지 않는 정신"이란 바로 생존을 향한 열망과 불안에 기초한 '발전주의'에 다름 아닐 터, 기업가 정주영의 사몽私夢은 당시 사회의 공유된 꿈이었던 공몽共夢과 결합하였고, 그것은 결국 발전국가의 꿈인 공

25 정주영, 1991, pp.125-126. 강조는 필자.

몽(公夢)으로 수렴되어 한 시대의 신화를 구성하였던 것이다.[26] 정주영 개인의 꿈인 발전하는 인간, 빈대처럼 노력하여 성공하는 인간이 되는 것은, 그의 시대적 이데올로기였던 국가적 발전주의(公夢)와 결합하여 그룹 〈현대〉의 성공으로 귀결되었고, 이는 당시의 대다수의 민중들의 생존에 대한 열망, 가난과 빈곤의 극복 열망(共夢)을 지도하며, 그런 씨앗-자본에 의해 연료를 제공받았다. 상이한 차원의 꿈들의 접합이 이와 같은 산업화의 신화를 만들었다. 그것이 정주영이라는 한 인물을 이끌어간 '파우스트 콤플렉스'의 핵심이자, 한국 자본주의의 마음이다. 생존의 꿈과 발전의 꿈은 이처럼 1960년대부터 1980년대까지 '발전의 시대'를 주도한 집합적 '마음-자본'이었다.

6. 마치며

정주영의 꿈이 펼쳐진 시대는 산업화의 고도성장기이다. 그가 1990년대에 접어들면서 정치를 시작하고, 거기에서 실패하고 물러나던 시기는 공교롭게도 발전국가가 쇠퇴하고 글로벌 자본주

---

26 사몽(私夢, private dream)은 개인의 사적(개인적·가족적) 꿈이다. 공몽(公夢, official dream)은 가령 '아메리칸 드림'이나 '유러피안 드림' 혹은 시진핑의 '중국몽(中國夢)'처럼 공적 주체, 특히 국가가 이념과 정책의 수준에서 보여주는 미래의 청사진과 사람들의 열망의 조직된 형태를 가리킨다. 공몽(共夢, common dream)은 특정 시대의 특정 그룹의 사람들(조직, 지역사회, 시민사회)이 함께 공유하는 꿈을 가리킨다. 세 가지 수준의 꿈들은 때로는 접합되고, 때로는 분리되고, 때로는 갈등하기도 한다. 정주영의 꿈은 전형적으로 산업화의 꿈이다. 그의 꿈은 민주화나 인간다운 삶에 대한 노동자들의 꿈이라는 또 다른 공몽(共夢, 公夢)들과 긴장된 갈등의 관계를 구성한다.

의의 세계화 경향에 한국 사회가 전면적으로 개방되던 새로운 국면이었다. 사회학적 용어로 말하자면 초기 근대에서 "후기근대적 전환late modern turn"을 이루는 이 시기를 한국 사회는 참혹한 재난의 형식으로 체험한다(김홍중, 2014b). 1993년 1월에 청주우암상가가 붕괴하여 28명이 사망하였고, 같은 해 3월에는 부산 구포역 열차 탈선 사고로 78명이 사망하였고, 7월에 아시아나 항공기가 추락했고(66명 사망), 10월에 위도 페리호 침몰사고가 있었다(292명 사망). 1994년 10월에는 충주호 유람선 화재사고로 29명이 숨졌고, 성수대교가 붕괴하여 32명이 희생되었다. 같은 해 12월에 마포 가스 폭발 사고로 13명이 사망했다. 1995년에도 대구지하철 가스 폭발 사고가 발생 101명의 희생자를 내었고, 6월에 발생한 삼풍백화점 붕괴는 502명의 목숨을 앗아갔다. 1997년 8월에 괌에서 KAL기가 추락하여 254명이 사망했다. 그리고 1997년 겨울에는 마침내 IMF 외환위기가 도래했다.

이런 일련의 재난들을 겪는 과정에서, 경제개발을 위해 모든 것을 유보하고 억압하고 달려온 '한국 주식회사Korea, Inc'의 허약성이 드러났고, 특유의 발전주의적 문화인 신속성에 대한 숭배(빨리빨리 문화), 과도한 낙관주의can-doism, 그리고 무모한 모험주의의 부정적 측면들이 적나라하게 노정되었다. 소위 아시아적 가치로 칭송되던 유교문화의 특징들이 정실자본주의crony capitalism와 정경유착을 야기하고 기업의 효율성과 투명성을 저해하는 요소로 비판받기 시작했다. 건물 붕괴와 비행기, 여객선, 지하철, 다리와 같은 공공 시설물들의 부실 건설과 졸속 행정, 부패 그리고 안전 불감증에 기인하는 사고들은 앞만 보고 달려온 경제개발의 시대를 자랑스럽게 여기던 한국인들에게 큰 충격을 안겨준다. 한국적 근대화(돌진적 성장, 압축적 근대)의 파행성(일상화한 비정상성, 총체적 위험사회)에 대한 다양한 비판들이 공론장에서 시민들의 공감을 얻었다(김대환, 1998; 장경섭, 1998; 성경륭, 1998; 이재열, 1998). 이것은 토건적土建的 상상계의 파산을 의미한다. 파괴하고 짓고 세우고 파헤치는 것을 지상의 업적으로 삼는 파우스트적 욕망의 바닥이 드러난 것이다. 그 이후 한국 사회는 신자유주의적 세계화의 물결에 휩쓸리면서 고투해왔지만, 심층적 모순과 대내외적 위기 상황을 완전히 벗어나지 못한 채 지난한 과제들을 해결해야 하는 어려움에 직면해 있다.

아산심은 절대빈곤의 시대가 제시하는 적응문제들을 해결하기 위해 구성된 전형적 마음가짐의 하나이며 아산몽은 바로 그런 문제를 해결한 이후에 도래할 삶의 상태에 대한 전형적 소망의 시스템을 이룬다. 그 시대 한국인들은 생존지향적 발전주의를 마음에 품고, 그런 마음가짐을 교육하면서, 또한 그것으로부터 삶의 의미를 끌어내면서 한 시대를 건설했다. 한국 자본주의의 성공은 바로 이 마음들의 방대한 동원이 없었으면 불가능했을 것이다. 그러나 이와 동시에 이 마음가짐은 한국 자본주의와 근대성의 위기의 원인으로 기능하기도 하였다. 생존지향적 발전주의가 하비투스로 전환되어 행위자들의 습속이 되고, 사회제도와 문화가 되어버렸을 때 그것은 새로운 위험을 제공한다. 요컨대, 성장이 영원할 것이라는 암묵적 신념, 하면 된다는 빈대의 마음, 자연을 정복하여 인위적 낙원을 구성할 수 있다는 파우스트 콤플렉스, 경제가 삶의 모든 것이라는 물질주의적 가치관 등은 한국 근대의 건설 동력이었음에 틀림없지만, 근본적으로 재구성되지 않으면 우리에게 이제 새로운 '리스크'로 돌아오는, 이른바 재귀적 근대성reflexive modernity의 역설을 안겨주게 되는 것이다. 구조-형성적 행위자는 그 역설에 대한 책임을 부여받는다. 그들이 전력을 다해 구축해 낸 바로 그 구조의 부정적 효과들이 나타날 때, 그에 대한 사회적, 역사적, 문화적 책임으로부터 자유롭지 못하기 때문이다. 이것은 비단 정주영뿐 아니라 발전주의적 근대를 이끌어간 한국의 카리스마적 리더들에게 모두 해당될 수 있다. "모든 시대는 다음 시대를 꿈꾼다"고 프랑스 역사학자 미슐레는 말한 바 있다(벤야민, 2005, p.93). 이 말은 시대의 구성원리는 이성이 아니라 꿈이라는 사실을 암시하는 동시에, 한 시대의 꿈은 언제나 다음 시대의 꿈에 의해 부정되고, 비판되고, 탈구축deconstructed될 운명에 처해 있다는 말이기도 하다. 정주영 스스로 언급하고 있듯이 "장강후랑추전랑長江後浪推前浪", 즉 장강은 뒷물결이 앞물결을 밀고 나아간다(정주영, 1998: 431). 앞물결을 만들어낸 구조-형성적 행위자는 뒷물결에 의해 부정되면서 변형되어 새로운 시대의 꿈의 원료로 다시 태어나거나, 아니면 덧없이 사라지는 것이다. 이 재생과 변형이 가능하기 위해서는 그 구조생성의 과정에 대한 처절한 성찰이 있어야 한다.

21세기는 세계적인 수준에서 심대한 문명사적 전환을 겪고 있다. 자본주의 문명, 석유 문명, 서구 근대 문명은 한계에 도달해 있고, 인류의 생물학적 생존을 위협하는 다양한 문제들을 양산하고 있다. 바로 이런 시점에서 우리는 정치, 경제, 문화, 사회의 부분적 합리성과 성취를 추구하는 태도를 넘어서, 새로운 문명에 대한 대안적 상상과 실천을 시도해야 한다. 단순한 경제성장이 아닌 행복과 삶의 질을 사고하고, 돌진적 성취가 아닌 지속가능한 발전, 민주적 의사소통과 문화적 풍요를 추구하는 삶, 마지막으로 자연을 이용하는 것이 아니라 자연 속에서 다른 생명과의 공존을 가능하게 하는 미래의 가능성을 우리는 새로운 꿈의 내용으로 하는 시대에 진입한 것이다. 정주영의 꿈이 21세기의 이 생명의 꿈과 창조적으로 회통할 수 있다면, 그것은 어떤 방식으로, 어떤 조건에서, 어떤 변환을 통하여 가능한 것인가? 이것은 정주영이라는 구조-형성적 행위자의 유제를 물려받은, 그러나 새로운 시대를 꿈꾸는 자들이 풀어야 하는 숙제가 아닐 수 없다.

한국적 경영

– 아산의 인격주의

이재열(서울대학교)

학력
서울대학교 사회학과 학사 및 석사. 하버드대학교 사회학 박사.

경력
한국사회과학자료원 집행위원장. 서울대학교 사회발전연구소장. 서울대학교 사회과학도서관장 겸 사회과학데이
터센터소장. 현 서울대학교 사회학과 교수.

저서 및 논문
《한국사회의 질: 이론부터 적용까지》, 한울아카데미, 2015(공저).
《한국 기업과 사회의 경쟁력》, 서울대학교 출판문화원, 2012(공저).
"Social capital in Korea: relational capital, trust, and transparency", 2015.
"Social Quality as a measure for social progress", 2011.

1. 서론

아산 정주영의 일생은 지난 1백 년간의 한국의 근현대사 및 사회구조 변동과 밀접하게 연관되어 있다. 이는 아산의 생애와 경영 방식을 제대로 이해하기 위해서는 한국의 근현대사에 대한 조망과 당시의 사회적 조건, 제도적 맥락에 대한 검토가 동시에 이루어져야 한다는 것을 의미한다. 대체로 그동안 이루어진 아산 정주영에 대한 연구들은 성공의 사례에 대한 서사로 구성된 전기나 위인전 등의 형식을 띠거나, 자서전이나 각종 어록 등에 담긴 아산의 육성을 소재로 하여 그 기억과 내면에 초점을 맞추는 접근을 취하거나, 아산이 진행한 사업들에 대한 아산의 경영 철학을 나열하는 방식의 연구 등으로 구분된다(고승희, 1999: 김성수, 1999: 이광종, 1999). 아울러 최근에 들어서는 거시경제학적 연구를 통해 경제성장 과정에서 이루어진 구조적인 변화 과정을 분석하면서, 아산이 일구어낸 현대그룹이 성장의 단계마다 어떻게 거시적 변화를 주도했는지에 대해 서술하는 방식을 취하기도 한다(조동성, 1997: 좌승희, 1999: 장세진, 2003). 그러나 이 글에서는 개인의 일생과 사회구조, 그리고 역사라는 세 개의 축이 서로 맞물려 전개된 생애 과정에 대한 사회학적 해석을 통해 상호 영향을 미친 내용들을 중심으로 변화의 양상들을 추적해 나가고자 한다.

이는 아산의 경영 방식과 현대그룹의 성장 과정에 대한 '관계론적 시각'에서의 해석을 의미한다. 실체론적 해석과 대비되는 관계론적 접근은 명확한 경계를 가진 개별 행위자 대신, 상호 연결된 관계의 양상들 속에서 출현적으로 등장하는 개인이나 집단의 역할과 정체성에 주목한다. 그리고 개인의 독립, 자율성, 자아의 발전 등의 개인주의적 가치보다는 인정, 의리, 원만한 인간관계, 집단과 공동체 우선 등을 강조한다는 점에서 문화론적으로는 인격윤리에서 그 행위문법을 찾는 접근이라고 할 수 있다(Emirbayer, 1997).

이 작업에서 아산의 자서전이나 관련자들의 회고록, 연설문 등은 미시적이고 내면적인 측면을 포착해 내는 주된 소재가 된다. 아울러 기존의 경제사회학적 연구 성과들은 거시적이고 역사적인 맥락에서 아산의 경영이 가진 특성을 살피는 소재가 된다. 따라서 이러한 다양한 기존 연구 성과들을 교차시킴으로 해서 종합적이고 체계적인 분석이 될 수 있다. 또한 당시 정책 설계자들의 회고록이나 관련 기록과의 교차 검토를 통해 기존 연구의 한계를 극복하고자 한다.[1]

---

1   이에 해당하는 대표적인 연구로는 오원철(1995), 김광모(1995) 등이 있다.

2. 인격윤리의 관계론

인격윤리란?

아산 정주영의 경영을 이해하기 위해서는 아산의 행동의 규칙이 된 인격주의personalism 혹은 인격윤리personalist ethics에 대한 설명이 필요하다. 인격윤리는 '제한된 범위에서 상대방을 하나의 전체적인 인격체로서 접근하는 것'을 요체로 한다. 이러한 접촉 양식은 '상호 간의 일정한 유대, 신뢰, 의무감, 채무감 등의 설정을 바탕으로 이루어지며 그 유대 관계는 자체로서 양자에게 긍정적 가치나 의미를 지닌다(장윤식, 2001, p.143)'. 인격윤리의 토대를 장윤식은 조선시대 민촌民村의 두레와 같은 공동 노동체의 규범, 혹은 동족 부락인 반촌班村에서 광범하게 발달한 향약 운동에서 찾는다. 인격윤리에서는 서로 도움을 주고받는 것을 기대하며, 도와야 할 때 돕지 않거나, 도움을 필요로 할 때 도움을 청하지 않는 것은 기대 밖의 행위로 해석한다(Chang 1980; 1989; 1991). 이러한 유대는 유교적 전통에서 의리義理로 해석되기도 한다. 의리는 전통적으로는 사람의 됨됨이를 판단하는 척도로 활용되었다. 의리를 바탕으로 하는 연결망 내에서는 인격이 보다 넓은 사회를 관장하는 규칙인 이념, 혹은 공익 등에 앞서는 것으로 해석되는 경향이 있다. 즉, 인격주의personalism란 '전통 시대 공동체 원리였던 상호부조의 원리가 도시 공동체에 변형되어 잔존하는 것으로서, 근대적 사

표 1 인격주의와 개인주의의 비교

	인격주의	개인주의
관심대상	확대가족 또는 기타 내집단	자기 자신과 직계 핵가족
정체감의 근원	사회적 연결망	개인
어린이 교육의 기준	우리	나
주요가치	조화	정직
의사소통의 맥락	깊은 맥락	얕은 맥락
규칙위반시	수치심과 체면 손상	죄책감, 자기 존중감 상실
경영	집단의 경영	개인의 경영
고용관계	가족 관계와 유사	계약 관계

출처: Hofstede(2005)를 토대로 수정. 이재열(2001)

회생활 속에서 되풀이되어 나타나는 규범 체제'를 의미한다.

아산의 행동을 이해하기 위해서는, 우리가 이론적으로 이해하는 시장 행위자의 모습과는 사뭇 다른, 매우 인격주의적인 사회 관계의 형성 과정을 거쳤다는 점을 기억할 필요가 있다. 근대 경제학적 가정에서 인간관은 합리적이고 계산적이며 이기적인 인간을 전제한다. 반면에 인격윤리 속에서 성장한 인간은 사회화된 인간, 즉 사회의 문화와 규범을 내면화하였으며, 그에 따른 의무감과 책임감을 다하려 하는 존재로 이해된다. 전통적인 서구의 인간관이 개인주의에 기초하고 있다면, 인격주의적 인간관은 단기적 관계보다 장기적 관계를 선호하며, 개인보다는 개인이 속한 가족이나 집단을 중시하고, 엄밀한 계약 관계보다는 암묵적인 의리와 신용으로 뭉친 끈끈한 관계를 통해 일을 추진한다. 인격주의에서는 깊은 맥락의 소통deep contex communication이 중요하기 때문에 서로의 감정과 정서를 이해하는 것이 일을 추진하는 과정에서 매우 중요해진다. 인격주의 문화에서 관심의 대상은 확대가족 또는 기타 내집단內集團에 있는 반면, 개인주의 사회에서 관심의 대상은 자기 자신 혹은 직계 핵가족이 된다. 인격주의 사회에서 사회적 연결망이 집합적 정체성의 기준이 된다면, 개인주의 사회에서는 개인이 가장 중요한 근원이 된다. 그래서 인격주의 사회에서는 '우리'를 먼저 가르치지만 개인주의 사회에서는 '나'를 교육의 기준으로 삼는다. 인격주의 사회에서는 고용 관계도 가족 관계와 유사하며 기업을 가족처럼 운영하는 경향이 강한 반면, 개인주의 사회에서의 고용 관계는 철저히 계약 관계일 가능성이 많아진다.

아산이 태어나서 성장한 시대적 맥락은 매우 강한 인격주의 문화였다. 아산의 자서전에는 전통적인 유교 사회에서 출발하여 식민지와 전쟁을 거쳐 급속한 경제성장을 이룩한 현대까지의 한국 사회의 성취와 굴곡, 그리고 빛과 그림자가 그대로 투영되어 있다. 여기에서 흥미로운 것은 거시적이고 물질적인 차원에서 관찰되는 단절과 아산의 미시적–심리적 내면에서 관찰되는 연속성 간의 대비이다.

아산이 출생해서 성장한 20세기 초반을 이해하기 위해서는 당시 농촌 사회의 특성에 대해 주목하지 않으면 안 된다. 비록 일본과의 병합을 통해 식민지적 근대성이 발현되었다고 하나, 그가 태어나 성장한 농촌 지역에서는 여전히 조선시대의 유교적 전통이 매우 강하게 지배하는 향촌 질서가 유지되었다. 아산의 생애에서 일관성 있게 발견되는 유교적 영향력은 다양한 모습을 띠고 있다. 특히 유년 시절에 서당에서 학습한 문헌들은 일생에 걸쳐 아산에게 깊은 영향을 미친 것으로 보인다. 그는 자서전에서 서당 학습의 내용이 천자문千字文, 동몽선습童蒙先習, 소학小學, 대학大學, 맹자孟子, 논어論語, 무제시 연주시無題詩 聯珠詩, 당시唐詩 등이었다고 회고하는데(정주영, 1998, p.24), 이러한 유교 경전 및 문학과의 만남은 비교적 짧은 시기에 집중하기는 했지만, 그 이후의 생애에서 서구식의 개인주의나 계약주의와는 구별되는 유교적 인격윤리나 인격주의라는 형태로 자리 잡는 계기를 만든 것으로 보인다.

그때 배운 한문 중에서 많은 것을 지금도 기억하고 있고, 좋은 내용은 집에다 족자로 만들어 걸어 놓고 지금도 가끔씩 그 의미를 되새기곤 합니다. 그러니까 서당에 다니면서 정치, 경제, 윤리 등의 기초를 배운 셈입니다. 그 당시는 사실 글의 재미를 느껴 공부했다기보다는 훈장님이 전날 배운 것을 외지 못하면 종아리를 때리니까 회초리가 무서워서 열심히 공부한 것입니다. 글의 진정한 의미는 커 나오면서 깨닫게 되었다고 해야 할 것입니다.[2]

아산은 서당 교육을 담당한 조부, 그리고 유교적 가치관을 철저히 내면화한 부친과의 관계를 통해서 문화적 유산을 이어받았지만, 다른 한편으로는 답답한 질서를 벗어나서 신학문에 녹아 있는 합리성과 근대성의 영역으로 탈출하고자 하는 이중적 태도를 보여주고 있다.

개인의 독립적 자아와 개인들 간의 계약을 통해 사회가 구성된다고 하는 개인주의적 전통과는 달리, 인격윤리에서는 한 개인의 자아 정체감은 자신을 둘러싼 가족이나 공동체와 떼어서 생각할 수 없을 만큼 관계 의존적 특성을 갖는 경향이 있다. 그래서 인격주의 문화에서는 개인보다는 가족이 우선시되고, 도구적 계약 관계보다는 전인격적인 관계가 더 중요하게 생각된다. 그리고 수평적이고 평등한 관계보다는 권위적이고 위계적인 관계가 당연시되는 경향이 나타난다. 아산의 회고록에는 이러한 인격윤리로 해석될 수 있는 다양한 사례들이 등장한다.

일제 강점기 아산이 시작한 아도서비스는 당시의 규정에 의하면 무허가 자동차 정비소였다. 그렇지만 경찰서의 묵인하에 사업을 할 수 있었던 이유는 동대문 경찰서 곤도近藤 보안계장과의 관계 때문이었다. 오랜 기간 정성을 들여 만들어낸 인맥을 통해 행정적 규제를 극복할 수 있었다(정주영, 1998, pp.39-41).

대기업의 회장이 된 아산은 "작업을 몰아칠 때는 혼이 나가도록

2 아산정주영연설문집, 1985, p.16.

무섭게 몰아쳤지만, 기회 있을 때마다 수많은 기능공들과 어울려 허물없이 술잔도 나누고 팔씨름도 나누면서 육체적으로 고달픈 그들의 휴식에 동참하고자 했다". 또한 "그들의 어려움을 나 자신이 알고 이해하기 때문에 그들의 얘기에 공감하고 그들의 희망에 귀 기울이는 격의 없는 경영주이기를 바랐다"(정주영, 1998, p.312).

가족주의와 유교적 현실주의

아산의 자서전에 등장하는 자의식은 관계론적 자아이다. 개인은 독립된 것이 아니고, 자신을 둘러싼 집단의 구성원으로 표출된다. 가족의 일원, 기업의 일원, 국가의 일원 등의 맥락으로 인식되는데 그 핵심은 가家로 표현된다.

아산에게 가家는 단순히 이념으로 존재한 것이 아니라 생활의 토대이자, 기업 경영의 원리이기도 했다. 본래 통체統體-부분자적部分子的 세계관에 바탕하여 구성된 가家 중심의 가치체계는 유교문화의 핵심이라고 할 수 있다. 이때 나[自家]는 혈연집단[本家]에 속하면서 생업집단[業家]으로 확장되고, 결과적으로 국가國家로 확대되는 개념이다. 조선시대에 가家는 개체로서의 '나'와 사회조직으로서의 '우리'를 동시에 뜻하는 것이며, 나[自家]의 실현이 우리[本家, 業家, 國家]의 실현이므로, 이 둘 사이에는 통체-부분자의 관계가 형성된다고 본다(최봉영, 1999).

그의 인격주의적 태도는 가족생활에서 두드러진다. 확대가족 혹은 대가족이 공동으로 생활하는 방식을 취하는 것이다. 한국전쟁 이전 장충동 생활은 이미 사업과 주거의 일치로 시작했다. 아산 가족은 아우인 인영과 순영 가족에 보태 매제 김영주 가족, 그리고 동업자인 최기호 가족과 함께 생활했다. 현대자동차공업사를 시작한 시점에 돈암동에 마련한 집에는 부모님과 형제들, 그리고 자식들까지 모두 스무 명의 대가족이 생활했다(정주영, 1998, pp.50-53). 사업 역시 형제와 가족들이 공동으로 운영하는 방식이었다. 아산의 현대건설사업이 비약적으로 발전한 데에는 한국전쟁 기간 미군 공병대 통역으로 일한 동생 인영의 역할이 결정적이었다. 아산은 아우 신영의 학업을 자신의 일처럼 챙겼다. 그래서 기자로 일하던 신영의 독일 유학을 지원했으며, 아우의 학문적 성취는 자신의 성취인 것처럼 여기고 기뻐하였다. 그러나 아우가 죽고 난 후, 그의 이름을 딴 신영연구기금을 마련하여 관훈클럽에 기부한다.

그가 해방 후 처음 시작한 현대자동차공업사는 매제 김영주와 동생 순영, 그리고 홀동광산 동업자인 최기호와 고향 친구 오인보 등과 함께한 사업이었다. 끈끈한 혈연과 지연을 토대로 한 사업인 것이다. 이 시절 그가 이상적으로 그린 사업장은 '직원들 먹이는데 후한' 가족적 분위기였다. 사업장을 가족과 동일시하였기 때문에 가족주의적 복지로 사업의 시작과 궤를 같이한 것은 전혀 이상하지 않은 것이다. 본격적으로 건설업에 뛰어들어 사업을 비약적으로 발전시킨 전쟁 시기에도 형제들의 협업이 사업의 핵심적인 위치를 차지했다.

하지만 생전에 아산은 혈연에 따른 경영 상속에 대해 매우 비판적인 태도를 취했다. 기회가 될 때마다 재능의 세습이 반복되기 어렵다는 점을 강조했으며, 능력 있는 전문경영인에 의한 관리가 바람직한 것이라는 규범적인 태도를 견지했다.

> 자기 아버지가 훌륭한 사람이었다 해서 자기 아들이 따라서 사장이 된다거나 하는 것은 앞으로 있을 수 없습니다. 앞으로는 자연히 국가적 대기업이라면 국가적으로 출중한 인물, 국가적인 전문경영인이 나와서 이끌어 가게 됩니다. 대기업이라면 세계를 상대로 해서 자본 면에서나, 관리 면에서나 세계적으로 경쟁력을 낼 수 있는 경영인이 나와야 하기 때문에 2세가 아버지를 이어서 기업을 지배한다는 것은 조그만 중소기업에서는 몰라도 대기업에서는 절대로 있을 수 없다고 생각합니다.[3]

그러나 아산의 현대 경영은 거의 완벽할 정도로 혈연에 근거한 경영 승계의 모습을 보여주었다. 아산의 가족주의는 기업 경영과 결합하여 가족주의적 경영으로 연결된 것이다. 그것은 마치 조선시대의 형제간 협력을 통한 가업 운영, 그리고 자식 세대를 위한 재산 분배 내용을 서술한 분재기分財記의 내용과 닮은꼴이다.

---

3 아산정주영연설문집, 1985, p.125.

그림 1 아산 가족의 경영 참여

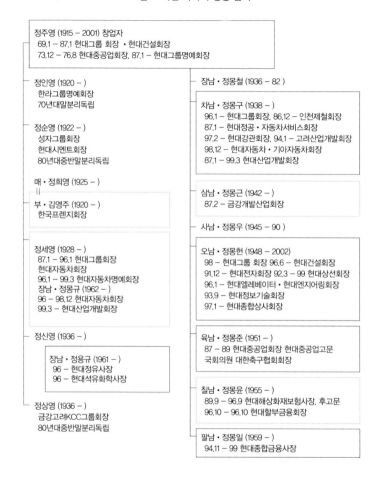

정주영 (1915 - 2001) 창업자
69.1 - 87.1 현대그룹 회장 · 현대건설회장
73.12 - 76.8 현대중공업회장, 87.1 - 현대그룹명예회장

정인영 (1920 -)
한라그룹명예회장
70년대말분리독립

정순영 (1922 -)
성자그룹회장
현대시멘트회장
80년대중반말분리독립

매 · 정희영 (1925 -)

부 · 김영주 (1920 -)
한국프렌지회장

정세영 (1928 -)
87.1 - 96.1 현대그룹회장
현대자동차회장
96.1 - 99.3 현대자동차명예회장
장남 · 정몽규 (1962 -)
96 - 98.12 현대자동차회장
99.3 - 현대산업개발회장

정신영 (1936 -)

장남 · 정용규 (1961 -)
96 - 현대정유사장
96 - 현대석유화학사장

정상영 (1936 -)
금강고려KCC그룹회장
80년대중반말분리독립

장남 · 정몽철 (1936 - 82)

차남 · 정몽구 (1938 -)
96.1 - 현대그룹회장, 86.12 - 인천제철회장
87.1 - 현대정공 · 자동차서비스회장
97.2 - 현대강관회장, 94.1 - 고려산업개발회장
98.12 - 현대자동차 · 기아자동차회장
87.1 - 99.3 현대산업개발회장

삼남 · 정몽근 (1942 -)
87.2 - 금강개발산업회장

사남 · 정몽우 (1945 - 90)

오남 · 정몽헌 (1948 - 2002)
98 - 현대그룹 회장 96.6 - 현대건설회장
91.12 - 현대전자회장 92.3 - 99 현대상선회장
96.1 - 현대엘레베이터 · 현대엔지어링회장
93.9 - 현대정보기술회장
97.1 - 현대종합상사회장

육남 · 정몽준 (1951 -)
87 - 89 현대중공업회장 현대중공업고문
국회의원 대한축구협회회장

칠남 · 정몽윤 (1955 -)
89.9 - 96.9 현대해상화재보험사장, 후고문
96.10 - 96.10 현대할부금융회장

팔남 · 정몽일 (1959 -)
94.11 - 99 현대종합금융사장

현대그룹의 일차적인 계열 분리는 아산의 형제들 간에 이루어졌다. 함께 사업을 하던 둘째 동생 인영은 70년대 한라그룹을 만들어 분리해 나갔다. 80년대에는 아우 순영이 성자그룹으로 독립해 나갔고, 그 이후에는 세영이 현대자동차그룹으로, 그리고 이어서

상영이 금강고려KCC그룹으로 분리해 나갔다. 마치 한 동족 마을에 살던 형제들이 장성하면서 인구밀도가 높아지고 자연환경의 수용 능력을 넘치게 되자 간척과 개간을 통해 새로운 마을을 만드는 분파分派의 시조始祖가 되어 확산되어 나간 것과 유사한 양상을 띠고 있다.

아산은 생전에 이미 자식들을 위해 계열 분리를 하였고, 가업을 분리상속했다. 생존한 여섯 아들에게 계열사를 승계했는데, 차남 몽구에게는 현대자동차그룹을, 삼남 몽근에게는 금강개발산업을, 오남 몽헌에게는 현대그룹을, 육남 몽준에게는 현대중공업을, 칠남 몽윤에게는 현대해상화재보험을, 팔남 몽일에게는 현대종합금융을 물려주었다. 이 이외에도 현대그룹의 경영에는 많은 친인척들이 참여하였다.

이러한 가족주의 경영은 아산가에서만 발견되는 것은 아니다. 한 연구에 따르면 전체 재벌기업 중 임원진의 21%가 창업주와 혈연관계가 있다고 보고하고 있다(Shin and Chin, 1989, p.3, 서울신문사 산업부, 2005). 산업의 분화와 다각화가 충분히 이루어지지 않은 상황에서 새로운 시장에의 진출은 곧바로 기업군의 확장을 필요로 하는데, 이때 확장의 방식으로서의 사업 다각화는 가족주의적 원리에 의한 통합원리와 상호 보완적으로 이루어졌음을 보여준다.

아산에게 발견되는 또 다른 유교적 영향은 구체적 현실에 대한 중시 태도이다. 종교적으로 신은 초월자가 아니고 곧 죽은 조상이다. 정치적으로 공동체는 개인들 간의 관계가 효율적으로 확대된 것, 즉 가족이 출발점이다. 생전에 아산은 늘 가족모임으로 하루를 시작했고, 아산가에서 제사는 가장 중요한 종교적 의식으로 자리잡았다. 이런 점에서 아산의 태도는 서구 문명에서 보이는 보편적인 초월 개념과 거리가 있다. 그리스-로마 문명에서 진리와 확실성에 대한 추구는 인간 경험을 지배하는 궁극적 형식으로서의 논리를 추구하며, 논리가 의미를 지배한다고 생각한다. 종교적으로는 완벽한 유일신이 인간 행위를 지배하는 궁극적인 공식적 구조를 제시한다고 생각한다. 정치적으로도 미국의 헌법은 '정치적 행위와 사고를 규정하는 불변의 구조'라고 믿는다. 그러나 아산은 실용적이고 현실적이다.

의리관

아산에게서 인격윤리를 지탱하는 힘은 의리義理 개념으로 포착될 수 있다. 의리는 인격윤리의 핵심이자 관계론적 사회의 핵심윤리라고 할 수 있다. 의리義理의 사전적 정의는 '인간이 마땅히 행하여야 할 도리'이다. 즉, 의리는 인격 간의 관계 유지가 그 자체로써 하나의 목적이 된다는 점에서 개인주의 사회의 공리公利와 대비되며, 정의情誼적인 관계의 우월성을 주장한다는 점에서 계약사회의 정의正義와도 대비되는 개념이다.

서구적 전통에서는 선험적인 이성과 자아를 가진 개인이 중요시되며, 여기서 급진적인 개인주의와 자유 개념이 파생된다. 따라서 자유민주주의에서 핵심적인 문제는 개인의 이기심을 정당화하는 것과 공동체 개념 간의 갈등이라고 할 수 있다.

아산에게 의리는 신용과도 통한다. 그가 처음 시작한 사업은 화재로 인한 손실로 위기에 큰 위기에 처했다. 이때 그의 해결책은 '신용'을 통해 상대방과 맺은 관계의 의리를 지키기 위하여 최선을 다하는 태도였다. 이러한 태도는 개인에만 국한되는 것이 아니고, 때로는 계약의 당사자인 정부 기관이나 다른 기업과의 관계에서도 발현된다. 한국전쟁 이후 고령교 건설 사업에서는 계약 금액을 넘어서는 적자가 발생했지만, 끝까지 공사를 마무리하여 처음 약속한 내용을 지키는 의리를 발휘하였다. 기업은 단순히 사고파는 계약의 대상이 아니라, 그 안에 담긴 역사와 인연, 즉 인연을 맺은 사람들과의 의리로 얽힌 존재라는 인식을 가지고 있기에, 남이 일군 기업을 인수하는 것에 대해 극단적인 거부감을 표현한다.

나는 장사나 기업은 돈이 있으면 더 좋고, 돈이 없어도 할 수가 있다고 생각합니다. 돈이 없어도 할 수 있는 방법은 뭐냐 그것은 신용을 얻는 것입니다. 그 동네에 살면서 동네 사람들로부터 저 젊은 사람은 모든 행동거지가 참 모범적이다. 믿음직하다, 하는 인정을 받으면, 사람 됨됨이에 있어서 신용을 받게 되면 장사할 수 있는 밑천은 저절로 마련되는 것입니다. 이것은 큰 기업에나 작은 기업에나 똑같이 적용되는 원리입니다.[4]

기업인으로서 아산이 인수합병에 대해 가지는 거부감, 즉 '남의 기업을 인수받은 적이 없다(정주영, 1998, p.250)'는 자부심은 그가 가진 옳음에 대한 척도가 공리주의적인 기준을 가진 서구적인 기업 인상과 많이 다르다는 점을 보여준다. 그는 그러한 고집의 원천을 "아버님이 돌밭을 일궈 한 뼘 한 뼘 옥토를 만드셨듯이 말뚝박기에서부터 굴뚝 올리기까지 다 그렇게 만든 것이었다"고 회고한다.

공자에 있어서 '인간됨'이란 예禮와 의義의 체현을 통해 '권위를 간직한 인간authoritative person'으로 형성되어감을 의미한다. 유교적 태도를 가진 아산에게 의는 예의 근원이자 동시에 윤리적 상황 속에서 '옳음'을 가늠하게 해주는 척도로 작용하고 있다.

에임스는 '의義'에 대해 설명하면서 이를 '의宜'라고 설명한다. 즉 '의義'는 고정 불변하는 '옳음'의 척도가 아니라 변화하는 현실 속에서의 상황 윤리적 기준이라는 것이다. 그런 점에서 '의'는 '유연성flexibility'을 특징으로 한다. 의는 초월적이고 보편적인 행위의 표준이 아니라 구체적인 상황 속에서의 '맥락의존적context-dependent' 도덕 판단을 뜻한다. 서양의 규칙 중심 윤리가 외재적 기준을 따른다면, 유교적인 의는 자기에게 주어진 독특한 상황 속에서 도덕적으로 판단하고 행위하는 '창조적 능력'을 의미한다. 이러한 의미에서 '의義'는 논리적·이성적이라기보다 창조적·미

---

4 아산정주영연설문집, 1985, p.34.

학적 특징을 지닌다(Hall and Ames, 1987). 아산의 의리는 고전적
의미의 의에 맞닿아 있다. 동시에 시대적 변화에 따라 나타난 새
로운 의미의 의리, 즉 '사람과의 관계에 있어서 지켜야 할 바른
도리'를 다하고자 하는 모습도 곳곳에 드러난다.

아우 신영을 잃은 제수를 대하는 아산의 태도에서도 의리가 드
러난다. 제수는 독실한 기독교 신자였다. 그는 자신의 종교가 기
독교가 아님에도 불구하고 아우의 비석에 십자가를 새겨넣어주
었을 뿐 아니라, 아우의 장례를 치른 후에는 혼자 교회에 출석하
는 제수를 따라 함께 상당 기간 교회를 다녔다(정주영, 1998, p.88).

권력거리와 가부장주의

행위자들 간의 불평등성은 관계 형성이나 사회적 조정에 큰 영
향을 미친다. 권력거리는 사회 내부의 권위주의적 서열화, 혹은
권력이나 경제적 자원의 불평등한 분포의 정도를 의미한다. 위계
적 질서가 자리 잡은 사회에서는 권력거리가 크기 때문에 아랫사
람들은 윗사람들과 동등하지 않으며, 아랫사람들은 자신의 입장
과 의견을 대등한 위치에서 말하기 매우 어렵다. 권력거리가 작
은 사회에서 신뢰는 공동체적 유대감의 증대를 낳지만, 권력거리
가 큰 사회에서 개인들 사이의 신뢰는 지도자를 중심으로 위계적
인 충성-후견 관계로 드러나는 경향이 있다.

아산의 리더십은 매우 큰 권력거리에 기반을 둔 가부장적이고

도 권위적인 리더십이었다. 그는 현장의 노동자들에게 '폭탄 실은 적기'로 인식되었고, 그가 나타나는 것은 '공습경보'로 비유되었다. 그는 스스로를 '칭찬이나 격려에 인색한 사람'으로 회고하고 있다(정주영, 1998, p.141). 고속도로 건설 당시 신입 사원이었던 현대건설 임원은 그가 고속도로 건설 현장에서 "장비 위에서 잠깐 졸고 있던 운전사를 발견한 후 대뜸 뛰어올라 운전사를 멱살잡이로 끌어내 귀싸대기를 올려붙였다"고 기억한다(정주영, 1998, p.77). 아산 스스로도 "현대의 중역이나 산하 생산 업체 책임자들은 모두 건설 현장에서 나에게 눈물이 빠지도록 혼나가면서 잔뼈가 굵은 사람들"이라고 회고한다.

수많은 근로자들을 일사불란하게 움직이게 하려면 눈도 세모꼴로 떠야 하고, 목청도 높여야 하고, 때로는 정강이도 걷어차야 했고, 더 심하면 따귀도 때려야 했었다. 그렇게 하다 보니 현장에서나 사내에서나 저승사자보다 더 무섭고 끔찍한 사람이 돼 버렸나보다. 나는 기억할 수 없지만 누군가 결재 서류를 들고 들어왔다가 나한테 욕먹고 나가는데 너무 겁을 먹은 나머지 철제 캐비닛 문짝을 출입문으로 알고 열고 들어가려고 했다던가.[5]

해외의 관찰자들에게도 아산의 스타일은 가부장적이고 권위적

---

5 정주영, 1998, p.78.

인 것으로 비쳤다.

현대의 경영스타일은 말 그대로 탑-다운 방식이다. 아산은 늘 창의
성과 혁신의 미덕에 대해 말했지만, 그것은 말에 그쳤다. 그 자신만
이 '창조적 정신'을 가진 '혁신적 기업가'였고, 다른 모든 이들은 그
것을 따라야 했다.[6]

아산이 가진 가부장적 태도는 권력거리가 작은 사회에서는 이
해하기 어려운 태도이다. 권력거리가 작은 평등사회에서는 조직
내 불평등은 편의상 만들어진 역할의 불평등에 불과한 것으로 해
석되는 경향이 있다. 그래서 업무상의 위계가 존재한다 하더라
도, 그것이 사람들 사이의 인격적 관계에서의 주종 관계를 의미
하지는 않는다. 그러나 한국의 문화는 매우 다르다. 우선 언어부
터 다르다. 언어 표현에서 경어체가 매우 풍부하게 발달해 있어
서 나이가 많거나 지위가 높은 사람을 대할 때는 언어표현 자체
가 달라지는데, 이러한 언어에 내재된 경어체는 존재적 불평등을
강화시키는 경향이 있다. 그래서 권력거리가 큰 사회에서 지위
차이는 존재적 불평등을 드러내는 것으로, 즉 지위가 높을수록
더 많은 능력과 지혜를 갖는 것으로 해석된다. 윗사람이 가진 권
위는 윗사람의 역량과 비례해야 한다는 믿는 것이다. 이러한 태

---

6 Kirk, 1994, pp.39-40.

도는 아산에게서도 강하게 나타난다.

윗사람이란 아랫사람에게 많은 것을 가르쳐주고 아랫사람을 발전시
켜줄 수 있는 역량을 가지고 있어야 합니다. 그렇지 못할 때는 윗사
람으로서 제대로 앞가림을 하고 있다고는 볼 수 없는 것입니다. 아
무 생각 없이 회사에 나와 앉아서 서류결재를 했다면 그것은 쓸모없
는 사람입니다. 왜? 결재라는 것은 밑의 사람들을 감시하자고 만든
기능이 아니고 진취적이고 창의적인 발전을 기하기 위해서 만든 기
능이기 때문입니다.[7]

아산의 가부장적 태도는 단지 권력이 있고 윗자리를 차지하고
있기 때문에 대접받는다는 의미의 '권위주의'가 아니라, 점하고
있는 윗자리에 걸맞은 전문성과 능력을 발휘하는 '권위 있는' 이
들에게 돌아가는 예우나 대접과 관련되어 있다. 그는 분명히 권
위주의적인 인물이지만, 그것이 단순한 연공서열이나 선배지배
gerontocracy로 가서는 안 된다는 의식을 동시에 분명히 보여주고 있다.

연공서열제도는 사회가 발전하고 과학이 발전하는 마당에서 크게
바뀌어져야 한다고 생각합니다. 몇 년 근무했으니까 자연히 과장이
될 거고, 또 몇 년 근무했으니까 차장이 될 거고 부장이 될 거다, 이

7 아산정주영연설문집, 1985, p.98.

사가 될 거다, 하는 것은 아주 낡은 사고로서 자기 발전은 물론 사회 발전에 전혀 도움이 되지 않는 제도라고 보는 것입니다.[8]

'권위'는 권위주의의 원천이기는 하지만, 권위주의와 동일시할 수 없는 차원을 가진다. 그는 자신의 '권위'의 원천을 근면하고 검소하며 모범적인 행동으로부터 찾는다. 그리고 그는 이것이 권위주의와는 차별화된다고 생각한 듯하다. 1983년 이라크의 건설 현장을 방문한 자리에서 그는 자신이 방문하는 곳에 카페트를 깐 현장 책임자를 호되게 야단친다.

부장 이상에게 숙소의 독방을 준다거나 현장 소장에게 큰 차를 주는 목적은 소중한 자리에 있기 때문에 사고 없이 열심히 생각하며 모든 사람에게 제대로 모범적으로 지휘하라는 겁니다. 그러나 그것에도 한계가 있는 거예요. 현장 가설건물에까지 이렇게 카페트를 까는 발상은 누가 내겨요. 이렇게 사치하게 지내도 되는 겁니까? 회장이 온다니까 숙소 준비하느라 카페트 깔았어요? 나는 말이야, 평생 집에서도 카페트 깔고 산 일이 없어요. 윗사람은 모범적이어야 해요. 사치는 뭘 유도하는지 알아요? 부패를 유도하는 거요. 그리고 모든 종업원들에게 소외감을 주는 거고.[9]

---

8 아산정주영연설문집, 1985, p.96.

관계를 규제하는 규칙의 투명성

아산이 사업을 한 시기는 사회적 관계를 규정하는 명문화된 규칙이 분명치 않았던 시대이다. 많은 제도주의 경제학자들이 언급하다시피 사회적 관계를 규정하는 명문화된 규칙의 존재 여부는 합리적인 경제활동에 매우 중요한 영향을 미친다. 규칙이 얼마나 투명한 절차에 따라 준수되는지, 그래서 연관된 행위자들 간의 개인적 영향력의 범위를 넘어서는 보편적이고 합리적인 규칙이 존재하는지의 여부는 사업의 규모와 경제발전의 속도 등에 심각한 영향을 미치는 것으로 믿어지고 있다.

그런데 아산이 사업을 본격적으로 확장해나간 50년대와 60년대는 객관적인 기준으로 볼 때 부패의 정도가 심각하고 투명성이 그다지 높지 않은 시기였다. 규칙의 투명성은 제도의 질과 밀접한 연관성을 갖는다. 노스는 재산권 보호와 법의 지배^{rule of law}를 대표적인 제도라고 보았다. 노스의 정의에 따르면 "제도는 사회 내의 게임의 규칙이며, 공식적으로는 인간이 고안한, 인간의 상호작용을 만들어가는 제약틀"이다(North, 1990, p.3). 게임의 규칙이 제대로 정착된 사회에서는 경제적 행위자들이 사회적으로 바람직한 행위를 하도록 촉진시킨다. 이러한 제도는 에티켓이나 자발적인 사회규범처럼 비공식적일 수도 있고, 제3자에 의해 제재

9 아산정주영연설문집, 1985, p.429.

가 가해지는 법규처럼 공식적일 수도 있다. 지속적인 경제성장을 가능케 하기 위해서는 시장이 그 자체로 자기 완결적이고 자기 창조적인 것이 아니라, 재산권을 포함한 계약 이행 관련 기제를 필요로 한다. 대부분의 선진국 경제는 시장의 난폭성을 규제하고, 외부성을 내부화하며, 정보 비대칭의 문제를 해결하고, 또한 제품의 안전 기준을 확보하기 위한 광범위한 규제 제도를 가지고 있다. 또한 경기의 변동과 실업, 그리고 인플레이션에 대비하여 시장을 안정화시키기 위한 화폐 금융정책과 예방적 규제^{prudential regulation} 및 감독 기구를 가지고 있다(Rodrik, 1999). 그러나 아산이 사업을 본격화한 시기에 한국은 이러한 제도적 완결성을 갖추지 못한 상태에 있었다.

그래서 아산은 제도의 질이 높은 사회에 대한 부러움을 곳곳에서 표출한다. 일본의 시스템에 대한 부러움은 롯데그룹 신회장의 말을 빌려서 전한다. 20평도 안 되는 집에 사는 (일본) 국세청장에게 세탁기를 선물했다가 돌려받은 일화를 소재로 하여 청렴한 공직자들이 일본의 경제성장을 가져왔다는 점을 강조한다(아산정주영연설문집, 1985, p.87). 또한 현대건설이 싱가포르에서 건설공사를 하면서 체험한 규제제도의 높은 청렴성과 공정성에 대해서도 다음과 같이 소개하고 있다.

그 나라에서 공사감독을 나온 고급 관리로부터 하급 관리에 이르기까지 어떤 사람도 돈을 먹기 위해서 공사의 흠을 잡는다거나, 기웃

거린다거나 하는 일이 전혀 없다는 것입니다. 어느 누구도 금전적인, 물질적인 부정한 마음을 먹고 손을 내밀거나 괴롭히지 않기 때문에 자기들은 어떻게 하면 시방서에 맞게 깨끗이 능률적으로 일할 것인가만 생각하면 그만이라는 얘기입니다. 다른 잡념이 없이 일만 질 좋게 빨리 해내면 우대를 해 주기 때문에 일할 수 있는 분위기가 조성되어 더욱 일에 능률을 낼 수 있다는 것입니다. 이렇게 능률적으로 일을 하기 때문에 싱가포르에서 집행하는 모든 공사는 토목이든, 건축이든 세계에서 가장 싼 값에 해내고 있습니다. 그렇게 하는데 나라가 번영하지 않을 수가 있겠습니까? 능률이 안날 수가 있겠습니까?[10]

뒤집어 보면, 아산은 우회적으로 공사의 흠을 잡고 기웃거리며 손을 내미는 규제자들이 많은 한국적 현실을 비판하고 있는 것이다.

3. 인격윤리의 제도론

사회체계의 유형론

이상에서 언급한 인격윤리의 다양한 관계론적 증상들을 토대

---

10 아산정주영연설문집, 1985, p.88.

표 2 사회적 관계의 형성 맥락에 따른 사회의 유형화 요소들

	A	B
1. 행위 유형의 특성	인격주의	개인주의
2. 관계의 위계적 구조	위계적	수평적
3. 관계규제의 규칙	사적(私的)이며 상황적	공적(公的)이며 투명함

로 하여 아산의 의식과 행동규범이 어떤 조직화의 원동력으로 작동하였고, 어떻게 현대그룹을 운영해 나갔는지, 그리고 그것이 어떻게 한국적 경영의 원형으로 작동하게 되었는지를 제도적 유형론을 통해 밝혀 나가기 위해서는 적어도 세 가지 차원을 교차할 필요가 있다. 즉 첫 번째는 행위 유형의 특성으로서 인격윤리와 개인주의 간의 교차이다. 두 번째 차원은 관계의 위계성, 즉 위계적 관계와 수평적 관계의 교차이다. 그리고 마지막 차원은 규칙의 투명성과 불투명성 간의 교차이다(이재열, 1998; 2000).

인격주의적 결합으로 아산의 경영을 설명하게 될 경우에 사회체계의 유형론은 다음과 같은 몇 가지 논의를 가능케 할 것이다. 첫째, 인격주의와 위계적 관계가 아산의 경영스타일과 현대의 기업 문화에 미친 영향에 대해 살필 수 있게 한다. 둘째, 현대그룹의 진화 과정과 계열사의 확장, 그리고 계열사 간 상호 지분 및 지급보증으로 얽힌 관계를 만들어가는 과정에서 '핵심적 행위자'인 아산의 선택이 어떻게 제도적 환경과 맞물려 현대의 조직 구

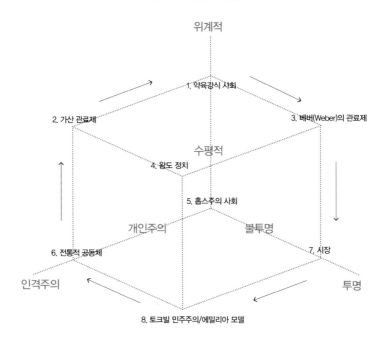

그림 2 사회체계의 이념형

위계적

1. 약육강식 사회

2. 가산 관료제

3. 베버(Weber)의 관료제

수평적

4. 왕도 정치

5. 홉스주의 사회

개인주의

불투명

6. 전통적 공동체

7. 시장

인격주의

투명

8. 토크빌 민주주의/에밀리아 모델

조를 진화시키는데 기여했는지 분석하고, 그 구조의 장점과 단점에 대해 검토할 수 있게 할 것이다. 셋째, 아산의 현대 경영을 서구의 경영과 대비함으로 해서 한국적 경영의 원형으로 자리 잡은 한국적 경영모델이 변화하는 환경에서 어떤 의미를 가지는지에 대해 검토할 수 있게 할 것이다.

이상의 세 가지 요소들을 결합할 경우 **그림 2**와 같은 다양한 유형론이 가능해진다. 여기서는 각각의 유형들에 대해 자세한 설명을 하거나 역사적인 형성 맥락을 상술할 필요를 느끼지 않는다.

주된 목적이 아산의 성장과 사업화 과정에서 작동한 인격윤리와 위계적 권위주의가 상황적 맥락에 따라 어떤 기업 경영의 원리나 제도화로 연결되었는지를 밝히는 것이기 때문이다.

아산이 태어나고 성장한 곳은 전통적 공동체라고 할 수 있다. 전사회적으로 적용되는 보편적인 규칙은 존재하지 않으나, 한 집단에 속한 개인들 간에는 신뢰로 얽혀있으며, 상호 호혜적인 인격주의 원리가 작동하는 사회이다. 직접적인 면대면 관계가 중요하고 호혜적으로 얽혀 있는 '신뢰의 섬'으로서 공동체는 공통의 요소들을 중심으로 결속할 수밖에 없는데, 그 대표적인 사례는 공통의 종교나 지역, 혈연관계 등이다. 전통 시대에 공동체의 기반은 자연부락이었고, 자연부락을 구성하는 것은 반촌^{班村}의 경우에는 동족 마을과 향약^{鄕約}, 그리고 민촌^{民村}의 경우에는 두레 등과 같은 조직 원리들이 공동체적 결속을 강화하는 요소로 작동했다. 식민지 시기, 그리고 해방 후 전쟁 이전 아산의 사업체의 특성은 서구식 기업이라기보다는 공동체적 특성을 강하게 띠었다고 할 수 있다.

아산이 가진 자의식은 높은 투명성과 모범적인 행동으로 본을 보이는 리더십과 결합한 매우 위계적이고 자발적인 복종으로 특징지어지는 위계 조직이다. 차별화된 위계를 정당화하는 강력한 권위의 원천은 보통 사람의 능력을 뛰어넘는 강력한 카리스마, 도덕적인 모범, 교화의 능력 등으로서, 지도자가 도덕적인 모범을 먼저 보이고, 사원들이 마음으로부터 흠모하여 따르도록 하는 유교적 교화정치의 이상향에 기반을 두고 있다는 점에서 왕도 정치를 특징으로 한다고 할 수 있다.

아산의 리더십은 노동자들과의 신분적 차별은 암묵적으로 받아들이지만 그 도덕적 권위를 인정받기 위해 스스로 노동자들과 다르지 않다는 자의식을 강하게 드러낸다. 공동의 유니폼을 입고, 젊은 사원들과 모래사장에서 씨름을 하며 음식을 함께 나누는 겸허한 어울림을 통해 가족적 유대감을 촉진하고, 가족주의적 복지를 확대함으로써 자발적 헌신을 끌어내고자 한다는 점에서 가부장적인 리더십을 발휘한 것으로 이해할 수 있다.

그러나 외부의 관찰자들에게 아산의 리더십은 위계적인 구조와 인격주의적 원리가 결합되어 있지만, 공개적인 업적 원리에 따르기보다는 가족적 친소 관계에 따라 중요한 의사결정과 분배가 이루어진다는 점에서 가산관료제patrimonial office적 특징을 갖는 것으로 비쳐질 것이다. 권력을 독점한 지도자와 사원들 간에는 상호 신뢰와 의리로 강하게 결합되지만, 불평등한 위계와 결합된 신뢰체계라는 점에서 사회적 신분체계와 불평등을 당연시하는 경향을 보인다는 것이다.

아산의 인격주의가 드러내는 조직의 현실태는 제도주의 경제학이 다루는 이념형적 시장이나 이념형적 관료제와 구별되는 독특한 특징을 갖는다는 점에 주목할 필요가 있다. 이념형적 시장은 상대방에 대해 강요하거나 강요당하지 않는 독자적 판단력을 갖춘, 자신의 효용을 극대화하는 데 관심을 가진 이기적인 개인

들 간의 자발적인 선택에 의해 거래가 이루어지고, 그 결과가 거
시적인 균형을 이루는 상황을 의미한다.

위계적인 불평등과 투명한 규칙성이 결합된 베버의 관료제는
수평적으로 분화되지만, 수직적으로는 위계화된 명령의 고리로
연결된 직무의 체계를 의미한다. 특정한 지위를 점하고 있는 개
인과 개인이 점한 지위를 명백하게 구분하여, 누가 그 지위를 차
지하든 간에 동일한 방식으로 조직이 운영될 수 있도록 직무 간
의 관계를 명시적으로 문서화하여 규정하는 것이 관료제의 특징
이다. 어떤 직무를 누가 점하든 간에 정해진 규칙과 절차에 따라
권한을 행사하면 거대한 조직이 본래 의도한 목적을 달성할 수
있도록 구성한 것이 관료제적 조직의 영속성과 효율성의 원천이
라고 할 수 있다.

사회적 조정양식과 사회적 관계

기업을 일으켜 신화적인 성장과 번영을 이끌어낸 아산의 성공
배경에는 단순히 개인의 노력으로 환원해서는 설명할 수 없는 복
잡한 제도적 요인들과의 상호작용이 자리 잡고 있다. 대체로 생
산이나 서비스를 둘러싼 개인이나 조직 간의 교환이나 거래는 시
장 교환 이외에도 다양한 방식으로 이루어질 수 있다. 그러나 경
제성장의 초기 단계에는 제도적 분화가 본격화되지도 않았고 자
본주의적 제도가 안정되지도 않은 상태였기 때문에 지금 우리가

익숙해 있는 시장 교환이라는 조정양식만으로는 설명할 수 없는 예외성들이 많이 존재했다는 점이다.

자본주의 경제에서 발견되는 조정 제도들은 다양하다. 그리고 그것은 역사적으로는 다양한 방식으로 구현되어 왔다(Hall and Soskice, 2001). 자본주의의 다양성에 대해 주목하는 이들은 핵심 행위자들이 자신의 이해관계를 극대화하기 위해 다른 사람이나 조직과 상호작용하여 구축해 낸 질서를 추적해야 한다고 주장한다. 이는 경제를 이해하는 관계론적 사고다. 홀과 소스키스는 구체적으로 다섯 개의 영역을 예로 들어 핵심 역량을 갖추어 나가는 과정에서 어떻게 다양한 행위자들을 조정해 나갔는지에 대해 설명한다. 예를 들면 노사 관계의 차원에서는 노동자들 및 이들의 조직인 노동조합과 임금이나 노동 조건에 관련한 협상을 하여 기업 활동의 생산성과 경제적 보상을 연계하는 전략을 만들어낸다. 물론 임금뿐 아니라 주거나 환경 등 비임금적 복지도 중요하다. 두 번째는 직업훈련이나 교육의 문제다. 안정적으로 적정 기술을 갖춘 노동력을 확보하는 문제는 지속적인 발전을 위해 핵심적인 이슈다. 그리고 이는 개별 기업인이나 기업만의 문제가 아니라, 나라 전체의 교육 시스템과 떼어서 생각할 수 없는 이슈임이 분명하다. 세 번째는 기업의 거버넌스와 관련되어 있다. 즉, 어떻게 자원을 조달하고 투자자나 은행을 설득하며, 내부에서 누구를 중심으로 경영진을 조직화하느냐의 문제와 관련된다. 네 번째는 기업 간 관계다. 산업연관의 사슬에서 전후방으로 엮인 기

표 3 조정양식과 실패 유형 (Hollingsworth and Boyer, 1997, pp.17–18)

실패 유형 조정양식	규칙집행 실패	효율성의 실패
시장	내부에 규칙을 집행할 권위를 결여하며, 이익충돌과 불완전경쟁을 촉진	순수 시장 교환만으로는 기본적 사회관계를 해결하지 못함
공동체	신뢰와 충성을 필요로 하며, 이는 가족, 종교, 인종 등 외부에서 오기도 하며, 다양한 경쟁과 호환성을 가짐	어떤 재화는 충분히 낮은 가격에 제공하지 못함
네트워크	규칙집행을 위해서는 외부의 권위를 필요로 함. 그러나 카르텔이나 독점을 촉진시킴	기술이 복잡하고 급변하는 산업 이외에는 효율성 개선과 적응속도가 느림
결사체	국가에 기대서 집행하는 한계를 가지며, 카르텔과 유사	협력과 X효율성을 촉진시키나 분배효율성은 낮음
사적 위계	기회주의적 행동을 촉진시킴	협력과 X효율성 발휘에 취약
국가	국가권력 남용을 견제할 외부 권력(사법부, 입법부, 시장 등)을 필요로 하며, 로비를 통해 공공이익을 훼손할 가능성이 있음	지나치게 위계적이어서 낮은 가격에는 재화제공이 어려움

업들 간에 어떤 관계를 유지하느냐 하는 것도 긴요한 조정을 요하는 일이다. 특히 어떤 표준을 만들어 공유할지, 기술 이전을 어떻게 할지, R&D에 대한 투자를 어떻게 협력적으로 만들어나갈지 등은 모두 긴요한 조정을 요한다. 그리고 이러한 조정 과정에서 정부와의 상호작용 또한 매우 중요하다. 마지막으로 종업원과

의 관계다. 구성원들로 하여금 어떤 동기를 부여하여 어떻게 헌신하게 할 것인지, 어느 정도나 정보를 공유할 것인지 등이 매우 중요한 문제가 된다(Hall and Soskice, 2001, p.7).

조정양식의 차이는 역사적-문화적 맥락과 발전 단계, 그리고 조직의 성격과 결합하여 독특한 제도적 틀을 구조화한다. 지금까지 홀과 소스키스가 확인한 제도적 틀은 자유시장경제liberal market economies, LME와 조정시장경제coordinated market economies, CME이다. 대체로 상이한 경제체제를 만들어내는 과정은 1)행위자들 간 정보교환의 방식, 2)행위에 대한 모니터링 3)협력적 행위로부터 일탈했을 때의 제재 방식 등에 의해 영향을 받는다(Ostrom, 1990).

조정시장경제의 예를 들어 보자. 독일처럼 조정시장의 전통이 강한 나라에서는 매우 강력한 기업가 단체와 노동조합 조직이 조합주의적 합의와 조율의 바탕이 된다. 상호 연결되어 있는 광범한 기업 간 지분 공유, 그리고 주거래은행을 통한 정보 공유와 협력을 가능케 하는 법률 체계와 규제 시스템 등이 전체 경제 전반에 걸쳐 숙의와 조정을 가능케 하는 요소로 작동한다. 그리고 협력적 행위로부터 일탈했을 경우에는 생산성 연합에 참여할 수 없기 때문에 기업들은 단기적 이윤 추구보다는 장기적 투자의 효과에 더 민감하게 반응하고, 노동자들도 단기적인 임금 극대화보다는 고용의 안정성에 더 무게를 두게 된다.

반면에 자유시장경제를 유지해 온 미국의 사례는 여러 가지 의미에서 반대 특성을 지닌다. 주식시장을 통해 자본을 동원하게 되므로, 기업의 정보를 널리 공개하는 것이 매우 중요하며, 경영진들은 장기적 투자보다는 단기적 성과 극대화를 통해 주주총회에서 인정받는 것에 더 큰 가치를 두게 된다. 이에 따라 교육과 훈련은 학교에서 주로 이루어지고, 노동자들은 잦은 이동을 통해 자신의 기술과 역량을 필요로 하는 직장으로 빈번히 옮길 인센티브를 강하게 갖게 된다. 따라서 기업들은 전문화하는 경향이 강해진다.

경제체제의 진화는 제도적 상보성intitutional complementarities이 존재하느냐의 여부에 따라 상이한 방향으로의 진화가 가속화된다. 예를 들면 주식시장이 발달하게 되면, 기업의 정보를 공개하고 외부화하는 일이 촉진된다. 다른 예를 들어 보면, 장기적 계약에 기반을 둔 평생고용제도는 장기적인 투자가 가능한 제도적 조건에서 촉진되는 경향이 있다.

아산의 기업 경영이 급격하게 성장한 시기는 50년대인데, 이 시기에 한국 경제는 제도적 취약성이 매우 강한 시기였다. 즉, 시장은 내부 규칙을 집행할 권위를 결여한 상태였고, 기본적인 인프라가 갖추어져 있지 않았기 때문에 순수한 시장 교환만으로는 기본적 생산이나 유통이 어려운 처지였다고 본다.

반면에 시장을 규제하고 규칙을 집행해야 할 국가의 정치·군사적 기능은 과도성장했으나 경제적 기능은 매우 취약하였으며, 한국전쟁으로 그 기능은 더 쇠퇴하였고, 또한 국가권력의 남용을 견제할 사법부나 입법부의 권한이 충분히 성장하지 못하였으며,

부패의 정도가 심각하였기 때문에 공정한 경쟁을 하기 어려운 처지였다.

이러한 요소들은 당시의 상황에서는 위계를 통한 내부화와 수직계열기업화가 효과적인 대안이 되도록 만드는 제도적 환경으로 작용하였다. 아산의 경영은 이러한 제도적 맥락에서 출발하였다. 즉, 시장주의자들이 강조하는 '보이지 않는 손'은 신화에 불과했다. 완벽한 정보도 없고, 공정한 규칙도 없으며, 전후 산업생산을 위한 원료의 도입이나 신용의 배분 등은 정치권력과의 결탁에 의해 결정되었다.

이 과정에서 아산이 채택한 전략은 네트워크와 사적 위계였다. 즉 가족과 연고가 있는 지인들을 동원한 경영전략을 택했으며, 강력한 위계적 구조를 만들어냄으로 해서 시장의 실패와 정부의 실패가 만들어낸 공간에서 사업을 내부화하여 그 영향력을 극대화하는 전략을 택한 것이다.

아산의 현대경영과
발전국가형 제도와의 상보성

네트워크와 사적 위계는 시장-위계의 이분법에 대한 효과적 대안으로 기능할 수 있었다. 제도주의 경제학자들은 경제적 제도의 형성과 진화의 이면에 거래 비용과 재산권의 개념이 자리잡고 있다고 주장한다(North, 1990). 동아시아 국가들에서 발견되는 연결망의 다양한 형태들은 이 지역의 독특한 역사적 배경하에서 진화한 것이라고 볼 수도 있을 것이다. 그래서 시장-위계의 이분법만으로는 동아시아의 경제적 역동성을 설명하는 데 한계가 있을 것이라는 주장이 설득력 있게 제기된 바 있다(Hamilton and Biggart, 1988). 제도주의적 해석의 주된 아이디어는 인격주의적인 신뢰의 연결망이 취약한 시장에 내재해 있는 거래 비용을 경감시키는 기능적 대안이 될 수 있다는 것이다.

아산의 사업 확장과 경영 방식은 위계적이고 인격주의적인 신뢰의 연결망을 기반으로 하여 확산된 것이며, 이것은 시장이 제대로 작동하지 않은 초기 경제발전 과정에서 거래 비용을 감소시키는 긍정적 효과를 가졌다고 본다. 그러나 시간이 지나면서 점차 보편적이고 경쟁적인 시장에 대한 필요성이 증대되었고, 이것이 현대그룹의 진화 과정에도 큰 영향을 미쳤다.

아산은 한국전쟁 이전까지는 무일푼으로 상경하여 막노동과 쌀집 점원을 거쳐 자동차 수리업 등을 경험했지만, 본격적으로 사업가로 자리 잡은 계기는 건설업에 뛰어들면서부터이다. 특히 한국전쟁은 엄청난 인명의 살상과 국토의 파괴라는 피해를 낳은 민족적 비극이었지만, 전쟁물자 및 군사시설의 건설이나 전후 복구 사업 등의 측면에서는 엄청난 수요가 폭발한 사업 기회이기도 했다.

그런 의미에서 아산의 건설업 진출은 시대적 상황을 정확하게 읽은 투자였다. 아산은 건설업에서 시작하여, 전후방 산업 연관

효과가 높은 영역으로 사업을 급속히 확장해 나가는 전략을 택했다. 그래서 궁극적으로는 '문어발'로 표현되는 자기 완결적이고도 다각화된 기업군을 만들어냈다. 아산의 경영은 자신이 익숙했고, 또 가장 성공적으로 성장한 기업과 산업을 중심으로 연관 효과가 큰 부분을 떼어내서 별도 기업화해나가는 전략을 썼다는 점에서 집중과 확산의 전략을 택했다. 아산에게 건설업은 황무지를 개간하기 위해 건설한 간선도로와 같은 핵심 역할을 한 것이다. 그리고 그 간선도로로부터 황무지의 곳곳으로 들어가는 세부 도로를 건설한 셈이다. 아산은 현대가 황무지나 다름없었던 한국의 공업사회에서 하나하나 새로운 분야로 확장해 나가는 탐험로를 만들어냈다는 자의식을 가지고 있다. 그것은 마치 미국의 서부 개척 시대와 유사한 심성구조를 드러내는 것이다(아산정주영연설문집, 1985, p.53). 그리고 그것은 남의 것을 인수하는 것이 아니라, 모두 하나하나를 직접 만들어갔다는 강한 자부심에 기반을 두고 있다.

건설업이 계열화의 모태가 된 이유를 아산은 산업적 특성에서 찾는다. 외국의 건설 현장에서 겪는 문화적 갈등, 자연조건이 열악한 건설 현장의 어려움을 극복해야 하는 강한 인내력, 프로젝트 기반 고용이라서 임시직일 수밖에 없는 현장 인력을 통솔하기 위해 요구되는 강한 리더십 등은 조직의 리더십을 공급하는 사관학교와 같은 역할을 했다고 보는 것이다.

한 현장을 맡아 성공적으로 공사를 마치기 위해서는 그 나라의 모든 생리나 습관, 언어, 풍속과 법률 등 문화적인 차이점을 극복해 가면서 대인관계, 대 관공서 관계를 원만히 해 나가야 하고, 기후와 풍토를 익히는 가운데 그 일을 시간과 예산에 차질이 없이 진행해야 하는 것입니다. 발주처나 기술회사, 이런 이해관계가 다른 사람들을 접촉하면서 숙소를 짓기 시작해서 공사의 모든 자재나 기술문제를 해결하는 한편, 자연의 온갖 악조건 아래서, 더구나 장래 희망을 회사에 건 사람들이 아니고 일이 끝나면 뿔뿔이 흩어지는 그런 기능공들을 지휘해서 의욕을 불어넣어 가지고 노사문제도 없이 성공적으로 끝낸다는 것은 대단한 능력입니다. 거기에 비하면 공장은 안정적이지요. 비가 오나 해가 뜨나 일을 할 수 있고 모든 것이 건설 현장과는 여건이 다르다 이거지요. 해안에 항만을 만든다거나 벽지에 큰 댐을 건설한다거나, 그곳에 화학공장을 세운다거나 하는 일들은 모두 선이 굵으면서도 정밀하지 않으면 해낼 수가 없습니다. 인간으로서의 온갖 자질을 갖추지 않으면 성공적으로 해낼 수 가 없는 것이 바로 건설업이다, 이렇게 말할 수 있는 것입니다.[11]

우리가 전혀 만들어보지 않았고 또 만들 엄두도 내지 못했던 25만 톤짜리 배를 만들고, 현대중공업을 세계시장에서 가장 강력한 경쟁력 있는 회사로 만든 사람들도 모두 현대건설 출신들입니다. 현대중

---

11 아산정주영연설문집, 1985, p.70

공업의 사장은 물론이고 모든 플랜트 생산자, 지휘자, 플랜트 주문을 받는 사람까지 모두가 현대건설에서 육성한 사람들입니다. 현대자동차도 그렇습니다. 공장장, 전무는 물론이고 생산파트, 판매파트를 맡은 사람들까지도 모두 각종 국내외 공사현장을 거친 사람들입니다. 현대종합상사도 현대건설 출신들이 주축이 되어 해 나가고 있습니다.[12]

현대건설은 아산에게 있어서는 본격적인 기업 경영의 출발점이자, 변화하는 환경에서 주력으로 성장한 그룹의 견인차였다. 현대건설 무역부에서 처음으로 현대양행이 분사되어 대외무역을 전담하는 계열사로 독립했다. 현대건설의 시멘트부는 현대시멘트로 분사하여 산업 연관상의 중요한 원자재 공급을 담당했다. 일정 시간이 흐른 후 현대건설 기술사업부에서 현대엔지니어링이, 현대건설 주택사업부에서 현대산업개발이, 현대건설 가구사업부에서 현대종합목재산업이, 그리고 현대건설 중기사업소에서 현대중기산업이 분사해 나갔다.

이러한 아산의 분사를 통한 다각화 전략은 위계화된 프랙탈의 구조를 가지고 반복되었다. 예를 들면 현대건설 기획부에서는 현대자동차가, 그리고 현대건설 조선사업부에서는 현대조선중공업이 분사되었는데, 이들 핵심적인 계열사들은 다시 다음 단계의

---

12 아산정주영연설문집, 1985, p.71.

그림 3 현대그룹 계열사의 확장 과정 (부분 예시)

현대건설 무역부 -〉 현대양행

현대건설 시멘트부 -〉 현대시멘트

현대건설 기획부 -〉 현대자동차

　　　　　　현대자동차 서울사무소 -〉 현대자동차 서비스

　　　　　　현대자동차 울산공장 -〉 현대정공

　　　　　　현대자동차 항공사업부 -〉 현대우주항공

현대건설 조선사업부 -〉 현대조선중공업 -〉 현대상선

　　　　　　　　현대조선중공업 기관차사업부 -〉 현대차량

　　　　　　　　현대조선중공업 중전기사업부 -〉 현대엘리베이터

현대건설 기술사업부 -〉 현대엔지니어링

현대건설 주택사업부 -〉 현대산업개발

현대건설 가구사업부 -〉 현대종합목재산업

현대건설 중기사업소 -〉 현대중기산업

출처: 현대그룹문화실,1997

분사 과정을 거치면서 계열사를 확장해 나가는 중핵 조직들로 기능했다. 현대자동차에서는 다시 현대자동차서비스와 현대정공, 현대우주항공이 분사해 나갔고, 현대조선중공업에서는 현대상선, 현대차량, 현대엘리베이터가 분사했다. 앞에서 언급한 조선 시대의 분파시조分派始祖의 황무지개척을 통한 새로운 동족마을 형성과 유사한 구조로 사업의 다각화가 이루어진 것이다.

　이러한 분사 과정의 가장 저류에 자리잡고 있는 현대건설은 홀과 소스키스의 논의를 빌리면 교육과 훈련의 전범典範을 마련하였고, 향후 다른 계열사를 만들고 인력을 공급하는 훈련센터의 기능을 담당하였다. 현대건설에서 양성한 간부들은 현대건설에서 학습한 노하우를 가지고 계열사를 창설하고 경영하는 일을 맡았고, 이들이 현대건설의 경영 방식과 기준을 공유했기에 분사된 기업들 간에는 업무 조율의 효율성이 극대화될 수 있었다. 이러한 중첩된, 그러나 위계화된 분사 전략은 위계적으로 구조화된 소유 구조를 통해 아산의 카리스마적 리더십하에서 일사불란하게 움직일 수 있었다. 그리고 조직 간 협력에 필요한 기술의 표준을 제공하였다.

이처럼 장기적인 기술 개발과 인력 양성, 그리고 위계적인 소유 구조와 다각화를 지속할 수 있었던 이유는 장기적 관점에서 차입 경영을 함으로 해서, 은행을 커튼 뒤에서 통제하는 정부와의 협의만 이루어진다면 주주나 외부 이해 당사자의 압력으로부터 자유로울 수 있는 거버넌스 구조를 가졌기 때문이다. 아산은 이런 점에서 자본주의가 발달한 선진국과 한국은 전혀 다른 제도적 상보성을 가지고 있다는 점을 스스로 잘 이해하고 있었다. 이는 다음과 같은 차입 경영에 대한 강한 변호로 나타난다.

자기자금 비중을 높이고 차입 비중을 줄이는 것이 재무구조의 건실화, 기업 경영의 충실화라고 보통 얘기됩니다. 그러나 이러한 일반론은 꼭 타당한 것은 아닙니다. 미국, 서독과 같이 일찍부터 자본주의가 발달한 나라에는 그 이론이 적용될 수 있습니다. 그러나 일본 기업은 차입 비중이 한국기업보다 더욱 높은데도 안정적인 경영을 하고 있고 경기대응력이 출중하며 세계의 어느 기업보다도 국제 경쟁력을 가지고 있습니다. (…) 일본이나 우리나라와 같이 자원이 부족한 가운데 수출지향의 경제개발을 채택해서 고성장을 추구하는 경우, 기업의 안정성을 유지할 수 있는 방안은 구미와는 다른 방향에서 충분히 연구·검토해야 할 것이라고 나는 생각합니다.[13]

그림 4 아산의 현대경영을 통해 드러난 제도적 상보성

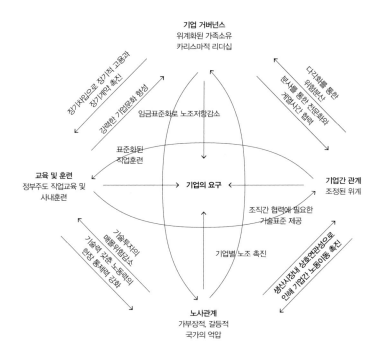

기업 거버넌스
위계화된 가족소유
카리스마적 리더십

장기자임으로 장기적 고용과
장기계약 촉진

강력한 기업문화 형성

다각화를 통한
위험분산
분사를 통한 전문화와
계열사간 협력

임금표준화로 노조저항감소

표준화된
직업훈련

교육 및 훈련
정부주도 직업교육 및
사내훈련

기업의 요구

기업간 관계
조정된 위계

조직간 협력에 필요한
기술표준 제공

기술투자의
매몰위험감소
기술을 갖춘 노동력의
현장 통제력 강화

기업별 노조 촉진

생산사슬내 상호연관성으로
인해 기업간 노동이동 촉진

노사관계
가부장적, 갈등적
국가의 억압

---

13 아산정주영연설문집, 1985, p.172.

그림 5 현대그룹의 소유 구조(1980과 1989의 비교)   단위 : %

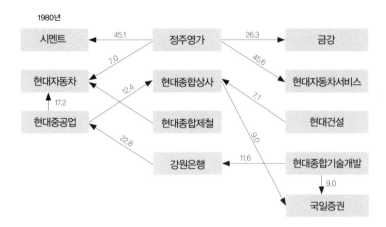

1980년

1989년

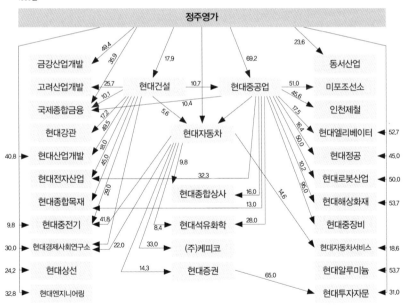

출처: 핫토리(2007, p,222)

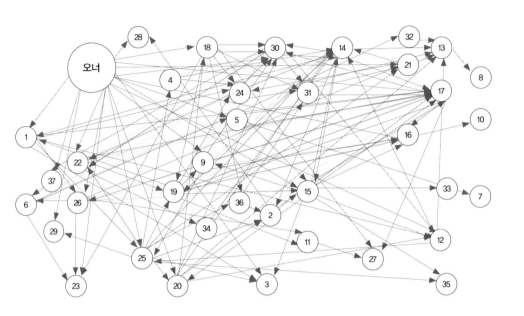

그림 6 구조적 등위성으로 요약한 현대그룹의 소유 구조(Chang, 1999, p.123)

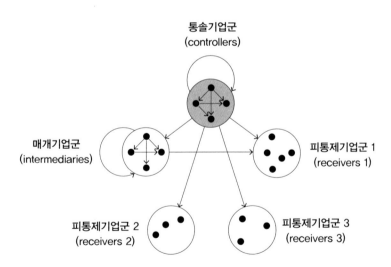

통솔기업군
(controllers)

매개기업군
(intermediaries)

피통제기업군 1
(receivers 1)

피통제기업군 2
(receivers 2)

피통제기업군 3
(receivers 3)

아산의 현대 경영을 통해 드러난 제도적 상보성은 **그림 4**에 표현되어 있다. 앞에서도 언급한 바와 같이 발전국가 시기 아산의 경영은 인격윤리를 문화적 토양으로 하여 그 위에 건설된 정교하고 상보적인 제도들에 의해 서로 강화되는 양상을 띠고 있다. 무엇보다도 먼저 기업 거버넌스를 살펴보자. 1980년과 1989년을 비교해 보면 아산의 현대그룹 소유 구조는 매우 빠르게 위계성과 집중성이 높은 방식으로 변화했음을 알 수 있다(그림 5 참조). 1980년대만 해도 비교적 단순한 상호지분출자구조를 가지고 있었던 데 비해, 1989년에는 아산의 일가가 현대건설, 현대중공업, 현대자동차를 소유하고, 이들 핵심 계열사들이 다시 다른 계열사들을 소유하는 반복 내포된 위계nested hierarchy를 만들어 나갔다. 이러한 소유 구조를 가장 잘 요약하고 있는 것은 장덕진의 분석이다. 그는 현대그룹의 1989년 상호지분출자 네트워크 자료를 활용하여 현대의 소유 구조가 위계적 형태를 반복하는 프랙탈 구조를 가지고 있다는 것을 보여주고 있다(그림 6 참조).

결국 아산은 그룹 전체의 계열사들을 매우 효과적이고 위계적인 방식으로 소유하고 통제하며 조정할 수 있는 효율적인 거버넌스를 구축해낸 것이다. 그는 이러한 다각화와 소유 구조 집중과정의 필요성에 대해 다음과 같이 변호한다.

현대는 거의 황무지나 다름없었던 한국의 공업사회에서 하나하나 새로운 분야를 개척해 왔습니다. 해외건설 분야를 개척했고, 조선공업을 일으켰고, 자동차 공업의 활로를 개척해 왔습니다. 그것도 남의 것을 인수하거나 한 것이 없고, 우리 손으로 하나하나 일일이 공장을 지어서 일으켰습니다. 벽돌이 백만 장 필요하면 백만 장을 쌓아서 우리 손으로 지었습니다. 우리 현대 산하 기업 중에 우리 손으로 짓지 않은 것은 인천제철 하나가 있습니다만, 그것도 완전 공개 입찰에 의해서 인수받은 것입니다. 중소기업을 사들인다거나 무슨 정치적 힘을 개입시켜서 수의계약으로 불하받았다거나 한 기업은 하나도 없습니다. 모든 것을 마치 미국인들이 서부를 개척해 가듯이 우리 손으로 하나하나 개척했습니다.[14]

아산이 주식시장에 기업을 공개하지 않고 강력한 소유의 위계를 만들어나간 이유, 그것은 주식을 사는 사람은 돈이 있고 생활에 여유가 있는 사람들이라는 의심 때문이라고 말한다. 주식을 공개하면 돈 있는 사람들에게만 이익이 배분되니, 차라리 주식의 절반을 아산사회복지재단에 희사하여 사회로 환원하겠다는 생각을 가진 것(아산정주영연설문집, 1985, p.123)은 기업 공개보다는 소유의 위계를 흩트리지 않겠다는 제도적 필요성과도 일치하는 판단이었다.

아산의 현대그룹 경영에서 드러난 제도적 상보성은 그룹 계열사 내의 상보성도 높았지만, 제도적 환경이 된 발전국가의 제

---

14 아산정주영연설문집, 1985, p.53.

그림 7 30대 재벌 그룹의 다각화 참여 영역에 관한 다차원 분석(1997년)

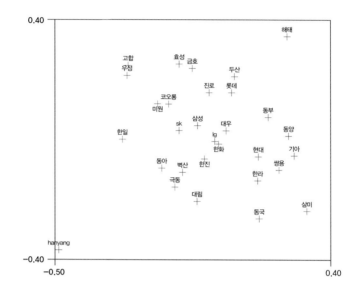

도적 특성과도 일치도가 높았다는 점에서 주목을 요한다(Hattori and Sato, 1997, p.342, Hattori, 1997). 그리고 이러한 아산의 다각화 방식이나 전략은 여타 한국의 재벌 그룹들과 크게 다르지 않았다는 점에서 일정한 대표성을 갖는다. 특히 1997년 외환위기 직전에 진출한 사업들을 대상으로 한 계열사들의 산업별 진출 양상들을 그룹별로 비교하여 구조적으로 얼마나 유사한 형태를 보이는지를 측정한 다차원 분석(그림 7)에 따르면 현대는 산포된 그림들 중에 중앙에 위치한 삼성, 엘지, 대우 등과 비교적 유사한 패턴을 보여주고 있어서 그 대표성과 중심성을 확인할 수 있다. 동시에 쌍용, 기아, 동국, 삼미 등 중화학공업에 진출한 그룹들과의 거리도 상대적으로 가까워서 거대그룹으로서는 비교적 중화학공업으로 특화된 전문화를 하고 있다(이재열, 2000). 이 그림에서는 절대적 좌표값은 의미가 없고, 좌표들 간의 상대적 거리만 의미가 있다. 이 그림은 1997년 당시 현대가 삼성이나 대우와 구조적 등위성이 높다는 점에서 진출한 산업들의 양상이 가장 다각화되었으나, 중화학 부문으로의 진출이 조금 더 활발했음을 보여준다.

아산의 중화학공업 진출은 정부의 산업 정책에 적극적으로 부응한 결과이다. 아산의 회고에 따르면 초기 현대그룹의 성장 과정에서 자유당 정권과의 밀착 관계가 약했던 것이 1961년 군사 쿠데타 이후 부정축재처리법의 제재 대상에서 제외되는 계기를 만들었고, 본격적 산업화 과정에서 박정희 정권과 가장 우호적이고 선택적 친화력을 갖는 기업인으로 성장하는 배경이 되었다. "새로 정권을 잡으면 우선 거상들에게 철퇴를 가하는 것으로 국민에게 위엄을 부리며 민심을 잡아가는 것이 후진국 정권의 초기 공식"(정주영, 1998, p.243)인데 현대는 그런 위험으로부터 비교적 자유로웠다는 것이다.

1961.6 부정축재처리법에서 제외된 것은 자유당 정권과의 밀착도가 다른 업체에 비해 약했고, 당시 사세도 제일 약했으며, 단양시멘트 공장 설립을 위한 차관 사용 신청이 번번이 퇴짜를 맞았기 때문이다.[15]

그는 "정부가 부패해서 부정을 일삼으면 기업도, 국민도 다 함께 부정심리에 물들어 부정을 당연시하는 풍조가 되고, 그런 사회에서는 기업의 효율도 국민의 능력발휘도 기대할 수 없다"고 말한다(정주영, 1998, p.394). 이러한 아산의 경영 방식과 박정희 대통령의 정부 운영 방식과는 많은 부분에서 상동성相同性을 갖는다. 그 상동성의 뿌리는 유사한 철학과 비전, 그리고 성장 배경에서 오는 개인적인 친밀성과 동질감을 토대로 한다(김형아, 2007, 제3부 참조: 김광모, 2015: 오원철, 1995).

그는 박정희가 "비록 군사 쿠데타로 정권을 잡았다는 지울 수 없는 약점을 가진 지도자"이기는 했지만, 박정희의 "국가 발전에 대한 열정적인 집념과 소신, 그리고 그 총명함과 철저한 실행력"을 존경하고 흠모했다(정주영, 1998, p.122). 그리고 그는 박정희가 자신과 같은 "농사꾼 아들"이라는 점, 그리고 "후손들에게는 가난을 물려주지 말자는 염원"이 같았고, "무슨 일이든 신념을 갖고 하면 된다는 긍정적 사고와 목적의식"이 같았고, "소신을 갖고 결행하는 실천력"이 같았다고 평가한다(정주영, 1998, p.253).

"박정희 대통령은 당시 자본도 경험도 개인의 신용도 없는 사업가가 만든 사업계획서만을 믿고 정부가 지불보증을 해 주는 용단을 내렸다. 차관 계획서를 낸 회사는 차관을 받아서 공장을 짓고 거기서 만

---

15 정주영, 1998, p.97.

든 물건을 세계 시장에 팔아서 빚을 갚았다."[16]

아산이 회고하듯이 당시 박정희 정권은 발전국가의 독특한 전형을 이루었다. 아산의 사업 구상은 박정희 정권의 발전국가 전략과 떼어서 생각할 수 없다. 아산 스스로도 2차 현대조선소의 건설은 제2차 경제개발5개년계획과 떼어서 생각할 수 없다고 고백한다. 조선소 건설은 박정희 – 김학렬 – 정주영으로 이어지는 삼자의 밀접한 토론과 협의를 거쳐 이루어진 것이라고 한다(정주영, 1998, pp.163-165).

"정부가 기업을 크게 신임해서 각종 차관에 대해 아무 담보도 없이 지불보증을 해 주는 국가는 세계에 없습니다. 우리 정부는 경험도 없고 미숙한 차관 기업체들이 의욕만으로 만들어온 계획서에 대해서도 '너는 대한민국의 한 기업가로서 네 계획을 성공시키기 위해서 네 힘껏 노력할 것이고, 또 거기에 정부가 합심하면, 불충분하고 무모하다고까지 할 수 있는 계획이지만 반드시 성공시킬 수 있을 것이다'라는 믿음을 가지고 기업들을 북돋아주고 뒷받침해 주고 있는 것입니다."[17]

---

16 정주영, 1998, p.384.

17 아산정주영연설문집, 1985, p.239.

정치권력과의 밀월은 중화학공업화 기간에 정점에 도달했다. 아산은 중화학공업화를 방위산업육성과 같은 것으로 이해했으며 "중화학공업을 하루라도 빨리 완성하면 할수록 그만큼 빨리 국가의 평화와 생존의 보조능력을 확보할 것"(아산정주영연설문집, 1985, p.248)이라고 생각했다. 그만큼 아산의 경영 방식은 당시의 제도적 환경에 비추어 해석하지 않으면 안되는 것이다.

앞서 그림 4에 비추어 보면 중화학공업화 과정에서 기능공 육성은 매우 적극적인 정부 정책에 크게 힘입은 것이다. 기능공의 전통이 없는 한국 사회에서 중화학공업 육성에 필요한 인력을 확보하는 일은 지난한 일이었음에도 불구하고, 정부의 적극적인 공업계고등학교 육성 정책에 힘입어 고도로 숙련된 우수한 인력을 확보할 수 있었으며, 이들은 일사불란하게 움직이는 군대식 훈련과 통솔의 대상이 되었기 때문에 전반적인 군사주의적 사회문화와 맞물려 체계적으로 공장 현실에 적응할 수 있었다.

그러나 일시에 공급된 숙련된 노동력은 억압적인 정부의 노동정책하에서 노조의 기업별 조직화를 통해 울산이나 마산, 인천 등에 지리적으로 집중된 강력한 노조운동의 공급원으로 작용하였으며, 1987년 민주화 투쟁 이후에는 급격하고도 과격한 노동분규의 원인으로도 작동하였다. 위계화된 가족 소유의 거버넌스 구조는 외국과는 달리 기업별 노조와 그룹별 상급노조를 만들어내는 제도적 동형화를 이루었다.

반면에 박정희 시대가 끝난 후 변화한 정치적 제도적 환경은 아산에게 많은 고통과 괴로움을 가져다주었다. 공감의 리더십이 사라진 후, 정치권력에 의해 산업의 구조조정이 이루어졌고, 경제 논리와는 무관한 정치 논리에 따른 경제구조의 재배치가 진행되었기 때문이다.

전두환 정권에서 아산은 정부의 조정에 의해 '인천제철'과 '대한알루미늄'을 인수하도록 강요당했으며(정주영, 1998, p.251), 국보위에 현대양행을 강탈당한다(정주영, 198, p.255). 그리고 아웅산 폭발테러사고 이후에는 일해재단 설립을 위한 헌금을 강요받는다(정주영, 1998, p.310). 그는 전두환 정권이 끝난 후 1988년 11월 청문회에 출석하였던 경험을 회고하면서 5공도 6공도 YS시대도 기업하는 사람들에게는 '죽을 맛의 시대'였다고 말한다(정주영, 1998, p.329).

속도경영과 암묵지

아산은 자신의 경영에서 매우 중요한 행동 원칙을 '보편원리에 대한 천착이라기보다는 특수한 에너지로 이룬 성장'이라고 기억한다(아산정주영연설문집, 1985, p.189). 아산의 경영에서 두드러지는 또 다른 특징은 초단기적인 고속성장을 추구했다는 점이다. 이는 표준화된 공법에 의존하여 차근차근 정해진 절차에 따라 단계적으로 진행하는 방법 대신, 사물에 부딪쳐 경험으로 얻은 암묵지와 자율적 학습의 내용에 과감히 의존하여 독창적인 공법과 경영 방식을 확장해 나가는 창조적인 경영의 토대가 되었다. 그러한 속도경영의 사례들은 매우 다양한 곳에서 발견된다.

아산이 취한 환경-전략-조직구조 간의 다중상황적합성은 그의 '우선행동원칙'과 이로부터 파생된 '시간단축'이라는 아산의 독특한 지배적 논리에 의해 해결되었다(이홍, 1998; 2002). 이는 현대그룹의 전략적 선택이 다른 그룹, 예를 들면 삼성에 비하여 위험지향적으로 흘렀다는 것을 의미한다. 그리고 삼성의 이병철 회장이 합리, 분석, 인과를 강조했다면, 정주영 회장은 직관, 전체성, 맥락을 중요시하고 높은 위험 성향을 보였다는 경험적 연구의 결과(이홍, 2002)와도 일치한다.

그는 경제학자들이 한국의 경제성장을 기적이라고 얘기하는데 대해 강하게 부인했다. 경제학자들의 "이론과 순리로서는 도저히 불가능하다고 생각했던 것이 실현되고 있으므로 기적이라고 말한다"는 것이다. 한국 경제는 "학문적으로나 이론적으로 볼 때에는 도저히 불가능한 일"을 해냈지만, 그것은 "우리 국민이 진취적인 기상과 개척정신과 열정적인 노력을 바쳐 이루어낸 것"이라고 설명한다. 그것은 학문적으로, 이론적으로 밝혀낼 수 없는 정신적인 힘으로 이룩해낸 데에 기적의 열쇠가 있다는 주장인 것이다(아산정주영연설문집, 1985, p.62). 이러한 그의 태도는 제도권 경제학에 대한 극단적 혐오감으로 나타난다.

78년부터 한국 경제가 급격히 후퇴하도록 한 그 정책을 누가 입안했느냐 하면 바로 미국에서 이론만 배워 온 학자들이 했습니다. 그 이론적인 학자들이 실물경제는 도외시하고 한국 경제를 시험대 위에 올려놓고서 자기의 이론이 적중하나 안 하나 하는 것을 시험한 것입니다.[18]

공기단축을 통한 단기 고속성장의 대표적 사례는 경부고속도로 건설이다(정주영, 1998, p.119, 234). 주베일 항만공사의 경우에는 모두가 경이롭게 여기는 36개월이라는 짧은 시간 내에 공사를 마무리함으로 해서 경비를 절약하고 이윤을 남길 수 있었다. 울산에 조선소를 건설하는 과정에서는 조선소 건설과 선박건조, 그리고 기능공 훈련을 한꺼번에 하는 방법을 택함으로써 기공 후 2년 3개월 만에 모든 문제를 해결하는 방법을 택했다(정주영, 1998, p.184; 아산정주영연설문집, 1985, p.274).

정규교육에만 의존했을 경우에는 오히려 현실적인 문제에서 해결하기 어려운 '훈련받은 무능력trained incapacity'의 문제에 봉착했을 수도 있다. 그런데 아산은 역설적으로 사물에 직접 부딪혀 경험으로 얻은 지식에 의존하다 보니, 대학大學에서 언급한 '치지재격물致知在格物'의 원리를 구현하는 방법을 터득한 것이다.

그가 공기단축을 주된 효율성 달성의 도구로 활용한 배경에는 당시 제대로 발달하지 못한 금융제도가 자리 잡고 있었다. 중소

---

18 아산정주영연설문집, 1985, p.176.

기업 시절 주로 사채를 빌려 썼던 아산은 워낙이 고리의 사채였기 때문에 이윤을 남길 수 없었던 상황에서 이자를 갚기 위해서는 공사를 하면서 공기를 최대한 단축하지 않으면 안되었다고 회상하고 있다(아산정주영연설문집, 1985, p.141).

같은 맥락에서 그는 장시간 노동을 변호하였다. "자원도 자본도 기술도 부족한 우리 처지에서 선진국이 40시간 일하고 우리가 60시간씩 일할 때에 바짝 선진국을 따라잡지 못하면 영원히 기회가 없다"고 본 것이다(아산정주영연설문집, 1985, p.304).

그러나 속도경영과 장시간 노동은 많은 후유증을 낳기도 하였다. 짧은 시간에 충분한 시장조사를 하지 못한 채 도입한 기술에 의존한 자동차 생산은 쓰디쓴 실패의 경험을 안겨 주었다. 또한 속도를 내세운 장시간 노동은 압축적인 산업화의 토대가 되었지만, 그 결과 산재사고가 빈발하였고, 또한 심각한 노사분규를 겪는 이유를 제공하기도 하였다. 무리해서 국산차를 만들고자 한 코티나 생산은 심각한 실패로 귀결되었고(정주영, 2008, p.142), 현대조선에서의 산재사고는 연간 20-30명의 사망자를 내고, 급기야는 심각한 노사분규를 낳기도 했다(정주영, 2008, p.187).

4. 아산의 경영과 한국형 기업 문화

이상에서 살핀 바와 같이 아산의 경영의 토대는 독특한 한국적 체질에 바탕을 하고 있다는 점에서 한국형(K형) 경영의 원형으로 작동했다. 마치 사람마다 체질이 다른 것처럼, 현실에서 드러난 제도로서의 자본주의도 다양한 체질을 가지고 있다고 할 때, 아산이 발전시킨 한국형 경영 체질은 인격주의적 제도화와 그것이 거시 제도적 환경과 맺는 상동구조에 의해 강화되었고, 그 상동성이 큰 상황에서 그 효율성은 극대화되었다. 그리고 인격주의적 특징은 상급자와 하급자 간의 권력거리가 상대적으로 큰 권위주의적 분위기에서 가장 효과적으로 작동하였다.

아산이 구축한 K형 경영은 여러 가지 차원에서 영미형(A형) 경영과 구별된다. 그리고 양 체제가 가지는 장점과 단점도 다르다. 서로 언어가 통하지 않는 이민노동자들을 동원하여 대량생산을 구현한 포디즘체제는 A형 경영의 전형이다. 소유는 극단적으로 분산되어 있고, 높은 투명성과 정보의 공개성이 요구된다. 개인주의적 문화에서 발달한 A형 모델은 집단지향성은 약하고, 집단 내 인격주의적 결속도 약하지만, 보편적 계약에 기반을 하다 보니, 집단 간 조정이 용이하고, 체제 성과의 진폭은 작은 시스템으로 진화해왔다. 소위 주주자본주의 거버넌스에 시장조정경제의 원형으로 진화해 왔다. A형 모델은 소위 워싱턴 컨센서스로 대표되는 '신자유주의'적 기업모델인 것이다.

반면에 발전국가시기 고도성장을 가능케 한 K형 모델은 강력한 리더십과 결합할 경우 매우 높은 효율성을 발휘할 수 있었다(Kim and Shin, 1989; Leff, 1989; Koich and suaka, 1984). 강력한 국

표 4 K형과 A형 체계의 특성 비교

		한국형 (K형)	앵글로색슨형 (A형)
문화적 특성	권력거리	큼	작음
	행위원칙	인격주의	개인주의
	집단지향성	강함	약함
거래 비용과 조정비용	집단내 효율성	큼 (거래 비용감소)	작음 (공식화 비용)
	집단 간 조정용이도	작음 (균열증가)	큼 (호환성증대)
체제성과	체제성과 진폭	큼	작음
	체제실패 증상	마피아화, 사회적 균열증가	홉스주의사회, 약육강식사회
이상형	이상적 체제	왕도정치, 카리스마적 지도자	토크빌식 민주주의
	신뢰의 역할	신뢰기반체제	기회주의 억제 기제
경영관련 정보	계약	묵시적/관계적	명시적/공식적
	정보 공개	최소	포괄적
	사적 정보 공유	광범위	제한적
소유 구조	상호지분 소유	반복내포된 위계	별로 없음
	임차자(은행) 영향력	사실상의 정부영향력	제한적
투자자 역할	이사회	무력한 이사회, 소유주의 강한 권한	다양한 주주들의 대표성
	이해당사자	은행 뒤의 정부	영향력 미미

출처: 이재열(2013)을 토대로 수정보완

민국가형성을 위한 성장 노력이 내부적으로 최대의 효율을 발휘할 수 있는 K형 체제를 만들어 내었는데, 이는 한편으로는 부재하는 시장, 혹은 시장의 실패를 극복하기 위한 제도적 대안으로 선택된 것이다. 강력한 정치적 지도력과 정부주도의 발전전략이나 인격주의적 조직원리를 제도화하여 기업집단을 다각화하고 위계적 소유 구조의 확장하며, 속도지향적인 고지 탈환전을 전개해온 K형 모델은 강력한 리더십과 결합할 경우, 매우 높은 효율성을 발휘할 수 있었다. 그리고 아산 정주영과 대통령 박정희는 대표적인 발전연합의 상징이었다.

'기업지배구조'라는 개념 자체가 공통으로 사용되기 어려울 정도로 K형과 A형 간에는 차이가 크다. 다양한 소유권을 가진 소유자들 간의 거래 시 계약의 환경을 비교해 보면, A형에서는 그 계약이 매우 공식적이고 명시적이다. 이는 이념형적 시장이나 이념형적 위계에 근접한 것이다. 그러나 K형에서의 계약은 비공식적이고도 암묵적인데, 문서에 의존하지 않고 상호 신뢰에 의해 이루어지기도 한다. 신뢰감이 기회주의적 행위를 억제하기 때문이다.

두 모델 간 중요한 차이는 기업의 소유 구조에서도 발견된다. A형의 경우 개인 투자자들이 전체 소유권의 절반 정도를 설명하고, 나머지는 투자은행 등이 차지한다. 반면에 K형에서는 금융기관이나 기관 투자자에 비해 계열기업과 소유주의 지분율이 상대적으로 높다. 소유주의 지분율이 대체로 10%이내이고, 34%는 계열기업이 소유하고 있다(강철규, 1999, p.143). A형의 경우 권한의 궁극적인 원천이 주주총회이고, 일상적인 경영 권한이 경영진에 위임되는 반면에, K형에서는 소유주와 가족성원에 의해 사유화되어 주주나 이해 당사자로부터 도전받지 않는 강력한 소유권을 구축하고 있다. 소유주와 가족의 지분이 매우 적음에도 불구하고 소유권을 확대할 수 있게 효율적으로 짜여진 위계화된 통제 및 소유 고리가 재벌그룹들 간에 공통적으로 발견된다. 그래서 처음에는 매우 복잡하게 서로 얽혀 있어서 무질서해 보이는 지분 소유관계들이 사실상은 위계화된 소유의 고리로 간단히 정리될 수 있으며, 대부분의 재벌들이 이러한 방식의 위계화, 혹은 그 변종을 채택하고 있다는 점에서 동형화의 경향이 발견된다(Chang, 1999; 김은미, 장덕진 그라노베터, 2005).

주주들의 행태에서도 두 모델 간 차이가 두드러진다. K형의 경우에는 한 기업의 경영에 문제가 생겼을 때 가장 직접적이고도 명시적으로 이에 개입하여 문제를 풀어나갈 주체는 정부를 빼고는 분명치 않다(Kester, 1996). 그러나 A형의 경우 경영의 실패는 시장에서 치유된다. 즉, 경영에 실패하면 퇴출되거나 적대적 인수합병의 대상이 된다. 최근에는 주주들의 적극적인 참여현상도 드러난다.

이처럼 아산이 구축한 K형과 영미식의 A형 모델을 비교해 볼 때 K형의 특징은 두드러진다. 동일한 지도자에 의해 지휘되므로 집단내 조율이 용이하고 내부적 효율성이 큰 반면, 지도자가 다른 집단과는 조정이 어려워지는 경향이 나타난다. 아울러 강력한 카리스마적 리더십에 의해 일사불란하게 조정되는 중앙집권적 구조를 가지기 때문에 뛰어난 리더가 있는 동안은 체제의 효율이 극대화되지만, 리더십의 승계나 단절이 일어날 경우에는 체제 실패의 가능성도 커진다는 그래서 성과의 진폭이 매우 큰 체제라고 할 수 있다. 더구나 인격주의적 운영은 강력한 투명성과 결합하지 않을 경우 사적인 위계로 전환할 가능성을 내포하고 있다.

문제는 글로벌 환경의 변화다. 고성장기에 K형 모델의 성공을 가능하게 했던 여러 가지 요인들이 사회주의권의 붕괴로 가속화된 급속한 세계화와 전 지구화의 와중에 오히려 환경의 변화에 부응하지 못하는 상황이 지속되면서, 경제위기로까지 이어지는 계기가 되었다. 강력한 경제위기는 K형 사회의 구성원리가 외부 조건과의 정합성에서 결정적으로 격차가 나기 시작한 시기에 발생했다. K형 체제가 최대의 효율성을 발휘할 수 있었던 것은 동서간의 냉전이 극에 달하여 양 진영 간의 체제경쟁의 와중에서 초대받은 발전invited development을 할 수 있었던 시기였다.

민주화와 분권화의 시기, K형 모델은 집단과 조직 간의 갈등이 쉽게 유발되며 전 사회적으로 조정할 수 있는 자정능력을 갖추는 것을 어렵게 하거나 혹은 많은 시간을 요하는 체제적 특성을 띠게 된다. 아산도 경제 환경이 바뀌고 정치 환경이 바뀌면서 K형 모델이 가진 한계에 대해 인식하게 된다. 그 대표적인 사례가 금융 산업에 대한 비판이다. 그는 정부가 은행을 쥐고 있기 때문에 금융산업이 가장 낙후했다고 생각했다. '외국 은행은 신용대출하는데 우리 은행은 담보대출'하고 있으니 전당포이지 은행은 아니라는 것이다(아산정주영연설문집, 1985, p.120).

매우 빠른 속도로 글로벌한 환경이 바뀌다 보니, K형 모델로 상징되는 아산이 남긴 경영시스템은 많은 도전에 직면해 있다. 첫 번째는 권력거리를 줄이라고 하는 사회적 요구다. 경제민주화 담론은 대표적이다.

재벌을 둘러싼 경제민주화를 주장하는 이들은 현재 한국의 재벌을 정점으로 하는 생태계가 '조정과 거버넌스의 실패'를 드러내고 있기 때문에 개혁이 필요하다는 논리를 제기한다. 그러한 주장의 근거로 흔히 지적되는 것은 경제력 집중과 그것을 가능케 한 소유 구조의 문제이다. 즉 총수나 회장으로 불리는 소수의 개인이 적은 주식 지분을 가지고 많은 기업군을 절대적으로 지배하며, 그 지배가 대물림된다는 것이다. 또한 많은 대기업을 절대적으로 지배하는 개인은 기업을 넘어 시장과 경제를 지배하고, 정치와 언론을 포함한 사회 여러 부문에도 커다란 영향을 행사하므로, 국민경제의 효율성과 안정성을 위협한다고 주장한다(김진방, 2012, p. 14).

이러한 논란은 지난 2013년 대통령선거를 둘러싸고 치열하게 전개된 바 있다. 경제민주화 논의를 둘러싼 여러 내용들 중 K형 모델, 즉 재벌과 관련한 항목들을 정리하면 대체로 위계구조나 경제력 집중의 해소, 다각화된 사업 방식의 전문화, 그리고 법치나 투명성을 둘러싼 이슈 등으로 분석적으로 나누어 생각해 볼 수 있을 것이다.

기업 생태계를 특징짓는 두 차원으로 권력분포의 위계성/평등성에 따른 조정양식의 차이와 진출한 산업에 기반을 두어 판단하는 전문화와 다각화 정도라는 두 가지 기준을 교차하여 유형화할 경우, 몇 가지 변화의 방향을 생각할 수 있다. 위계성이 커지고 다각화의 정도가 심화되면 위계적이고 상호의존적인 생태계가 될 수 있고, 위계적이지만 전문화의 정도가 높아지면, 산업 연관 효과가 높은 영미형의 전문화된 수직 계열의 생태계로 나아갈 수 있다. 혹은 위계성을 낮추게 되면 전문성이 강조되는 시장형 생태계나, 에밀리아형 클러스터로 진화할 수도 있을 것이다.

각각의 논리를 정리한 것은 **그림 8**이다. 첫 번째 논란이 되고 있는 것은 위계구조를 해체하기 위한 정책들이다. 출자총액제한이나 지주회사규제, 순환출자금지, 계열분리명령제, 집중투표제, 연기금주주권강화 등은 모두 위계적 구조를 평등한 구조로 바꾸기 위한 의도를 반영하는 것들이다. 이미 1997년 외환위기 이후 위계성을 깨기 위한 여러 가지 노력들이 시도되었다. 일례를 들면, 정부는 총수의 계열사지배의 도구로 활용된 그룹 기획조정실을 폐쇄하였고, 상호지급보증을 금지한 바 있다. 또한 경영진의 전횡을 막기 위해 소액주주의 권한을 강화하였다. 이사의 해임, 회계장부의 조사, 그리고 주주의 의견을 제출하는 데 필요한 최소 기준도 완화되었다.

두 번째는 전문화를 둘러싼 논란이다. 전문화와 연관된 정부 정책은 과거 외환위기 때에 비하면 매우 약해졌다. 경제민주화를 둘러싼 논란에서는 금산분리강화가 가장 두드러진 정책이라고

그림 8 재벌 관련 경제민주화의 논리

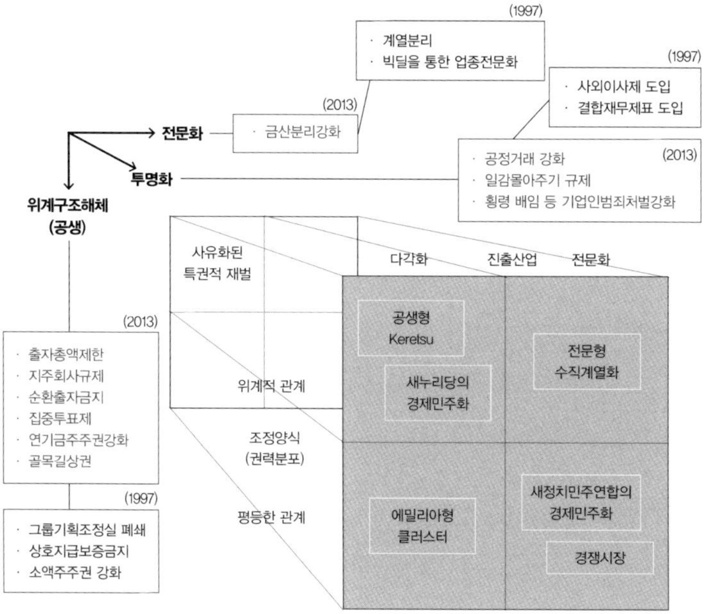

할 수 있다. 산업 자본이 금융 자본을 지배해서는 곤란하다는 공감대를 토대로 하여 모든 정당에서 기본적으로 금산 분리 정책을 제안한 바 있다. 전문화와 관련한 개혁정책이 비교적 강하게 시도된 것은 1997년 외환위기 이후였다. 당시 정부는 크게 두 가지 조치를 취했는데, 첫째는 계열 분리를 통한 전문화, 둘째는 소위 '빅딜'을 통한 업종 전문화였다. 거대 재벌을 다수의 전문화된 소재벌로 분할하는 계열 분리 정책의 결과 주요 재벌로부터 분리된 현대산업개발, 현대백화점, 현대자동차, 현대중공업, LS, GS 등이 새로운 친족 재벌로 등장하였다. 석유화학, 반도체, 철도차량,

우주항공, 발전분야에서는 주요 재벌들 간의 업종 전문화를 유도하기 위해 사업영역을 맞바꾸는 빅딜이 이루어졌다. 그러나 그 효과에 대해서는 다양한 평가가 존재한다. 비판자들은 빅딜이 경제적 효율성보다는 정치적 고려에 의해 이루어졌다고 주장한다.

세 번째는 투명성을 강화하기 위한 정책들인데, 대표적인 정책으로는 횡령이나 배임 등 기업 범죄에 대한 처벌 강화, 일감몰아주기에 대한 규제, 대기업과 중소기업 간의 공정거래 강화 등이다. 이러한 정책들은 대선을 전후해 모든 정당과 후보자들로부터 비교적 높은 동의를 얻었으며, 앞으로도 시행될 가능성이 높은 것으로 보인다. 이미 외환 위기를 겪으면서 투명성을 높이기 위한 제도 개선들이 시도된 바 있는데, 대표적인 시도가 사외이사제도를 강화하고, 회계투명성을 높이기 위해 결합재무제표를 의무화하는 일이었다. 재벌의 지배구조 중 제도화된 규칙의 투명성을 높이기 위해 전체 이사회의 최소 4분의 1을 사외이사로 임명하는 시도를 한 것이지만, 지금 와서 평가해 보면 사회이사제도가 기업 경영의 투명성을 높인 부분보다는, 오히려 기업이 외부의 제도적 환경을 통제하기 위해 외부의 전문가와 유력 인사들을 호선한 것이 아닌가 하는 의심을 낳게 한다. 다른 한편 결합재무제표의 도입은 분명히 재벌 그룹의 운영을 보다 투명한 것으로 만들어서 불투명한 내부적 거래를 줄인 것으로 평가할 수 있다.

이상의 논의들을 정리해 볼 때, 재벌을 둘러싼 경제민주화 논란은 아산이 만든 K형 모델이 처한 경제, 사회, 정치적 환경의 변화를 잘 보여준다. 고도성장기 한국의 발전 비결이 된 아산의 인격주의가 만들어낸 K형 모델은 변화하는 환경에서 다시금 새롭게 변신해야 하는 위치에 와 있는 것이다.

발전국가시기 아산은 비교적 폐쇄적인 시스템하에서 시장의 부재를 극복하기 위해 내부화된 위계를 만들었다. 그는 다양한 제도들과의 상보성을 극대화하고, 또한 국가-기업-노동자 간 호혜적 교환의 선순환 구조를 창출해내어 한국적 경영의 역량을 극대화하였다.

그러나 아산 사후 한국 경제는 급변하는 환경 속에 놓여 있다. 세계화, 네트워크화, 개방화로 일컬어지는 변화는 개방적 환경 속에서 아산이 활동하던 시기에 작동했던 제도들 간 상보성이 더 이상 효율적이지 않게 되었음을 의미한다. 예를 들면 한국 경제가 현재 직면하고 있는 이슈는 '고용 문제'보다는 시대적 적합성을 잃은 양극화된 '고용 시스템'의 문제고, '노동 문제' 그 자체보다는 탈구된 '노사관계 시스템'의 문제이며, '교육 문제' 그 자체보다는 고용시장과 무관하게 비대해진 '교육 시스템' 문제 등이다.

구조적인 문제들에 대한 대대적인 경장更張이 필요한 시대, 아산의 해법은 무엇일까? 그것은 과거 아산 모델의 기계적 적용이 아니라 아산의 치지재격물致知在格物 정신을 변화한 상황에 맞게 활용하여 새로운 기능적 선순환구조를 만들어내는 것이라 믿는다.

중산층 사회의 등장

- 아산의 기능공 양성

유광호(연세대학교), 류석춘(연세대학교)

<u>유광호</u>

학력
서울대학교 역사교육과 졸업, 연세대학교 대학원 사회학 박사.

경력
연세대학교 이승만연구원 박사 후 연구원, 연세대학교 강사, 현 연세대학교 사회발전연구소 전문연구원.

저서 및 논문
《한국현대사 이해》(경덕출판사, 2007, 공저).
〈정주영의 기능공 양성과 중산층 사회의 등장: 현대중공업 사례를 중심으로〉, 東西研究, 27(3), 2015(공저).

<u>류석춘</u>

학력
연세대학교 사회학과 졸업, 미국 일리노이대학교 대학원 박사.

경력
영국 옥스퍼드대학교 교환교수, 미국 UC San Diego대학교 교환교수, 연세대학교 이승만연구원 원장, 현 연세대학교 사회학과 교수.

저서 및 논문
The Korean Economic Developmental Path: Confucian Tradition, Affective Network, Palgrave Macmillan, 2013, *Skilled Workers in Korea: From Industrial Warrior to Labour Aristocrat*, Cornell University Press, (forthcoming)(공저).
〈사회자본 개념으로 재구성한 한국의 경제발전〉, 사회와 이론, 12, 2008(공저).
〈1970년대 기능공 양성과 아산 정주영〉 아산사회복지재단 편, 《아산 정주영과 한국경제 발전 모델》, 집문당, 2011(공저).

* 이 글은 2015년에 《東西硏究》27(3)에 "정주영의 기능공 양성과 중산층 사회의 등장: 현대 중공업 사례를 중심으로"라는 제목으로 실린 논문을 부분적으로 수정한 것이다.

1. 서론

아산 정주영은 1973년부터 추진된 한국의 중화학공업화에 매우 적극적인 역할을 한 기업인이다.[1] 그는 당시 중화학 분야에 수많은 기업을 창업하였고, 나아가서 그 수많은 기업에 엄청난 숫자의 일자리를 창출했다. 오늘날 범 현대그룹이라 불리는 기업집단의 주력은 대부분 이 당시 창업된 기업들이라 해도 과언이 아니다.[2] 현대중공업은 그중 가장 대표적 기업이다. 현대중공업은 1972년 울산의 작은 조선회사로 출발하여, 지금은 세계 최고의 경쟁력을 가진 중공업 분야의 종합 회사로 성장했다.

현대중공업의 최근의 주요 사업 영역은 조선사업(유조선 및 군함), 해양·플랜트사업(해양유전개발설비), 엔진기계사업(대형엔진 및 로봇), 전기전자시스템사업(발전 및 송배전), 그린에너지사업(태양광발전), 건설장비사업(굴삭기 및 지게차) 등이다. 2014년 말 현재 직원 28,291명(정규직 26,710명 및 계약직 1,581명)을 고용하고 있으며, 직원 일인당 평균 급여액 연 7천5백만 원을 자랑하는 회사로 성장했다(http://www.hhi.co.kr/ 2015년 5월 15일 검색). 최근 세계

---

1 한국의 중화학공업은 1973년 1월 12일 내통령이 연두 기자회견 형식을 빌려 추진을 선언한 국가적 사업이다. 당시 긴박했던 안보상황에 대처하기 위해 대통령은 자주국방의 필요성을 절감했으며, 이를 위한 방위산업 육성을 '중화학공업화'라는 용어로 표현하였다(오원철, 1999, p.557; 김형아, 2005; 김광모, 2015, p.95).

2 1967년 설립하여 1975년 종합자동차공장을 완공한 현대자동차, 1972년 설립한 현대중공업, 1962년 설립하여 1976년 창원종합기계공장을 준공한 현대양행(현 두산중공업), 1977년 설립한 현대정공, 1978년 창업한 현대중전기 등이 대표적 예다.

적인 조선업 불황으로 경영상의 어려움을 겪고 있지만, 우리나라 중공업의 세계적 경쟁력을 보여주는 대표적인 기업이다.[3]

이 연구는 현대중공업을 창업한 아산 정주영이 당시 태부족이었던 숙련을 가진 기능인력 즉 '기능공'[4]을 어떻게 양성했으며, 그렇게 고용된 기능공들은 어떤 사람들이었고 그들은 지금 어떤 생활을 하고 있는지 확인해 보는 작업이다. 보다 구체적으로 이 연구는 초창기 약 10년, 즉 1973년부터 1983년까지 현대중공업에 입사한 기능공들 가운데 지금까지 근속하고 있는 표본 20명의 사례를 통해 이들의 숙련 형성 과정은 물론이고, 이들의 출신 계층과 현재 속한 계층을 확인해 보고자 한다.

아산과 같은 기업인의 활약을 배경으로 기술을 얻고 또 직장을 얻은 숙련 노동자 즉 기능공의 계층 이동 경로를 추적하는 작업은 거시적인 한국 사회의 계층구조 변화를 확인하는 핵심적 단초가 될 수 있다. 그러나 지금까지 후발 산업화를 분석하는 데 많은 기여를 한 '발전국가론'[5]조차도 산업화의 현장에서 땀 흘렸던 기능공들에 관해서는 본격적인 연구를 시도하지 않았다. 한국의 발

---

3 현대중공업은 오늘날 미국의 제너럴 다이내믹스, 독일의 지멘스, 일본의 미쓰비시 중공업 등 기라성 같은 회사들과 어깨를 겨루며 한국 경제를 이끌고 있다.

4 기능공은 한국의 중화학공업화 과정에서 대량으로 양성된 '남성 숙련 노동자'를 일컫는 말이다. 이들은 당시 '산업역군' 내지 '산업전사'로도 불렸다. 이들은 중화학공업화에 필요한 인력을 체계적으로 공급하기 위해 국가가 마련한 기능 자격제도를 통과한 공업고등학교 혹은 직업훈련원 출신의 전문적 숙련을 갖춘 노동자 집단이었다(류석춘·김형아, 2011, p.102).

5 발전국가론(developmental state literature)은 일본을 사례로 Chalmers Johnson(1982)이 처음 시작하였고, 한국을 사례로 한 연구는 Amsden(1989), Wade(1990), Evans(1995), Chibber(2003), Davis(2004), Chang(2006), Lew(2013) 등이 있다.

전에 관한 논의는 대부분 국가의 정책 및 집행과 같은 거시적인 수준에서만 이루어져 왔다. 미시적인 차원에서 구체적인 사람들 특히 기능공과 같은 숙련 노동자들의 삶이 계층구조에서 어떠한 경로를 따라 변화해 왔는지를 분석한 연구는 많지 않다.

노동자들에 대한 분석은 지금까지 계급 연구자들에 의해 독점되었다. 거기에서 기능공들은 '노동자계급'[6]으로서만 다루어져 왔다. 이들 연구는 마르크스주의적 선입견을 따라 노동자를 착취와 소외의 대상으로 접근한 결과, 오늘날 한국 사회의 구체적 현실과는 전혀 괴리된 분석 결과를 내놓는다.[7] 이들은 기업은 성장했지만 기업에 종사하는 노동자들은 유례없는 저임금에 시달리면서 자본의 착취 대상이 되어 '프롤레타리아화' 되었다는 '계급주의'적 담론에서 벗어나지 못하고 있다(조돈문, 2011; 김수행·박승호, 2007; 구해근, 2002; 김형기, 1997; 서관모, 1987).

그러나 한국 사회는 국민 대부분이 '마이 카' 그리고 '마이 홈'을 누리는 시대를 지나, 이제는 휴가철이 되면 국제공항이 북새통이 되는 '해외여행' 인파로 몸살을 앓고 있다. 그리고 이는 비단 상층 계층에서만 나타나는 현상이라고 할 수 없다. 사회의 중

---

6 한국 노동자들에 대한 계급분석에 있어서 문제가 되는 개념과 논점에 대해서는 유팔무(1990), 구해근(2007), 조돈문(2011)을 참고할 수 있다.

7 이러한 경향의 연구를 대표하는 작업이 1980년대 및 1990년대 유행한 이른바 '사회구성체' 논쟁이다(박현채·조희연, 1989a; 1989b; 1991; 1992). 사회구성체 논의는 한국 경제가 "종속이 심화되고, 독점이 강화된다"는 확인되지 않는 가설을 출발점으로 한다. 그러나 오늘날 한국 경제는 이 주장과 달리 세계 10위권까지 성장하여 마침내 복지를 보편적으로 할 것인가 아니면 선별적으로 할 것인가라는 문제를 두고 논쟁하고 있다.

심을 구성하는 중산층의 참여 없이는 이러한 현상이 가시적으로 드러날 수 없기 때문이다. 나아가서 현재 한국 사회의 중산층을 구성하는 직업집단에 화이트칼라로 대표되는 사무직과 관리직만 포함되어 있는 것은 결코 아니다. 블루칼라 직업을 가진 노동자들 특히 대기업의 기술을 가진 노동자들도 상당한 수준의 급여와 혜택을 누리며 중산층에 편입되어 있다. 심지어 일부에서는 이들을 '노동귀족'이라고까지 부르는 실정이다(Amsden, 1989; 윤기설, 2006). 그렇다면 우리는 산업화의 주역인 노동자 집단이 어떻게 중산층으로 자리 잡게 됐는지 궁금하지 않을 수 없다.

글은 다음과 같은 순서로 기술된다. 우선, 아산이 직간접적으로 관여한 기능공 양성 방식과 과정을 간략하게 서술한다. 다음에는 이렇게 양성되어 1973년부터 1983년까지 현대중공업에 입사하여 지금까지 근속하고 있는 기능공들 가운데 분석의 대상이되는 표본 20명을 구성한다. 이들을 대상으로 1)계층적 출신 배경, 2)임금 소득을 비롯한 제반 처우의 변화, 3)현재 소속된 계층적 배경을 분석한다. 이를 통해 이들이 언제 그리고 어떻게 중산층으로 진입했는지를 밝히고자 한다. 마지막으로는 위와 같은 분석 결과를 토대로 한국 사회의 계층구조 변화에 기여한 아산 정주영의 역할 및 오늘날의 문제를 제시하고자 한다.

2. 아산의 기능공 양성

1970년대 중화학공업화에 필요한 기능인력의 양성은 크게 보아 두 가지 통로로 이루어졌다. 하나는 학교교육이고, 다른 하나는 직업훈련이다. 학교교육은 실업계 고등학교 가운데 공업고등학교 교육을 강화하는 방식으로 이루어졌다. 공고교육 강화는 다시 기계를 정밀하게 가공하는 기술교육에 특화한 '기계공고' 육성,[8] 중동 진출 기능공을 위한 '시범공고' 설립, 그리고 특화된 기술을 전문적으로 가르치는 '특성화공고' 지원으로 나누어졌다 (류석춘·김형아, 2011, pp.113-27). 다른 한편, 직업훈련 역시 크게 보아 두 가지 방식으로 이루어졌다. 군이나 정부기관 및 지자체 등이 운영하는 '공공직업훈련'[9] 그리고 기업이 스스로 필요한 인력을 정부가 정한 기준에 맞추어 교육해서 마치 공공직업훈련을 마친 것처럼 '인정'해주는 '사업내직업훈련'[10]이다(류석춘·김형아, 2011, pp.127-132). 말할 것도 없이 기업인 아산은 당시 정부가 추진하던 이와 같이 다양한 기능공 양성정책에 적극적으로 참여

---

8 당시 새로 설립된 기계공고 가운데 가장 대표적인 학교는 대일청구권 자금으로 1973년 설립한 금오공고이다. 금오공고 졸업생의 생애사에 관한 연구는 지민우(2013)를 참고할 수 있다.

9 공공직업훈련은 국제원조 자금으로 활성화되었다. UNDP 자금으로 1968년 설립한 중앙직업훈련원, 독일의 지원으로 1971년 설립한 한독부산직업공공훈련원, 1976년 일본의 지원으로 설립한 대전직업훈련원 및 벨기에의 지원으로 설립한 한백창원직업훈련원, 그리고 1973년 설립된 용산의 정수직업훈련원 등이다. 또한 ADB 및 IBRD 의 지원으로 1973년부터 1980년까지 전국에 모두 20개의 공공직업훈련원이 추가로 설치되었다(정택수, 2008, pp.35-42).

10 이를 당시 '인정직업훈련'이라 불렀다(정택수, 2008, p.34).

하였다. 아래에서는 아산의 기능공에 대한 생각 그리고 기능공을
양성한 방식들을 구체적으로 살펴보기로 한다.

시범공고 지원

아산 정주영이 기능인력을 얼마나 중시하고 나아가서 자랑스
럽게 생각했는가는 다음의 일화가 잘 드러낸다. "1977년 무역진
흥확대회의 때 중동 진출 성과에 대한 보고가 있었다. 당시는 무
역진흥확대회의가 끝나면 박 대통령이 3부 요인, 관계 장관, 경
제단체장 등과 오찬에 참석하는 것이 순서였다. 중동 진출 붐이
한참 일고 있을 때라 박 대통령도 기분이 몹시 좋았던지 오찬 도
중에 현대건설의 정주영 회장에게 '정 회장, 중동에서 성공을 거
둔 이유가 무엇이오?' 하고 질문을 던졌다. 정 회장은 오찬 도중
이어서인지 부담 없는 답변을 했는데 그 대답이 걸작이었다. '각
하! 제가 공부를 제대로 했습니까? 대학을 나왔습니까? 영어를
할 줄 압니까? 그리고 현대 간부가 세계 일류의 외국 회사에 비
해 기술이나 경영면에서 우수하다고 할 수 있겠습니까? 그러니
나나 회사 간부가 잘했다고 할 수는 없습니다. 현대가 잘한다는
것은 우리나라 근로자가 열심히 일하고 성실히 일한다는 뜻입
니다. 전적으로 근로자의 공입니다'"라고 답변했다(오원철, 1997,
pp.457-458).

이와 같은 아산의 신념은 현대건설이 중동에 진출하는 과정을

통해 구체적으로 확인된다.[11] 1970년대 한국 경제의 활로를 마련한 중동 진출 과정에 전혀 문제가 없던 것은 아니었다. 다름 아닌 기술 인력의 부족이었다. 예컨대 1975년 "현대건설은 중동에서만 3억 5천 달러의 수주를 했는데 해외에서 근무하는 근로자의 수는 561명밖에 되지 않았으니 인력 부족 문제가 생기는 것은 당연했다. 그래서 현대건설은 우대 조건을 내세우며 대대적인 중동 파견 기능자 모집을 실시했다. 그런데 놀고 있는 기능자가 있을 리 없으니 자연히 다른 건설업체에 근무하고 있던 기능자들이 응시하게 되었고 채용된 자는 중동으로 떠났다. 그 결과 국내에는 극심한 기능자 스카우트전이 벌어졌고, 각 건설업체는 자기 회사 기능자의 유출을 방지하느라 비상이 걸렸다. 스카우트를 막으려면 부득이 모든 직원의 임금을 올려 주어야 했으니 건설업계의 불평은 대단했고 비난의 화살은 현대 등 몇 개 회사로 쏠렸다"(오원철, 1997, p.487).

이 문제에 대한 대응에서 정주영의 기능공에 대한 애정과 관심은 다시 한 번 적나라하게 드러난다. 그는 "중동에서 일감을 따내는 데에는 자신이 있다. 요새 국내의 건설업계에서는 현대가 스카우트를 한다고 야단들인데 근로자에게 급료를 더 주겠

---

11 건설업의 중동 진출은 3단계의 과정을 거치며 발전했다. 첫 단계는 주로 도로공사와 같이 단순한 기능이 필요한 사업이었다. 두 번째는 바닷속에 구조물을 설치하는 것과 같이 상당한 기술을 요구하는 항만공사 등의 토목공사다. 세 번째는 숙련에 기초해 '턴키(turn key)' 방식의 공장을 건설하는 플랜트 수출이다. 건설업으로 기업발전의 기초를 마련하고 경부고속도로 건설을 주도한 현대그룹이 중동 진출 과정에서 각각의 단계마다 주도적인 역할을 하였음은 의심의 여지가 없다. 중동 진출 과정은 당시 현대그룹이 국내에서 밟아온 성장의 궤적을 그대로 반복한 모습이었다.

다는데 무엇이 나쁜 일이냐? 중동에서 돈을 많이 벌어서 근로자에게 급료를 올려주는 것이 사업가가 할 일이 아니겠느냐"고 하며 오히려 정부에 대해 필요한 인력의 양성을 요구했다(오원철, 1997, pp.487-488). 당시 현대보다 한 발 앞서 플랜트 수출을 하며 중동에 가장 많은 인력을 투입하고 있던 대림산업의 이정익 회장 또한 마찬가지 애로를 정부를 상대로 털어놓았다(오원철, 1997, pp.489-490).

문제 해결을 위한 대책회의에 참여했던 박일재 당시 문교부 과학교육국 국장의 회고는 어떻게 하여 '중동 진출 기능사 중점 육성을 위한 시범공고 지정'이라는 긴 이름의 사업이 시작되게 되었는지를 잘 설명해 준다. "문교부에서 인력 양성을 하자면 별도의 자금이 필요한데 (…) 각 기업체에서 자금 지원이 가능한가를 물어보았더니 (…) 현대와 대림에서는 '비용 문제는 걱정하지 마라. 우리 회사에서 기꺼이 내놓겠다'는 것이었다. (…) 그러니 문교부의 기능사 양성 계획은 현대와 대림에 한정해도 이의가 없다는 것이었습니다"(오원철, 1997, p.491).

시범공고는 이렇게 해서 탄생하게 되었다. '위탁 기능인력 양성 방식'이라는 산학협동 프로그램에 따라 1977년 한 해에만도 대림산업과 현대건설은 도합 3억 원의 자금을 11개 시범공고에 지원하였다(오원철, 1997, p.499). 시범공고는 해외에 진출한 건설업체에 우수한 기능인력을 공급하기 위하여 정부, 기업, 학교가 서로 협력하는 체제로 만들어졌다(최규남, 2003, p.220). 1976년 3

월 시도별로 시설이 우수한 한 개 학교씩을 지정하여 총 열한 개 학교가 운영되었으며, 이들 학교의 연간 졸업생은 합쳐서 9천여 명이었다(김윤태, 2002, p.107).

사업내직업훈련

'사업내직업훈련'은 사업체가 경영상의 필요에 의해 그 종업원 혹은 종업원이 될 수 있는 자를 대상으로 실시하는 직업훈련을 말한다(정택수, 2008, p.33). 1974년 제정한 '직업훈련에 관한 특별법'은 5백인 이상 근로자를 고용한 사업주로 하여금 매년 일정한 비율 이상의 기능인력을 사업내직업훈련을 통해 의무적으로 양성하도록 하여 기업이 필요한 기능인력을 스스로 충당하게 하였다.[12] 이 법의 시행에 따라 1975년부터 우리나라의 직업훈련제도는 사업내직업훈련 범주가 주도하게 되었다(류석춘·김형아, 2011, p.131).

사업내직업훈련 중 보건사회부령이 정하는 기준에 적합한 경우 그 훈련을 행하는 자 즉 사업주의 신청에 의해 노동청장이 인정을 하면 '인정직업훈련'으로 구분했다. 인정직업훈련 기관은 공공직업훈련 기관처럼 직업훈련비의 전부 또는 일부를 노동청

---

12 이 법은 시행 2년이 지나면 2백인 이상을 고용하는 기업으로 대상이 확대되는 조항도 마련하고 있었다(정택수, 2008, pp.70~71).

으로부터 보조 받을 수 있었으며 또한 정부에 의해 적극 권장되었다(류석춘·김형아, 2011, pp.127-129). 인정직업훈련에 대한 보조금 제도는 사업내직업훈련을 촉진시키는데 크게 기여했다. 이 제도는 대부분의 사업주가 훈련을 기피함으로써 기능인력의 수급에 차질을 빚고, 사업주들이 자체 인력의 양성보다는 기존의 인력을 스카우트하려는 문제점을 일거에 해소할 수 있었다(정택수, 2008, pp.69-70).

아산은 1972년 조선소 건설에 착수하자마자 사업내직업훈련을 담당할 '훈련원'부터 설립해서 입사를 원하는 사람들에게 기능교육을 제공했다(정주영, 2011, p.183; 현대중공업, 1992, p.344). 그는 일자리가 없는 사람들이 기술을 배워 취직하고자 하면 전력을 가리지 않고 훈련원에 받아들였다. 노동집약적 조선업의 특성상 엄청나게 많은 기능인력이 필요했지만, 당시 워낙 기능인력이 부족하던 상황이라 용접, 절단 등의 기술을 단기간에 자체적으로 가르쳐 현장에 투입하기 위해 선택한 방법이었다. 앞에서 설명한 인정직업훈련제도가 이러한 선택을 뒷받침해 주었음은 물론이다.

1972년부터 1990년까지 18년 동안 훈련원은 '정규훈련생' 즉 예비신입사원 기능공 약 1만 5천 명을 교육해 현대중공업에 취업시켰다(현대중공업, 1992, pp.1166-1167). 이 기간에 매년 평균 833명이 훈련원을 통해 입사한 셈이다. 조선 경기가 활황이던 1970년대에는 한 해에 적으면 1천여 명, 많으면 1천8백여 명까지도 훈련원을 통해 입사했다. 이런 모습은 80년대 초반까지도 이어져 매년 약 1천여 명의 신입사원이 훈련원을 거쳐 충원됐다. 그러나 1984년 필요 인력이 어느 정도 충족된 이후 정규훈련생의 비중은 낮아지기 시작했고, 대신 기존 인력의 직종을 전환시키기 위한 '자체훈련생' 및 '단기훈련생' 교육의 비중이 급격히 높아지기 시작했다(현대중공업, 1992, pp.1166-1167). 같은 기간 직종 전환을 위한 교육생은 합쳐서 약 2만 명 수준이었다.

훈련원 출신들은 단기간에 배운 기술이지만 현장에서 경험을 통해 기능을 숙달시켰다. 훈련원을 통해 배출된 인력은 국제기능올림픽을 비롯해서 각종 국내외 기능경기대회에서 많은 상을 받았다. 국제기능올림픽의 경우 1978년 대회에 최초로 참여해서 1989년 대회까지 금메달 14개, 은메달 2개, 동메달 2개, 장려상 3개 등 도합 21개의 메달을 수상했다(현대중공업, 1992, pp.1166-1167). 이러한 노력을 통한 기술축적이 오늘날 현대중공업을 세계 1등 조선소로 만드는 원동력이 되었음은 의심의 여지가 없다. 현대중공업 훈련원은 1999년에 '기술교육원'으로 개편되었고 이와 동시에 최고의 기술을 연마하는 '현대중공업 기술대학'도 병설해 운영하고 있다. 현재는 취업을 위한 예비신입사원 교육뿐만 아니라 회사내부의 기술자격제도와 기능경진대회를 운영하면서 현장 노동자들의 직무능력개발을 촉진하고 있다. 또한 2013년부터는 '현대중공업 공과대학'을 설립해 운영하며 고급 기술 인력 양성에 매진하고 있다(오종쇄, 2011; http://www.hhi.co.kr/ 2015년 5월 15일 검색).

현대공업고등학교 설립

현대공업고등학교는 조선과 자동차 공업 부문의 우수한 기능인을 양성하기 위하여 아산이 1978년에 개교한 사립공고다. 아산은 사업내직업훈련원 설립·운영과 시범공고 지원뿐 아니라 자신이 설립한 현대학원 재단을 통해 새로운 공고를 설립하여 첨단 기술을 습득한 기능인들을 양성했다. 1970년대 후반 여러 공립 특성화 공고의 발전에 비하여 뒤처져 있던 사립공고들을 '우수 공고' 수준으로 끌어올리기 위해 정부는 능력 있는 기업인이 학교를 지원, 신설, 인수하는 등의 방법으로 학교 운영에 적극 참여하도록 권장했다(류석춘·김형아, 2011, pp.124-125). 아산의 현대공고 설립은 그러한 노력이 결실을 맺은 대표적인 사례다. 현대공고 졸업생들은 1981년부터 현대중공업과 현대자동차에 대거 취업했다. 현대공고의 등장은 당시 부실한 교육 환경에서 허덕이던 사립공고에 변화의 바람을 일으킨 새로운 돌파구였다. 현대공고는 2000년 현대정보과학고등학교로 개칭했으며, 2015년에는 마이스터고로 전환하였다. 2015년 현재 재학생의 숫자는 820명이다(http://hit.hs.kr/ 2015년 5월 15일 검색).

수형자受刑者 교육

1970년대 중반 정부기관에 의한 공공직업훈련은 법무부(교도소 및 소년원), 국방부, 전매청(신탄진공장), 원호처(직업재활원) 등에서 실시되고 있었다. 이 가운데 교도소 및 소년원에서 시행되고 있던 공공직업훈련 실적이 전체 정부기관 훈련 실적의 93.4%를 차지하고 있었다(강구진, 1980, p.327). 이러한 상황에는 특히 당시에 추진된 '민간기업체에 의한 지원직업훈련'이라는 제도가 중요한 역할을 하고 있었다. 일반에게는 잘 알려지지 않은 '지원직업훈련'은 민간기업체로부터 시설 및 장비 또는 기술자 등의 지원을 받아 일정한 자격 요건을 갖춘 수형자를 각 교도소 혹은 소년원으로부터 선발하여 집금※※한 후 전문훈련을 시켜 해당 지원기업체에 취업시킬 기능공 양성을 목적으로 실시하는 직업훈련을 말한다(강구진, 1980, p.327).

'지원직업훈련'은 두말할 필요도 없이 출소자의 사회 재적응을 위한 교정사업의 일환으로 도입된 사업이지만(어윤배, 1982), 1970년대 부족한 기능공을 확보하는 방법으로도 주목을 받았다. 당시 기능인력의 양성을 무엇보다 중시하던 아산의 시야에 이 제도가 비켜 갈 리 없었다. 경향신문 1978년 3월 6일자 이길우 기자의 사회면 머리기사는 현대중공업이 주도한 수형자 교육 프로그램의 성공에 대한 당시의 사회분위기를 잘 전해 준다. "대구교도소 훈련원서 6개월 교육, 현대중공업에 모범수 3백 명 100% 취업"이라는 제목이 붙은 기사는 다음과 같은 내용을 담고 있다.

"대구교도소와 대구 소년원생 중 모범수 3백명이 울산의 현대중공업에 무더기 취업, 오늘 8일 가석방과 함께 떳떳한 직장인이 되어 밝은 갱생의 길을 걷게 되었다. 6일 대구교도소에 따르면 법무부가 작년 9월 교도소 안에 세운 조선분야 직업훈련원에 입소했던 모범수 3백 명(대구교도소 2백30명, 소년원 70명)이 배관, 용접, 제관 등 3개 부문에서 6개월간의 교습을 끝내고 이날 노동청이 실시한 2급 기능사 자격을 획득, 1명의 낙오자도 없이 현대중공업에 취업이 확정됐다는 것이다. 법무부는 우리나라 교정행정 사상 처음으로 수형자들 중 모범수를 골라 기능공으로 양성하여 가석방의 은전과 함께 취업을 보장키로 하고 현대중공업의 적극적인 지원을 받아 1차로 작년 9월 대구교도소에 이 훈련원을 세우고 선발된 모범수 3백 명을 입소시켰었다. 이번에 가석방의 혜택을 받고 출소와 함께 현대중공업에 입사하게 될 이들 기능사들은 그동안 교도소 안의 훈련원 교실과 실습장에서 현대중공업이 제공한 용접기, 가스절단대, 작업대 등 1백29종의 실습장비와 역시 현대중공업이 파견해 준 강사진에 의해 하루 5시간씩 교육을 받아왔다."

이 사업에 참여한 기업들은 모두 당시 급성장하고 있던 산업 분야의 기업들이었다. 양성 기능 직종 역시 중화학공업에 필요한 전기용접, 제관, 배관, 선반, 다듬질 등과 토목건설업에 필요한 중기운전 등이 주류를 이루었다. 아산의 현대중공업이 앞장서 참여한 이 사업에 의해 양성된 기능공은 1977년 9월부터 1979년 7월까지 약 2년간 1천2백여 명에 이른 것으로 알려져 있으며, 79년

7월 현재에도 약 4백명이 교육 중이었다(강구진, 1980).

3. 현대중공업 기능공의 계층이동

지금까지 우리는 한국의 산업화 과정에서 기능공들이 어떤 교육과정을 거쳐 왔고 기업인 아산 정주영은 어떤 방식으로 기능공 양성과 교육 과정에 참여했는지 집중적으로 조명했다. 1973년에 선언한 중화학공업화와 함께 국가적 차원에서 양성된 기능공의 숫자는 1979년까지 적게 잡아 80만 그리고 많이 잡으면 1백만에 이르는 대규모였다. 또한 그런 기능공 양성과 교육은 1980년대에도 이어져 1987년 노동자 대투쟁이 벌어질 정도 규모의 기능 인력이 추가로 배출되었다(류석춘·김형아, 2011, p.101).

이들은 지리적으로 울산, 마산, 창원 등과 같은 중화학공업단지에 집중적으로 배치되어 1980년대 후반 폭발적인 노동운동을 주도하였다. 당시 지속된 한국 경제의 호황과 함께 전개된 노동운동 덕택에 이들에 대한 처우는 전반적으로 급상승하였다. 한편 이들은 1997년 들이닥친 외환위기의 후폭풍으로 구조조정의 칼바람을 정면으로 맞기도 했다. 이후 심화되고 있는 노동계층의 양극화 과정에서 잘나가는 대기업 부문의 정규직 숙련 노동자를 대표하는 집단이 바로 이들이다. 오늘날 양산되고 있는 비정규직 노동자의 정반대편에 존재하는 이들은 심지어 '노동귀족'이라는 호칭까지 얻고 있다. 그렇다면 이들은 과연 어떤 과정을 거쳐 안정된 직장과 고임금을 누리는 노동자로 성장하였는지 궁금하지 않을 수 없다. 이제부터는 현대중공업에 입사한 생산직 사원 즉 기능공을 대상으로 이 문제에 대한 구체적이고 실증적인 분석을 시도한다.

이 분석에 사용할 표본 20명의 구성은 아산사회복지재단의 협조를 거쳐 현대중공업 인사팀의 지원을 받아 이루어졌다. 심층면접에 사용될 설문의 기본 내용에 관한 협의를 우선적으로 진행하였다.[13] 면접의 대상자를 선발하는 기준은 가급적 아산이 시행한 다양한 방식의 기능공 육성 통로가 모두 반영되는 방향으로 이루어졌다. 즉 1973년부터 1983년까지 입사한 초창기 기능공 가운데 1)사업내직업훈련원 출신 7명, 2)공공직업훈련원 출신 4명, 3)시범공고를 포함한 공업고등학고 출신 5명, 4)현대공고 출신 4명이 최종적으로 선택되었다. 이 과정에서 지원직업훈련 즉 수형자교육 출신 및 노조 지도부 활동에 참여한 경력이 있는 기능공이 표본에 포함될 수 있도록 노력하였으나, 아쉽게도 두 가지 모두 무산되었다. 설문 내용에 대한 기본적인 면접이 이루어진 후, 경우에 따라 일부 응답자는 전화를 통해 추가적인 면접을 했다. 또한, 이에 더해 현대중공업 인력개발부 담당자로부터 연구

---

13 기능공을 상대로 한 심층면접 설문은 크게 8가지 주제로 구성되었으며, 총 88개 문항을 사용하였다. 심층면접 설문지는 〈부록 1〉에 제시되어 있다.

대상자들의 근속 기간에 해당하는 시기의 임금변동 정보와 후생복지 혜택의 변동 등에 관한 회사 자료와 정보를 수집하였다. 조사에 관한 구체적인 협의가 시작된 시점은 2014년 11월 말이고, 조사가 완료된 시점은 2015년 3월 말이다.[14]

기능공의
계층적 출신배경

지금부터는 응답자들의 출신 배경에 관한 계층 분류 작업에 착수한다. 표 1은 심층면접 표본에 포함된 생산직 사원 20명의 인구·사회·경제적 배경, 학력 수준, 심리적 동기, 자격증 소지 여부 및 입사 방식 등에 관한 기록을 정리한 결과다. 표의 가장 오른쪽 칸에는 여러 상황을 종합해 연구자들이 판단한 응답자 개개인의 입사 당시 소속 계층이 제시되어 있다.

우선 응답자의 인구학적 특성 및 그에 따른 현재의 직급에 관한 정보를 정리해 보자.[15] 표본은 1973년부터 1983년까지 즉 현

---

14 조사 당시 경영상의 어려움으로 현대중공업이 자랑하는 19년 무쟁의 노사관계가 위태로운 상황이었음에도 불구하고(http://www.hani.co.kr/arti/society/labor/665751.html 2015년 5월 17일 검색), 연구의 원활한 수행을 위한 협조를 제공해 준 아산사회복지재단의 복지 사업실장(ㅇㅊㅎ) 및 현대중공업 인력개발팀장(ㄱㅁㅅ)께 감사한다.

15 현대중공업의 직급체계는 1988년 5월 개정 이후 생산직과 사무직을 구분하지 않고 단일 직군으로 직급체계를 운영해 왔다. 직급체계 및 승진연한은 다음과 같다. 아래 표에서 생산직의 '기'는 '급기사'의 준말이다. 예컨대 '7기'는 '7급 기사'를 의미한다.

구 분	7급	6급	5급	4급	3급	2급	1급			임원
							병	을	갑	
사무직	7급	6급	5급	4급	대리	과장	차장	부장 대우	부장	상무
생산직	7기	6기	5기	4기	기원	기장	기감	기정 대우	기정	
승진연한	-	2년	2년	2년	4년	4년	5년	5년	2년	-

표 1 현대중공업 기능공 20명의 입사배경과 소속계층 (1973-1983).

사례	분류* (나이)	입사년도 현직급	고향	가정 형편 "주관적 소속계층"	입사 당시 공식 학력	기능계 선택 동기	입사 동기	2급기능사 자격 입사 방식*	계층 판별
1	사직1 (60)	'73 기원	경남 울산	농지 무 "하"	학성고	취직	고향소재 대기업	없음 훈련원	하
2	사직2 (60)	'79 기원	전북 남원	논 1,200평 "중"	남원농공고	가난한 집 안환경	새로운 삶	없음 훈련원	중하
3	사직3 (60)	'81 기원	경남 하동	논 1,600평 "중"	진교종합고	기술이 없어서	입사용이	없음 훈련원	중하
4	사직4 (59)	'81 기장	경남 고성	논 2,000평 "중"	진주공고	경제사정 어려워	대기업 입사용이	없음 훈련원	중하
5	사직5 (59)	'81 기장	부산 동래	도시출신 "하"	광성공업 전문학교	기술자가 되려고	현대라서 생활가능	없음 훈련원	하
6	사직6 (58)	'81 기원	충남 공주	논 2,000평 "중"	영면고	대학진학 실력부족	생계유리	없음 훈련원	중하
7	사직7 (57)	'82 기원	충북 청주	논 2,500평 밭 400평 "중"	중졸 (현공 야간 85년 졸업)	기술습득	농사로는 전망없어	없음 훈련원	중중
8	공직1 (58)	'75 기정	부산 기장	농지 무 "하"	중졸	직훈 추천	적성에 맞아	2급 정수직훈 공채 병역특례	하

9	공직2 (55)	'79 기감	경북 봉화	논 1,000평 밭 3,000평 "중"	부산방통고	경제사정 어려워	자신의 전공부합 대기업	2급 구미직훈 공채 현대중전기 병역특례	중하
10	공직3 (53)	'79 기장	전남 여수	논 1,400평 밭 6,000평 "중"	고졸	병역특례 자격획득	대기업 방위산업체	2급 공공직훈 공채 병역특례	중중
11	공직4 (56)	'79 기감	경북 상주	논 500평 밭 200평 "하"	중졸 (현공 야간 81년 졸업)	기술보국 해외취업 가족위해	해외취업 병역특례	2급 대구직훈 공채 병역특례	하
12	공고1 (58)	'74 기감	경남 고성	논1,200평 밭 600평 "중"	마산공고	부모권유	고3실습 교사인도	고3실습	중하
13	공고2 (58)	'79 기장	경북 청송	논 200평 밭 400평 "하"	경상공고	가정 형편	전공살리려	2급 공채	하
14	공고3 (55)	'79 기장	경북 영천	논 3,000평 밭 1,500평 "중"	경북공고	3형제 대학진학 불가능	대기업 병역특례	2급 공채 병역특례	중중
15	공고4 (55)	'79 기장	강원 강릉	정미소경영 "중"	강릉농공고	본인적성	교사추천	2급 고교추천 병역특례	중상
16	공고5 (58)	'81 기원	경북 경주	논 2,500평 밭 500평 "중"	경주공고	경제적 이유	특별한 이유 없음	없음 공채 현역군필	중중
17	현공1 (54)	'81 기장	부산 기장	논 600평 밭 450평 "중"	현대공고	공고매력 가정여건	대기업최고 기술인되기	없음 공채	중하

18	현공2 (55)	'82 기장	경북 안동	논 1,600평 밭 990평 "중"	현대공고	돈 빨리 벌려고	병역특례 돈 벌려고	2급 실습 현대 정공 병역 특례	중하
19	현공3 (50)	'82 기장	서울	"하"	현대공고	취업	빨리 독립	2급 실습 병역특례	하
20	현공4 (48)	'83 기원	충북 제천	"중"	현대공고	가정 형편 (4남3녀)	방산업체, 안정된 회사	2급 실습 현대 중전기 병역특례	중하

* '사직'은 사업내직업훈련원 출신, '공직'은 공공직업훈련원 출신, '공고'는 공업고등학교 출신, '현공'은 현대공업고등학교 출신, '직훈'은 직업훈련원을 줄인 말이다.

대 중공업의 초창기에 입사해서 오늘날까지 근무하는 사원들이라 나이가 많다. 이들 중 가장 젊은 그룹이 현대공고 출신인데, 이들은 현재 40대 후반부터 50대 초반의 나이이고 직급은 '기원'부터 '기장'까지 즉 표본에서 상대적으로 낮은 직급을 차지하고 있다.[16] 한편 가장 연배가 높은 그룹은 훈련원 출신으로 50대 후반부터 60까지의 나이에 대부분 '기원' 혹은 '기장'의 직급에 머무르고 있다. 이것은 사업내직업훈련 출신 기능공들이 승진에서 상대적으로 뒤처졌음을 보여준다. 그리고 이 두 그룹 사이의 나이에 공공직업훈련원 및 일반공고 출신들이 대거 포진하고 있다.

---

16 현대공고의 개교 시점이 1978년이기 때문에 첫 졸업생이 배출되는 1981년에야 입사가 가능한 상황이었다. 그러므로 이들이 표본에서 가장 젊은 그룹을 형성하는 모습은 당연하다.

이 중 직급으로 보면 어느 그룹보다 단연코 공공직업훈련원 출신이 돋보인다. 이들 가운데에는 표본에서 가장 높은 직급을 가진 '기정'이 한 명 있고 또 그 바로 아래 직급인 '기감'도 여럿 있기 때문이다. 일반공고 출신은 '기감'과 '기장'의 직급을 맡고 있어, 공공직업훈련원 출신보다 다소 아래의 직급에 포진하고 있다.

다음, 응답자의 출신지역 분포를 보면 현대중공업이 소재하는 울산 인근의 경남과 경북 및 부산이 차지하는 비율이 높다. 그러나 전라도, 충청도, 강원도, 그리고 심지어는 서울 출신도 있는 사실을 확인할 수 있다. 이는 1970년대 말부터 1980년대 초반에 이미 현대중공업이 취업 희망자들에게 인기 있는 기업이었음을 간접적으로 드러낸다. 당시 현대중공업은 방위산업체로 지정되어 2급 기능사 자격을 취득한 사람이 입사하면 병역특례 혜택을 주고 있었다. 일반적으로 방위산업체에 취업한 병역특례자들은 5년간의 의무 근무 기간이 끝나면 각자의 고향이나 대도시로 이직하는 경우가 대부분이었다. 그래서 결국에는 사업체가 소재한 도 출신들만이 장기적으로 근속하는 경우가 많았다(유광호, 2014, p.16). 그러나 현대중공업의 경우는 전혀 다른 모습이다.

학력의 분포는 고졸이 절대 다수를 구성한다. 20명의 응답자 가운데 단 한 명만의 응답자가 입사 당시 고졸 학력을 넘어서는 공업전문학교 출신이었다. 입사 당시 학력이 중졸인 경우도 3명 있다. 그러나 이들 중 2명은 재직 중에 야간으로 현대공고를 졸업했다. 유일하게 아직도 학력이 중졸인 응답자가 있는데, 흥미롭게도 이 응답자의 직급이 응답자 가운데 가장 높은 '기정'이다. 정수직업훈련원[17] 즉 공공직업훈련원 출신으로 훈련원을 마치면서 2급 기능사 자격을 취득하고 추천을 통해 현대중공업에 병역특례로 입사한 경우다.

지금부터는 가정 형편 그리고 주관적 소속 계층 의식을 통해 본격적으로 응답자의 출신 소속 계층을 판별하는 작업으로 들어간다. 우리는 응답자들에게 "중고교 시기에 아들을 대학에 보낼 수 있으려면, 살림 형편이 어느 정도 돼야 했다고 보는가"라는 질문을 하였다. 이에 대해 대다수가 "중상층" 이상이어야 한다고 대답했다. 구체적인 중상층의 기준으로는 "논 3, 4천 평 이상과 축우"와 같은 대답이 많았다. 또한 "농촌에선 논밭 합해서 1만 평 이상"이거나 "도시에선 상가건물 1채 이상 소유" 내지 "어촌 기준으로 어장을 운영하는 수준"이라거나, "당시 농사지어서 대학 보낸 집은 극소수고, 상업에 종사하는 집이거나 공무원들이 보냈다"는 답도 있었다.[18]

이와 같은 응답을 바탕으로 이 연구는 1970년대부터 1980년대 초까지 당시 농촌에서 자식을 대학에 보낼 수 있는 최소한의

---

17 정수직업훈련원은 1973년 10월에 설립된 공립직업훈련원으로, 상급학교에 진학하지 못한 중학교 졸업 또는 동등 이상의 학력을 가진 청소년에게 기능을 습득시키며, 훈련 연한은 주간생 1년, 야간생 1년 6개월이었다. 전원 기숙제이고, 입학금·수업료·실습비·기숙비 등이 모두 무료이며, 실기 위주의 단기 교육으로 2급 기능사를 양성하였다. 이 훈련원은 교육의 충실성으로 유명하였다. 1996년 정수기능대학으로 승격되었다(서상선, 2002, pp.128–134), 2006년 한국 폴리텍 I 대학이 되었다.

18 1970년대 말은 고교 졸업자의 대학 진학률이 전국적으로 30%를 밑도는 상황이었다. 농촌이나 지방 소도시의 진학률은 이보다 낮았을 것이다(박병영, 2009).

형편을 가진 가정 배경을 핵심 중간층 즉 '중중층'으로 삼았다. 이에 더해 기존 연구에서 사용한 계층 분류 기준을 일부 수정 및 보완하고,[19] 또한 이번 조사에서 나타난 응답을 적극적으로 고려하여 최종적으로 다음과 같은 기준을 채택하였다. '상층'은 대지주, 고급 관리, 의사, 변호사, 전문직 종사자 등이다. '중상층'은 논 9천 평 이상을 소유하면서 농사를 짓거나 소도시의 중소사업가 및 중급 관리 등이다.[20] '중중층'은 논 3천 평에서 9천 평 사이를 소유하면서 농사를 하고 축우 즉 소를 한 마리 이상 키우는 경우다.[21] '중하층'은 3천 평 이하의 농지를 소유하며 농사를 짓는 경우다. '하층'은 소작농이나 단순 노무자나 혹은 무직자 등이다.

이와 같은 기준에 따라 응답자 20명의 입사 당시 소속 계층을 분류한 결과는 표 1의 마지막 칸에 정리되어 있다. 우선 '상층' 출신은 전혀 없다. 다음, '중층'은 전체 14명(70%)으로 이를 세분하면 '중상층' 1명(5%), '중중층' 4명(20%), '중하층' 9명(45%) 으로 구성된다. 그리고 마지막으로 '하층' 출신은 6명이다(30%).

---

19 조은(2000)은 계층을 다음과 같이 분류하였다. '상류층'은 대지주 및 대기업가, '중상류층'은 고급관리, 의사, 변호사, 전문직 종사자 등, '중하층'은 중소자작농, 소기업주, 하급관리 등, '하류층'은 소작농, 노동자, 무직자 등이다. 그러나 이 방식은 농촌과 지방 중소도시의 실정을 충분히 반영할 수 없는 단점이 있다. 예컨대 농지 소유의 다과에 관계없이 중소자작농을 무차별적으로 '중하층'으로 분류하거나, 지방 중소도시에서 소규모 기업을 경영하는 가구를 농민과 같은 '중하층'으로 분류하는 문제가 있기 때문이다. 도시에서 점포를 운영하면 농사짓는 것과 비교가 되지 않을 정도로 수입이 높을 가능성이 있다.

20 이 연구에서 '중상층' 농가의 기준으로 논 9천 평 소유를 하한으로 설정한 이유는 심층면접의 구체적인 응답에 더해, 1949년 시행된 농지개혁에서 논 9천 평 이상을 소유하면 지주로 취급하여 분배의 대상(농지소유 상한선)으로 삼았기 때문이다(김일영, 2004, pp.106~116).

21 논 3천 평 소유를 '중중층'의 하한 기준으로 삼은 이유는 심층면접에서 그렇게 응답한 경우가 많았기 때문이기도 하고, 또한 농지개혁 후 전국 농가의 평균 농지소유 규모가 3천 평(약 1정보)이었기 때문이다.

따라서 응답자의 절대 다수 즉 15명이 하층 혹은 중하층에 속하고 있음을 알 수 있다. 이 두 계층은 앞의 논의에 따라 가정 형편상 대학 진학이 애초에 어려운 집단이라고 추정할 수 있는 계층이다. 이들의 비율은 전체의 75%에 이른다. 즉 절대 다수가 대학 진학이 어려운 상황이었음을 알 수 있다. 한편, 응답자가 주관적으로 밝힌 소속 계층은 '중'이 13명(65%) 그리고 '하'가 7명(35%)으로, 연구자들의 기준에 따라 분류한 소속 계층의 분포와 큰 차이가 없음도 알 수 있다.

한편 이들이 기능계통의 취업을 선택한 이유를 보면 응답자의 60%가 가정 형편이 어려워서 그리고 20%가 기술과 기능에 흥미가 있어서 선택했으며, 또 다른 20%가 부모나 학교 또는 정부의 권유에 호응하여 기능계를 선택했다고 응답하고 있다. "원래부터 기능인 희망"이라는 답변이 많았는데, 이는 '기술보국'이라는 발전국가의 기치와 그에 따른 사회적 의식 변화에 영향을 받은 것으로 보인다. 또한 응답자의 성적이 대학에 갈 정도가 되지 못했던 것이 가장 큰 원인이라고 말하는 경우도 적지 않았다. 반면에 대학에 합격할 수 있는 성적이었는데 가난해서 못 갔다는 응답도 극소수 있었다. 이러한 응답자들은 대부분 형제자매가 많은 가정 출신이었다. 따라서 집에서 자식을 대학에 보내더라도 여러 형제 중 한 자식에게만 자원을 몰아주어야 하는 형편이었음을 짐작할 수 있다.

마지막으로 2급 기능사 자격의 의미와 효과에 대하여 살펴보기로 하자. 면접 대상 기능공 20명 중 입사 당시 2급 기능사 자격을 이미 갖춘 경우는 총 10명이다(50%). 그 분포를 보면 사업내 직업훈련원 출신 7명 중에는 1명도 없는 반면, 공공직업훈련원 출신 4명은 모두 자격 소지자다(100%). 일반 공업고등학교 출신 5명 가운데는 3명이 가졌고(60%), 현대공고 출신 4명 가운데는 3명이 가졌다(75%). 이들 가운데 현대공고를 포함한 공고 졸업자들은 2급 기능사 자격 소지가 병역특례의 조건이었다는 맥락에서 그 의미를 강조한다. 그러나 동시에 이들 중 일부는 조선업에서는 현장 경험에서 시행착오를 겪으면서 익힌 지식이 중요하므로 실제 작업할 때는 해당 작업에 맞는 기량이 중요하고 기술 자격 자체는 일하는 데 큰 의미가 없었다는 입장을 밝힌 경우도 적지 않았다. 반면에 공공직업훈련원 출신들은 자격증 획득이 "인생의 전환점" 혹은 "기능인의 최고가 되겠다는 목표와 자부심이 인생 철학으로 된 계기" 나아가서 "병역특례 보충역으로 군 입대 기간만큼 생활 안정에 기여"했다거나 "내 삶의 발판"이 됐다고 높이 평가하는 경향도 보였다.

1990년의 이른바 '골리앗 투쟁'으로 상징되는 전투적 노동운동에 대해서 이들 가운데 3명은 시대의 흐름이라고 생각한다거나 대리만족을 느꼈다고 답했다(15%). 그러나 반면에 지나치게 과격한 행동으로 바람직하지 않은 것이었다는 응답이 무려 13명에 이르렀다(65%). 한편 그 파업 투쟁의 원인으로는 "저임금과 인격차별" 및 "회사 경영인의 거만한 자세와 간부들의 강압적 태도"등을 드는 응답도 일부 있었지만, "상급노동단체의 꼭두각시 짓을 한 것", "노조 설립자들의 위상 과시를 위한 것", "과격 정치인의 정치투쟁에 이용된 것", "종북좌파의 선동에 의한 것"등이라고 생각하는 경우가 많았다. 한편 이 파업투쟁을 계기로 임금과 복지 수준이 대폭 향상되었고 인간적인 대우를 받게 되어 화이트칼라와 대등한 관계가 성립하게 되었다는 응답은 절대적이었다(87년 노동자대투쟁 20주년 기념사업 추진위원회, 2007).

기능공의 임금소득 변화

이 절에서는 현대중공업 기능공의 임금소득 변화를 1973년부터 2013년까지의 기간에 걸쳐 살펴보기로 한다. 표 2는 1992년 출판된《현대중공업사》가 제시하고 있는 1990년 12월 말 현재의 회사 임금체계를 재구성한 결과다. 등장하는 용어가 월 통상임금, 월정임금, 월 평균임금 등 엇비슷해 헷갈리기 쉽다.[22] 이 표를 이해하기 위해서는 개별 직원이 매월 최종적으로 수령하는 월급이 단계적으로 어떻게 구성되는가를 우선 이해하여야 한다.

가장 기본이 되는 것은 '기본급'이다(A: 363,757원). 여기에 각

---

22 정의에 의하면, 통상임금은 근로자에게 정기적 · 일률적으로 소정근로 또는 총노동에 대해서 지급하기로 정해진 급료로서 연장 · 야간 · 휴일근로수당, 연(월)차수당 및 해고수당의 산정 기초가 된다. 1) 기본급과 2) 미리 정해진 수당들이 이에 해당된다. 그리고 평균임금은 이를 산정해야 할 사유가 발생한 날 이전 3개월간에 그 근로자에 대해서 지급된 임금의 총액을 그 기간의 총일수로 나눈 금액으로서 회사귀책 사유로 인한 휴업수당, 퇴직금, 재해보상금의 산정 기초가 된다. 1) 통상임금과 2) 연장 · 야간 · 휴일근로수당, 연월차수당 등의 변동임금 및 3) 연간 단위로 지급률이 정해진 상여금이 이에 해당된다(손원준 · 한만용, 2012, pp.99).

표 2 현대중공업의 임금 체계(1990년 12월 현재, 단위: 원)

총인원						20,552 명
평균연령						34.5 세
평균근속년수						8.4 년
부양가족수						3.8 인
월 평 균 임 금	월 정 임 금	월 통 상 임 금	기본급 (A)			363,757
			상여금지급기준수당 (B)	근속수당		44,980
				지역 · 복지 · 현장수당		37,009
				가족 · 주거수당		18,000
				생산장려수당		20,000
				(B)=A×0.33		119,989
			비상여금지급기준수당	직책 · 직급수당		2,179
				기술 · 직무수당		14,329
			월 통상임금 합계 (C)	*500,264		
		비상여금지급기준연장수당		고정연장(O/T)근로수당		14,101
				변동연장(O/T)근로수당		97,783
		월정임금 합계 (D)	(D)=A×1.683			612,148
	월 평균임금 (E)	(E) = (A+B)×(연간상여금지급률÷12월) = A×1.33×(연간상여금지급률 ÷12월)				241,878
	월 평균임금 합계 (F)					854,026
비 고	연간상여금지급률	600*** %				
	연간상여금지급기준**	기본급+근속+지역 · 복지+가족+생산장려 수당				

자료: 현대중공업사(1992), p.1196

* 원문에는 월 통상임금 합계(C)의 마지막 단위가 5로 되어 있으나, 계산을 하면 4가 맞다. 따라서 월정임금 합계(D) 및 월 평균임금 합계(F)도 1원씩 하향 조정했다.

** 연간상여금지급기준은 현대중공업사(1992) p.1196 에 제시된 수당 즉 '기본급+근속+지역 · 복지+가족+생산장려수당'에 통상임금을 구성하는 해당 항목에 포함된 '현장수당' 및 '주거수당'도 더해 승수를 계산했다.

*** 현대중공업사(1992) p.1196 에는 (500+α)로 씌어 있다. 회사가 제공한 자료에 의하면 1990년의 상여금 지급률은 600% 였다. 본 논문의 추계식으로 계산해 봐도 α는 100으로 나온다. 따라서 연간상여금지급률은 600%로 했다.

종 수당이 지급된다. 수당 가운데는 '상여금 지급의 기준에 포함'되는 것도 있고(B: 119,989원), 직책·직급수당 및 기술·직무수당과 같이 '그렇지 않은 것'도 있다(16,508원=2,179원+14,329원). 기본급 (A)에 약정된 수당들 모두를 더한 액수가 '월 통상임금'이다(C: 500,264원). 여기에 고정 및 변동연장수당 즉 오버타임 수당을 합한 액수가 '월정임금'이 된다(D: 612,148원). 다시 여기에 월 상여금(E: 241,878원)을 더한 액수가 '월 평균임금'이다(F: 854,026원). 여기서 주의할 대목은 월 상여금 (E)는 기본급 (A)와 상여금 지급에 포함되는 수당 (B)를 합친 금액에 '연간상여금지급률을 12개월로 나눈 비율' 즉 '월상여금지급률'을 곱해서 얻는다는 사실이다. 다시 말해 상여금 지급의 기준에 직책·직급수당 및 기술·직무수당과 연장근로수당은 포함되지 않는다. 월 평균임금이 실질적으로 직원이 매달 수령하는 임금의 총액에 가장 가깝다. 여기에는 기본급은 물론이고 각종 수당 그리고 상여금까지도 포함되기 때문이다.

하지만 1990년을 제외한 나머지 기간 즉 이 연구의 대상이 되는 1973년부터 2013년까지의 월 평균임금 및 그 구성은 인력개발팀의 협조에도 불구하고 40년이라는 기간에 걸쳐 시계열적으로 일관성 있는 자료를 구할 수 없었다. 그러나 인력개발팀의 협조로 다행히 1973년 입사하여 2015년 현재까지 근무하고 있는 기능공 출신 생산직 직원 한 사람의 시계열 '기본급' 자료를 확보할 수 있었다.[23] 이 기본급 자료는 **부록** 2에 제시되어 있다. **표 3**은

표 3 1973년 입사 기능공의 월 평균임금 추계와 도시근로자가구 월평균 경상소득 비교
(1973–2013)

연도	A 기본급	D 월정임금 A×1.683	K 연간상여금 지급률 (%)	E 월평균 상여금 $\frac{A \times 1.33 \times K}{12}$	F 월평균임금 D+E	L 도시근로 자가구 월평균 경상소득	M 비율 F/L
73	56,880	95,000	없음	없음	95,000	38,000	2.1
74	–	–	–	–	–	46,000	
75	–	–	–	–	–	64,000	
76	–	–	–	–	–	86,000	
77	82,800	139,000	없음	없음	139,000	103,000	1.3
78	92,880	156,000	없음	없음	156,000	141,000	1.1
79	114,720	193,000	없음	없음	193,000	190,000	1.0
80	145,200	244,000	(A)×200	24,200	268,000	228,000	1.1
81	183,600	309,000	(A)×300	45,900	354,000	272,000	1.3
82	201,600	339,000	(A)×300	50,400	389,000	307,000	1.3
83	256,000	430,000	(A)×300	64,000	494,000	351,000	1.4
84	272,000	457,000	(A)×300	68,000	525,000	386,000	1.4
85	286,000	481,000	(A)×300	71,500	552,000	411,000	1.3
86	290,000	488,000	(A)×500	120,800	608,000	457,000	1.3
87	294,000	494,000	(A+α1)×500	147,500	641,000	530,000	1.2
88	390,779	656,000	(A+α2)×500	204,491	860,000	618,000	1.4
89	497,000	836,000	(A+α3)×500	275,000	1,111,000	762,000	1.5
90	578,100	972,000	(A+α3)×600	384,000	1,356,000	902,000	1.5
91	675,450	1,136,000	(A+α3)×600	449,000	1,585,000	1,107,000	1.5
92	727,300	1,224,000	(A+α3)×600	483,000	1,707,000	1,296,000	1.3
93	787,200	1,325,000	(A+α3)×650	557,000	1,892,000	1,407,000	1.4

94	889,500	1,496,000	(A+α3)×700	690,000	2,186,000	1,601,000	1.4
95	995,000	1,674,000	(A+α3)×700	772,000	2,446,000	1,812,000	1.4
96	1,149,000	1,933,000	(A+α3)×700	891,000	2,824,000	2,044,000	1.4
97	1,398,000	2,352,000	(A+α3)×700	1,084,000	3,436,000	2,158,000	1.6
98	1,429,000	2,405,000	(A+α3)×700	1,108,000	3,513,000	2,020,000	1.8
99	1,482,000	2,494,000	(A+α3)×700	1,149,000	3,643,000	2,116,000	1.8
00	1,603,500	2,697,000	(A+α3)×700	1,244,000	3,941,000	2,245,000	1.8
01	1,828,000	3,076,000	(A+α3)×700	1,418,000	4,494,000	2,504,000	1.8
02	1,949,000	3,280,000	(A+α4)×700	1,512,000	4,792,000	2,701,000	1.8
03	2,073,000	3,488,000	(A+α4)×700	1,608,000	5,096,000	2,827,000	1.8
04	2,173,000	3,657,000	(A+α4)×700	1,686,000	5,343,000	2,998,000	1.8
05	2,283,000	3,842,000	(A+α4)×700	1,771,000	5,613,000	3,131,000	1.8
06	2,416,000	4,066,000	(A+α4)×700	1,874,000	5,940,000	3,302,000	1.8
07	2,567,000	4,320,000	(A+α4)×700	1,991,000	6,311,000	3,518,000	1.8
08	2,732,000	4,598,000	(A+α5)×700	2,119,000	6,717,000	3,757,000	1.8
09	2,762,000	4,648,000	(A+α5)×700	2,142,000	6,790,000	3,699,000	1.8
10	2,858,000	4,810,000	(A+α5)×700	2,217,000	7,027,000	3,881,000	1.8
11	2,956,000	4,975,000	(A+α5)×800	2,620,000	7,595,000	4,116,000	1.8
12	3,025,000	5,091,000	(A+α5)×800	2,682,000	7,773,000	4,358,000	1.8
13	3,067,000	5,161,000	(A+α5)×800	2,719,000	7,880,000	4,471,000	1.8

자료: 1973년 입사 기능공의 연도별 기본급은 회사 제공자료; 도시근로자가구 연도별 월평균경상소득은 국가통계포털(http://kosis.kr)의 '가계동향조사'

주1) 연간상여금지급률(K)는 회사가 정보를 제공했다. K는 표의 백 단위 값(%)들이다.

주2) 상여금을 지급하는 기준(α)는 시기에 따라 다음과 같이 변한다. α1=근속수당, α2=근속+지역ㆍ복지수당, α3=근속+지역ㆍ복지+가족+생산장려수당, α4=근속+지역ㆍ복지+가족+생산장려수당+상여O/T15시간, α5=근속+지역ㆍ복지+가족+생산장려수당+상여O/T20시간. 여기서 '상여O/T시간'이란 연장 즉 overtime 근무 시간에 따른 상여수당 항목이다.

주3) 1974~76년의 빈 칸은 1973년 입사자의 기본급 자료가 결락돼 있기 때문이다.

주4) 월정임금(D)=A×1,683. 월 평균임금(E)=A×1.33×K/12 (K=연간상여금지급률).

주5) 도시근로자가구월평균경상소득(L)은 국가통계포털(http://kosis.kr)의 '가계동향조사' 중 '도시(명목)가구당월평균가계수지(도시, 2인 이상)'에서 취했다. 이 통계는 2009년 국제기준을 채택함에 따라 기준이 개편되었다. 구 분류 통계는 1963~2008년 기간의 것이고, 신 분류 통계는 1990~2014년 기간의 것이다. 1973~1989년의 도시근로자가구 월평균 경상소득은 구 분류에서 취하고, 1990~2013년의 그것은 신 분류에서 취했다. 신 분류의 수치는 구 분류의 그것보다 미미하지만 크다. 예를 들면, 1990년도의 경우 구 분류의 경상소득은 887,767원인 반면 신 분류의 그것은 902,634원이다. 신 분류를 취하면 비교의 기준이 약소하지만 높아져 현대중공업 의 임금 비중을 상대적으로 낮게 평가하게 된다. 수치에서 백 원 단위 이하는 버렸다.

부록 2의 자료를 기초로 이 직원이 받은 같은 기간의 월 평균임금을 추정하고 이를 다시 도시근로자가구 월평균 경상소득과 비교한 결과다.

표 3을 만든 이유는 '기본급' 자료로부터 '월정임금'은 물론이고 여기에 매월 받는 '상여금'을 더해야 실제로 한 달에 수령하는 봉급의 총액 즉 '월 평균임금'을 추정할 수 있기 때문이다. 추정은 다음과 같은 방식을 따랐다. 표 2에 정리된 1990년 임금체계를 기준으로 하여, '기본급'에 대한 '월정임금' 그리고 '월 평균임금'의 비율을 각각 구해 그 승수를 각 년도의 기본급에 곱하는 방식이다. 표 2에서 월정임금(D=162,148원)은 기본급(A=363,757원)의 '1.683' 배다. 또한 월평균 상여금(E=241,878원)은 기본급 (A=363,757원)의 '1.33' 배에 월상여금지급률(연간상여금지급율/12개월)을 곱한 액수다. 연간상여금지급률(K)은 현대중공업 인력개발팀이 제공한 자료를 따랐다.[24] 이 둘을 더한 값(D+E)이 월 평균임금(F)이다. 최종적으로는 이를 다시 도시근로자가구월평균경상소득(L)으로 나눈 비율을 구해(M), 현대중공업 기능공의 임금소득이 우리나라 도시근로자의 평균소득에 비해 얼마나 높은지 혹은 낮은지 확인하였다.

---

23 이 자료의 주인공(ㅇㄱㅅ)은 1955년 생으로 1973년 한독기술고등학교를 졸업하고 같은 해 5월 1일 생산직으로 현대중공업에 입사하여, 만 58세가 되던 2013년 당시 기준에 따라 정년이 되어 임금도 가장 많이 받았다. 정년 이후 직제변경 및 급여조정을 통해 고용 연장을 하였으며, 2015년 임금피크제가 도입되면서 정년이 만 60세로 연장되어 조사 시점인 2015년 2월 현재에도 재직하고 있다.

24 상여금을 지급하는 기준(α)는 시기에 따라 변화한다. 표 3의 주 2번 참조.

표 3에서 월정임금(D) 및 월 평균임금(E)의 추계는 시기에 따라 지급 기준이 다르다. 1979~1988년 사이의 자료는 《현대중공업사》(현대중공업, 1992, pp.1198)에서 실제 수치를 찾아 반영하였다. 그러나 1989년부터 2013년까지는 상여금의 지급 기준이 계속 변하는 이유로 일관성 있는 자료를 확보하기 어려워 표 2에서 확인한 1990년 '기본급과 월정임금의 관계' 즉 '승수 1.683' 및 '기본급과 월 평균임금의 관계' 즉 '승수 1.33'을 활용하였다. 이렇게 추계하면 실제 받은 액수보다 상대적으로 적은 액수 즉 보수적인 기준으로 월정임금 및 월 평균임금을 추계하게 된다. 왜냐하면 현대중공업의 성과배분제도는 우리사주 제도는 물론 성과급 및 능률급 제도도 추가로 존재하기 때문이다.[25] 그러나 본 연구에서 임금수입을 살피는 데 있어 이러한 내용은 포함시키지 않았다. 이들까지 포함시키면 1992년 이후의 임금 총액은 그만큼 더 늘어날 것이 분명하다.

또한 중공업 특히 조선업에서는 초과근무에 따른 연장근로수당이 임금총액에서 차지하는 비중이 대단히 큰 특징이 있다(박준식, 1992, p.220). 일례를 들면 1990년 5월의 이른바 '골리앗 투쟁' 당시 비상대책위원장이었던 이갑용의 기록이 이를 잘 드러

---

25 성과급 제도는 1992년 임금교섭 당시 처음 도입되었다. 산정 기준은 노사협의를 통해 결정되었는데 매출액 향상률(전년도 매출액 달성 시 100% 기본지급), 공수능률 향상률, 제안활동(효과금액의 20%로 환산), 안전(종합 재해지수 개선률) 등을 더해 통상임금으로 지급했다. 지급률은 매년 4/4 분기에 결정하였는데 2004년 및 2005년은 각각 200%, 2006년은 250%를 지급하였다. 이는 각각 대상자 총임금의 6.7%, 6.7%, 8.2%에 해당한다. 한편 2004년부터 도입된 능률급(업적 평가) 제도는 우수한 조직에 매월 20~30만 원의 성과금을 지급하는 제도이다(김동원 외, 2008, pp.263~264).

낸다. 1984년 입사자인 이갑용은 당시 초임으로 "시급이 630원에 기본급 15만 원이었는데, 특근을 많이 해서 한 달에 40만 원 넘게 받았다"고 술회하고 있다(이갑용, 2009, p.34). 상여금은 당시 300% 차등 지급이었는데, 이갑용은 입사한지 1년이 차지 않았다는 이유로 100%만 받았다(이갑용, 2009, p.116). 그렇다면 이갑용의 1984년 기본급은 월 15만 원이고 여기에 더해 복지수당 2만 원(현대중공업, 1992, p.714), 가족수당 1만 8천 원(현대중공업, 1992, p.1198), 월 상여금 1만 2천5백 원을 받았을 것이므로, 월 40만 원을 넘게 받으려면 변동연장 근로수당 즉 초과근로수당을 20만 원 가까이 받아야 했다. 이갑용만 특별한 대우를 받지는 않았을 것이므로, 당시 열심히 일한 생산직 직원들은 대부분 기본급에 상당하는 연장근로수당을 받았다고 볼 수 있다.[26] 따라서 상당한 액수의 변동연장 근로수당 즉 초과근로수당이 충분히 월정임금이나 월 평균임금 산출에 반영되지 않는 점을 고려하면 이 연구의 방식으로 임금 수준의 대략적인 변화를 추정한 결과는 실제 받은 액수보다 상대적으로 적었음에 틀림없다. 즉 추계는 보수적이다.

그림 1은 이렇게 얻은 자료 즉 표 3의 1973년부터 2013년까지 현대중공업 기능공의 월 평균임금 (F) 및 도시근로자가구 월평균

---

26 현대중공업의 초창기 즉 선박 1호선을 건조할 때인 1973, 4년에는 하루 16시간 정도 작업했다(현대중공업, 1992, p.407).

그림 1 현대중공업 '73 입사 기능공의 월 평균임금과 도시근로자가구의 월평균 경상소득
추이(1973-2013)

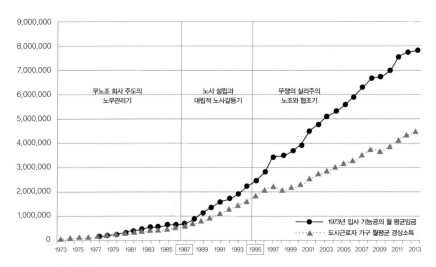

자료: 〈표 3〉

경상소득 (L)[27]을 비교하기 쉽게 그래프로 그린 결과다. 이 그림
이 제공하는 정보는 우리의 연구 사례인 현대중공업 기능공 20인
이 중산층이 되었으면 어느 시기에 되었는지를 판별하고, 기능공
의 현재 상태를 어떻게 성격 규정할 수 있는지를 평가하는 데 기
본적인 도움을 준다. 기능공의 임금소득 변화는 노사관계의 양

---

27 통상적으로 '도시근로자가구' 평균소득 보다는 '도시가구' 평균소득을 연구에서 많이 사용한다. 본 논문이 '도시
근로자가구'의 월평균 소득을 선택한 이유는 두 가지다. 하나는 비교의 기준을 높여 보다 보수적인 판단을 하기
위해서다. 예컨대 '도시근로자' 가구의 월평균 경상소득이 2005년 313만 원, 2010년 388만 원인데 비해, '도시가
구'의 가구당 월평균 소득은 2005년 약 297만 원, 2010년 367만 원으로 전자가 각각 5.34% 및 5.72% 높다(통계
청, 2013, p.738, 744). 다른 하나는 국가통계포털 (http://kosis.kr)의 '가계동향조사' 중 '도시(명목)가구당 월평균
가계지수(도시, 2인이상)'에 도시가구의 소득에 관한 자료가 1963~2002년 기간에 누락되어 있기 때문이다.

태에 따라 제1기 '무노조 회사주도의 노무관리기(1973-1986)', 제2기 '노조설립과 대립적 노사갈등기(1987-1994)', 그리고 제3기 '무쟁의 실리주의 노조와 협조기(1995-2013)'라는 세 시기로 나누어 볼 수 있다(김동원 외, 2008, pp.246-255). 여기에서도 이러한 시기 구분을 따라 기능공에 대한 처우의 변화를 논의한다.[28]

　　제1기를 분석함에 있어서 우선 주목해야 할 것은 한국의 도시근로자가구의 소득이 1970년대 중반에 들어오면서 중화학공업화의 본격적인 전개와 더불어 급속히 상승하고 있었다는 사실이다. 현대중공업 기능공의 임금과 비교해 보면, 현대중공업 1973년 입사자의 초임이 시급 237원으로 기본급이 월 56,880원이고 고정·연장수당과 상여금을 더하면 월 평균임금이 100,000원에 달하는 수준[29]으로 추계되는데 비해, 도시근로자가구의 월평균 경상소득은 45,850원이어서 전자가 후자의 2배 정도였다. 그런데 1977년에는 그것이 1.5배가 안 되는 방향으로 대폭 좁혀졌다. 이는 현대중공업이 한국 사회에서 처음부터 고임금으로 출발했다는 것을 의미함과 동시에 한국 사회 전반의 근로자 소득이 급격히 상승하면서 현대중공업 근로자의 임금을 추격해오고 있었다는 것을 의미한다.[30]

28　본 논문에서 노사관계에 대해서는 상세히 다루지 않는다. 이 주제는 양재진(2015)의 미간행 논문을 참고할 수 있다.

29　당시 일반미 중품 40kg 한 가마에 5,500원이었다(한국물가정보, 2010, p.196). 18가마의 가치였다.

30　도시근로자가구 월평균 경상소득이 1975-1980년의 6년간 평균 28% 상승하는 폭등세를 나타냈다. 한편 현대중공업 '73입사 기능공의 임금도 입사 이후 연평균 11.5% 수준으로 상승하다가 1978-1980년의 3년간에는 평균

세계 조선경기는 1979년 하반기부터 호전됐지만 현대중공업이 창립 10년 만에 선박수주와 건조량 세계 1위에 올라선 1983년의 '미니 붐'을 예외로 하고는 석유파동과 세계 선복량 과다 때문에 80년대는 조선 불황이었고, 특히 1985년은 최악의 해였다. 따라서 현대중공업의 임금도 상대적으로 정체 상태여서 1987년에는 '73년 입사자가 도시근로자가구에 대하여 1.2배 정도의 우위를 지키고 있었다. 그럼에도 불구하고 앞서 언급됐던 1984년 입사자 이갑용의 초임은 40만 원 이상으로 도시근로자가구 월평균 경상소득인 38만 6천 원을 상회하고 있다. 이는 현대중공업 기능공이 급속한 경제성장을 하던 1970-1980년대의 한국에서 입사 때부터 적어도 임금소득 면에서는 중산층으로 출발하고 있었음을 보여준다.

그런데 1987년에 불어 닥친 민주화 붐을 타고 현대중공업에도 노동조합이 설립되면서 그때까지의 양자 사이의 임금 수렴 경향은 바뀌기 시작하였다. 1987년 대규모 노사분규 이후 임금이 매년 20% 이상 인상되어 조선 선진국과 비교할 때 80년대 중반까지의 상대적 저임금에 의한 가격경쟁력을 기대할 수 없게 되었다.[31] 더욱이 국내외의 경쟁이 심화되자, 회사는 창의적인 원가절

23.5%로 고속 상승하고 있었다. 이것은 1970년대 중후반 세계 조선 경기의 불황과 관련이 있다고 할 수 있다.

31 한국과 조선업 선진국인 일본의 조선업 근로자의 월 급여수준을 비교해 보면 1982년 1:3.1, 1983년 1:3.2, 1984년 1:3.3, 1985년 1:3.3, 1986년 1:4.4, 1987년 1:4.4, 1988년 1:3.6, 1989년 1:2.8 로 격차가 좁혀지고 있었다(현대중공업, 1992, p.732).

감 설계와 공정 혁신으로 위기를 극복하고자 하는 노력을 더욱 가속화하게 된다(현대중공업, 1992, pp.544-560).

조선 산업은 전형적인 글로벌 산업으로, 이미 19세기 후반부터 단일한 세계시장을 놓고 국가 단위의 치열한 경쟁이 벌어지고 있었다. 그러나 일본은 80년대 석유파동으로 세계 조선시장이 침체되었을 때 설비 투자를 감축하고 설계 인력을 줄이는 자충수를 두어 경쟁력에 상당한 손실을 입었다. 이에 반해 현대중공업은 시장을 낙관적으로 전망하고 시장 수요가 악화된 상황에서 적극적인 투자를 했을 뿐만 아니라, 해외로부터의 기술 도입과 자체 기술 개발을 균형적으로 추구하여 기술 역량을 쌓아 갔다. 현대중공업은 선주의 요구에 유연하게 대응하는 설계 능력에서 일본을 제쳤을 뿐만 아니라 건조 능력 역시 일본과 대등한 수준으로 인정받아 1999년부터 일본을 제치고 세계 1위로 올라서게 된다(김형균·손은희, 2008).

제2기인 노조설립과 대립적 노사갈등기(1987~1994)에 '73년 입사 기능공은 4년(1988~1991년) 동안에 총임금이 2배 이상 올랐다. 상여금에 있어서는 매년 지급 적용 기준인 기본급 인상 외에 각종 수당들이 신설된 데다가 지급률도 1990년에 600%, 1994년엔 700%로 올랐다. 성과금[32] 또한 1992년부터 도입됐는데 1995

---

32 상여금은 기본급의 보조 기능으로 한국과 일본 등에서 시행되는 독특한 제도이다. 반면에 성과금이란 생산성 향상을 목적으로 매출과 이익에 연동하여 지급되는 보수다(김동원 외, 2008, p.264). 따라서 현대중공업의 경우 상여금은 지급률이 하락한 경우가 없었지만 성과금은 예를 들면 2010년에 통상임금의 451%였고 2014년에는 117%였을 정도로 매년 등락하는 변동이 있다(회사 자료).

년의 경우 통상임금의 210%가 지급되었다. 같은 해 격려금은 통상임금의 100%, 하기 휴가비 25만 원, 귀향비 34만 원이 일괄 지급되었다(회사 자료).

아산은 이 시기 격렬한 노사갈등의 본질을 아래와 같이 인식하고 있었다.

> "현대조선에서 노사분규가 일어났을 때를 반성해 보면, 우리는 기술도 모자라는 데다 시간에 쫓겼으니까 노사문제를 생각할 여유가 없었어요. 그냥 배를 빨리 만들어서, 선주 맘에 들어서 배가 인도되느냐 안 되느냐에만 미쳐 있었지. 그래서 노사문제를 배려하지 않았기 때문에 그 일이 터졌지. 중동이나 외국에서도 그랬구, 노사문제는 그 회사가 배려를 하면 안 터지구, 다른 일에 몰려 배려를 하지 못하면 터진다, 이렇게 보는 거예요. 또 한국의 기업이 순조로우면 노사문제도 순조로울 것이고, 순조롭지 않으면 노사문제도 순조롭지 않을 것이다, 이렇게 봐요."[33]

아산의 술회에서 보듯이 아산은 후발국의 '따라잡기' 전략의 이치를 정확하게 알고 있었고 동시에 노사문제의 본질적인 해결책도 가지고 있었다. 그래서 아산은 해외시장에서의 경쟁에서는 경쟁과 추격 대상인 일본의 조선회사가 하지 않는 유연한 선박

---

33 정주영, 1986, p.423.

설계로 발주자들의 다양한 요구를 만족시킴으로써 일본을 제치고 국제조선시장을 석권(김형균·손은희, 2008)하는 한편, 기능공들에게는 회사 소유 땅에 아파트를 지어 건축비에 해당하는 저가에 분양하도록 하였다. 그러면서 아산은 "이젠 근로자들이 집값 떨어질까 염려해 데모 안할 것"이라고 말했다(조상행, 2012, p.74).[34] 본 논문의 연구 사례 기능공들 중 다수가 1990년대 초중반에 최신식 중형 아파트를 소유하게 되었다는 설문 결과의 배경을 이해할 수 있게 해주는 아산의 파격적인 기능공 주거안정 대책이다.

이와 같이 현대중공업이 1994년에는 4천만 톤을 인도함으로써 최단기간 최고의 건조실적을 이룩했음에도 불구하고 대립적 노사갈등으로 1995년에는 근로자의 임금 상승도 정체되는 등 전반적인 위기에 봉착하게 되었다. 이러한 노사 양측의 위기의식은 1995년에 노사 간의 의식 변화를 일으켜 일상화된 쟁의를 종식시키는 타협을 이끌어냈다. 이렇게 제3기 무쟁의 실리주의 노조와 협조기로 들어가면서 그림 1에서 볼 수 있듯이 현대중공업 '73년 입사자의 임금은 1996년에 26%, 1997년엔 21% 급상승하여 도시근로자가구의 평균 경상소득과 격차를 급격히 벌리게 됐다.

1997~1998년 IMF 위기 당시 도시근로자가구의 경상소득이 7% 하락할 때에도 현대중공업 기능공은 임금이 5.3% 상승하는

---

34 이때 현대자동차는 보유하고 있는 땅이 없어서 근로자 아파트 저가 분양 혜택을 줄 수 없었다고 한다. 그래서 이
    후부터 현대중공업의 노조활동은 전에 비해 비교적 유연해진 반면, 현대자동차 노조활동은 보다 강성화의 길로
    계속 치달았다고 보는 관점도 있다(조상행, 2012, p.74).

모습을 보인다. 당시 상황을 묻는 심층면접 질문에 20명 모두 실업의 위협을 전혀 느끼지 못했다고 답하고 있다.[35] "금 모으기 운동에 동참하면서 나라 걱정은 했지만 개인적으로 위기감은 전혀 느끼지 못했다" 혹은 "나라 전체가 부도라는데 우리 회사는 아무 일 없어서 정말 고마움을 느꼈다"는 응답과 같은 반응이 주를 이루었다. 심지어는 IMF의 고금리 정책으로 "금융 이자 소득이 컸다"는 답변도 있었다. IMF 위기에도 불구하고 구조조정의 무풍지대로 고용 안정을 누리던 현대중공업 기능공이 도시근로자가구 평균 경상소득의 2배 가까운 임금을 받으며 격차를 굳게 벌린 때는 1998년을 거쳐 2000년대 들어오면서 협조적 노사관계가 정착된 때이다.

한편 상여금 지급률은 1995부터 2011년까지 내내 700%였지만 지급적용기준에 포함되는 수당들이 추가되었다. 예컨대 2002년에는 상여O/T 15시간이 지급기준에 추가되었다. 또 같은 기간에 성과금은 보통 통상임금의 200%였는데, 2007년부터 2011년 사이에는 통상임금의 345%에서 451%까지 지급되기도 했다. 격려금도 1995년 통상임금의 100%로부터 계속 인상되어 2011년에는 '사상 최초 매출 25조 원 달성 기념'으로 '통상임금 300%＋300만 원'에다가 특별격려금 100만 원이 지급되기도 하였다. 하기 휴가비도 2008년에 통상임금의 50%가 됐으며 귀향

---

35 IMF 사태 때 현대중공업은 고용보장을 선언하고 인위적 구조조정을 하지 않았다(김동원 외, 261).

비도 100만 원이 되었다(회사 자료). 마침내 2002년 현대중공업은 '아시아 최고의 직장'에 선정되었다.

지금까지 살펴본 바와 같이 현대중공업 기능공들은 입사 초임부터 임금 소득 면에서 중산층 혹은 그 이상의 범주에 속해 있었다. 민주화 시기 격렬한 노동쟁의로 급속한 임금 상승과 복지 신설을 시현했으나 대립적 노사갈등으로 정체를 겪다가 노사협조를 이루어냄으로써 한국 최고의 임금 소득과 복지 수준에 도달하였다. 이에 따라 1980년대 후반 이후에 입사하게 된 현대중공업 기능공 2세대는 더욱 향상된 임금과 복지 조건에서 출발하게 됐음은 두말할 필요도 없다.

기능공의 현재 소속 계층

이제 본 논문의 연구 분석 대상인 기능공 20명이 현재 정말 중산층이 되었는지, 그리고 됐다면 언제 그리고 어떤 수준의 중산층이 됐는지를 판단할 차례가 되었다. 우선 오늘날의 계층구조를 40년 전의 계층구조와 직접적으로 비교할 방법은 없다. 왜냐하면 경제적 소득은 물론이고 여러 가지 조건이 전반적으로 상승했기 때문이다. 절대적인 기준에서 삶의 조건을 비교하면 국민 누구나가 엄청난 상승 이동을 하였다. 그러므로 여기에서는 오늘날의 중산층 그중에서도 핵심적인 중산층 즉 계층구조에서 '중중'층에 해당하는 경우의 하한을 구체적으로 설정할 필요가 있다.

이를 위해 우선 한국 사회의 각 계층이 어떻게 중산층을 판단하는지 즉 '중산층의 정체성'에 대한 윤곽을 참고해 볼 수 있다. 자신의 계층 소속감과는 무관하게 상층, 중산층, 하층 대부분이 모두 '안정된 소득과 경제적 여유'를 중산층의 가장 중요한 조건으로 꼽았다(함인희·이동원·박선웅, 2001). 그러므로 한국 사회의 중산층 정체성은 일차적으로는 경제적 조건에 터하고 있음을 보여준다. 소득 수준 다음으로는 '직업과 지위', '소비수준', '건전한 가치관' 등의 순으로 중산층을 판별하고 있는 것으로 나타났다(함인희·이동원·박선웅, 2001). 그러므로 이 논문도 소득과 재산을 중심으로 하는 경제적 조건을 중심으로 하고 이에 추가적인 기준을 한두 가지 적용해 현대중공업 기능공들의 소속 계층을 판별하고자 한다. 최종적으로 다음과 같은 기준이 사용되었다.

첫째, 중산층의 하한 소득 기준을 도시근로자가구 월평균 경상소득의 90%로 삼고자 한다. 이 기준은 농촌가구 평균소득과 비교하면 당연히 높은 기준이다.[36] 그렇다면 도시근로자가구 평균 경상소득의 90%를 도시와 농촌을 망라한 전체 가구의 한 가운데 즉 핵심 중산층의 하한으로 삼는 기준은 큰 무리가 없다(기준 1). 둘째, 자산 기준은 국민주택규모(주거 전용 면적 25.7평)이상의 아파트 소유 혹은 그에 상당하는 단독주택을 소유하면 핵심 중산층의 하한으로 설정하고자 한다(기준 2). 셋째, 자동차 소유 여부 및

---

36 각주 27) 참조.

소유한 자동차의 모델도 중산층의 기준으로 삼기로 한다(기준 3). 오늘날 전국의 거의 모든 가구가 자동차를 소유하고 있어 이 기준으로 중산층 여부를 가리는 일은 큰 의미가 없다. 그러나 80년대 그리고 90년대를 거치면서 당시는 '마이 카' 구호가 중산층으로 진입하는 하나의 상징이었기 때문에 연구대상 기능공들이 언제 최초의 자동차를 소유하게 되었는가를 확인하는 작업은 중산층으로의 진입 시기를 알아보는 의미 있는 기준이 될 수 있다. 넷째, 연구대상의 교육 수준은 이미 입사 당시에 결정되어 있으므로,[37] 여기에서는 대신 자녀의 교육에 대한 기대수준을 중산층 판별기준으로 삼고자 한다(기준 4). 다섯째, 스스로 어떤 계층에 속하는지를 밝힌 '주관적 소속계층' 지표도 활용하고자 한다(기준 5).

이상과 같은 객관적 기준 네 가지 그리고 주관적 기준 한 가지를 활용하여, 응답자가 이 가운데 네 가지를 충족하면 '핵심적 중산층', 세 개를 충족하면 '주변적 중산층', 두 개 이하를 충족하면 '비중산층'으로 판별하고자 한다(홍두승, 2005). 표 4는 현대중공업 기능공 사례 20인의 심층면접 결과를 앞에서 제시한 중산층 판별기준에 따라 정리한 것이다. 분류에 사용된 다섯 가지 기준에 따라 항목별로 사례들을 분석하여 기능공들의 중산층 진입 여부를 검토해 보기로 한다.

---

37 그러나 일부 응답자는 앞에서 밝혔듯이 입사 후 기회가 닿을 때마다 학력을 높여 중졸은 고졸로, 고졸은 전문대에 해당하는 현대중공업 기술대학 등을 마친 경우가 많다.

표 4 현대중공업 입사 기능공들에 대한 계층 판별 기준 및 결과

사례	분류 (나이)	현재 임금 (만 원)	최초 자가 (연도) 현재 자가 (가격)	자동차 최초 (연도) 현재 (연도)	자녀 교육 수준	현 주관적 소속 계층	중산층 판별
		기준 1	기준 2	기준 3	기준 4	기준 5	(5점 만점)
1	사직1 (60)	7,600	25평A* (92) 25평A	엘란트라 (93) 중형차	1남1녀 대학원	중중	핵심 (5)
2	사직2 (60)	9,000	20평A* (92) 단독 40평	소형차 (00) 소렌토 (05)	1남2녀 전문대,대졸	중상	핵심 (5)
3	사직3 (60)	9,000	단독 (93) 단독 4억5천	엑셀 (98) 그랜저	3남매 대졸	중중	핵심 (5)
4	사직4 (59)	7,800	24평A* (93) 단독	엘란트라 (94) 그랜저	2명 대졸	중중	핵심 (5)
5	사직5 (59)	9,000	단독 2억5천	테라칸(03)	1남1녀 대졸	중하	핵심 (4)
6	사직6 (58)	8,000	24평A* (90) 상동	그랜저	3녀 대졸	중하	핵심 (4)
7	사직7 (57)	8,000	33평A* (95) 상동	아반테 (93) 소나타 (10)	2남 대졸,대재	중중	핵심 (5)
8	공직1 (58)	9,000	15평A* (83) 33평A* 2억8천	소형차 (86) 그랜저	2녀 대졸	중하	핵심 (4)
9	공직2 (55)	9,600	15평A* (84) 31평A*	EF소나타 (99)	2남 대졸	중중	핵심 (5)
10	공직3 (53)	8,900	32평A (00) 상동	소형차 (89) 그랜저	1남1녀 대재	중중	핵심 (5)
11	공직4 (56)	8,500	17평A* (85) 단독 4억 (12)	엘란트라 (94) 테라칸	1남1녀 대졸	중중	핵심 (5)

12	공고1 (58)	9,000	25평A* (90) 상동	엘란트라 (87) 그랜저	2남 대졸	중중	핵심 (5)
13	공고2 (58)	9,000	24평A* (92) 상동	그랜저	자녀 무	중중	핵심 (5)
14	공고3 (55)	9,000	29평A (80) 상동	소형차 (91) 그랜저	1남 대졸	중중	핵심 (5)
15	공고4 (55)	7,000	28평A* (92) 상동	아반테 아반테	2남 대학원, 대졸	중중	핵심 (5)
16	공고5 (58)	7,000	주택40평 42평A	포터 (94) 리갈	2남 대졸	중중	핵심 (5)
17	현공1 (54)	8,000	단독 (00) 단독 1억	무쏘 무쏘	2명 대재, 중2	중중	핵심 (5)
18	현공2 (55)	8,700	18평A (90) 43평A 3억5천	엘란트라 (98)	1남2녀 대졸, 대재	중중	핵심 (5)
19	현공3 (50)	8,300	33평A* (96) 32평A 4억(09)	소형차 (95) 중형차	2남 대재	중중	핵심 (5)
20	현공4 (48)	6,400	32평A 2억 (07) 상동	중형차(09)	2남 고교생	중하	핵심 (4)

주) '사직'은 사업내직업훈련원, '공직'은 공공직업훈련원, '공고'는 일반공고, '현공'은 현대공업고 등학교를 각각 의미한다. '상동'은 현재 자가가 최고 자가와 같다는 말이다.

* 현대중공업에서 개발해 저가에 공급한 주택.

첫째, 응답자들의 소득이 도시근로자가구 월평균 경상소득 90% 이상이라는 기준을 통과하느냐 여부이다. 그러나 이 문제는 앞에서 상세히 분석했듯이, 현대중공업 기능공들은 입사 직후 초임부터 도시근로자가구 월평균 경상소득을 상회했으며 2000년대에 들어오면서부터는 거의 2배에 가까운 모습을 보이고 있어 응답자 누구도 이 기준을 통과하는 데는 전혀 문제가 없어 보인다. 2014년 현재 응답자들의 소득은 대략 평균 8천만 원 수준이다. 그리고 이 중 8인(40%)은 9천만 원 이상이라고 답하고 있다.[38]

여기에 더해 대학 재학 중인 자녀를 가진 응답자는 1자녀 당 연 1천만 원 정도의 학비 지원금이 사실상 추가되었을 것이다. 또한 극히 최근 즉 2014년부터는 회사가 적자였기 때문에 가능성이 희박하지만 그전 대부분의 기간에는 성과금이나 격려금 등도 추가로 받았을 것이다. 그러므로 실제는 응답에서 드러난 액수보다 최소한 1천만 원은 더 많이 받았다고 보아야 한다.[39] 따라서 응답자들은 근로소득만으로 소득에 대한 중산층 기준의 하한선을 훨씬 상회하는 충족을 했다. 참고로 **표 5**가 제시하고 있는

---

38 2014년 소득에 대한 이러한 응답은 **표 30**에 따라 1년 전 소득 즉 2013년 소득을 추정한 월 7백8십8만 원과 비교하여 다소 낮은 결과이다. 2013년 월 소득을 연 소득으로 환산하면 9천5백만 원 가량이기 때문이다. 그러나 이러한 조사에서 응답자는 대부분 소득을 조금씩 낮추어 응답하는 경향이 있다는 사실을 고려하면 큰 문제가 될 수 없다.

39 본 논문에서 사용된 시계열 기본급 자료의 주인공인 '73년 입사 기능공은 현재 기정(부장급)인데, 임금이 피크였던 2013년에 기정대우(1급 을)로 연봉 9천5백만 원 수준의 임금을 받았다. 여기에 성과급 (통상임금의 213%), 격려금(통상임금의 200%+300만 원), 하기 휴가비(통상임금의 50%) 및 명절귀향비(100만 원) 등 2천만 원에 가까운 수입을 더하면 현금성 총연봉은 1억 1천5백만 원이 넘는다.

2014년 도시근로자가구의 소득10분위 별 가구당 연평균 소득과 비교한 결과는,[40] 이들이 이미 도시근로자가구 소득의 9분위(하한 경계 7,695만 원)에 확실하게 포함되어 있으며 이들 중 반인 10명은 10분위(하한 경계 9,346만 원)에 들어가 있음을 알 수 있다. 이는 분명 중산층을 넘어 상층에 진입한 모습이다.

표 5 도시근로자가구의 소득10분위별 가구당 연평균 소득(2014년)

	전체	I	II	III	IV	V	VI	VII	VIII	IX	X
가구분포 (%)	100.0	10.0	10.0	10.0	9.7	10.0	10.0	10.0	10.0	10.0	10.0
연소득 (만 원)	5,680	1,839	2,911	3,583	4,233	4,839	5,462	6,184	7,116	8,440	12,171

자료: http://kosis.kr〉국내통계〉주제별통계〉물가 · 가계〉소득10분위별 가구당 가계 수지 (도시, 2인이상)

둘째, 자산 규모로 25.7평 아파트 즉 국민주택 규모 이상의 아파트 혹은 그에 상응하는 재산을 소유하고 있는지 재산 규모의 문제를 검토해 보자. 응답자 20명 중 12명 즉 60%가 회사에서 개발해 저가로 분양한 아파트가 생애 첫 번째 소유 아파트였다고 답했다. 이는 실제로 1983년부터 1996년까지 진행됐던 일이다.[41]

---

40 http://kosis.kr 〉국내통계〉주제별통계〉물가 · 가계〉가구당 월평균 분위경계값 및 적자가구비율.

41 아산은 사원들의 주거 안정을 위해 1973년부터 1978년까지 임대 아파트 3,934세대를 지어 사원들에게 공급했다. 1978년부터는 분양방식을 채택해 1991년까지 6,478세대를 실비로 공급했다. 1990년부터 무주택 사원을 없앤다는 목표를 세우고 기존 노후 아파트 재개발 사업을 착수하여 1993년까지 총 6,343세대의 대단위 고층 아파트가 시가보다 저렴한 가격으로 공급됐다(현대중공업, 1992, pp.1173–1177).

1975년에 입사한 한 응답자는 결혼 전인 1983년 26세 때 회사가 분양한 15평 아파트에 거주하다가 1995년 역시 회사가 소유한 사택 부지를 재개발해 분양한 33평 아파트로 옮겼다고 진술하고 있다. 이 경우 주택 자산 기준의 핵심 중산층 요건을 1995년에 충족시킨 셈이다. 표 4에 정리된 '기준 2'의 항목이 보여주듯이 1973~1983년 입사자들인 응답자들은 모두 25평대 아파트 혹은 그 이상에 상당하는 주택을 현재 소유하고 있다. 울산의 아파트 혹은 부동산 가격이 전국적으로 보아 상대적으로 높다는 사실을 고려하면 이들은 모두 현재 중산층에 속하기에 충분한 재산을 가진 상황이라고 판단할 수 있다.

셋째, 자동차 소유 문제를 살펴보자. 응답자들은 소득의 수준으로 보면 더 일찍 자가용 수요층이 될 수 있었지만, 회사가 가까워 자전거나 오토바이로 통근을 하는 것이 편했다고 진술한 경우가 많다. 응답자들은 1980년대 후반부터 자동차를 소유하기 시작해서 1990년대 중후반이 되면 거의 대부분이 소형차를 소유하게 되었다고 말하고 있다. 1990년대 말부터는 중형차로 바꾸었고 2000년대에 들어와서는 중대형차인 '그랜저'를 8인(40%)이 소유하고 있다. 응답자의 65%가 직급체계에서 과장급 이상의 간부들이니 어쩌면 당연한 결과다. 종합적으로 보아 이들은 모두 1990년대 '마이 카 시대'를 실현하였고, 이로써 이때부터 핵심 중산층의 기준을 또 하나 통과했다.

넷째, 자녀의 교육 수준에 있어서는 2년제 대학 졸업 이상을 중산층의 기준으로 하였다. 앞에서도 언급했지만 연구 사례 기능 공들은 전문대졸 1명을 포함하여 해당 학령에 이른 자녀들을 전부 대학에 진학시켰다. 현재 중고교 재학 중인 자녀를 둔 경우도 있지만 이들의 기대 학력이 대학졸업을 상회할 것임은 의심의 여지가 없다. 특히 회사에서 대학 등록금을 지원하는 후생복지 프로그램이 있기 때문에 더욱 그렇다. 따라서 이 기준에서도 응답자들은 모두 하한 기준을 통과하고 있음을 알 수 있다.[42]

　다섯째, 마지막으로 주관적인 판단에 따라 응답자들이 밝힌 현재의 소속 계층을 알아보자. 우리 사회의 계층을 '상, 중의 상, 중의 중, 중의 하, 하'의 5등급으로 구분할 때, 자신이 '중상'에 속한다는 답이 1명(5%), '중중'에 속한다는 답이 15명(75%), '중하'에 속한다는 답이 4명(20%) 이었다. 그리고 대다수가 2000년 전후를 자신이 중산층이 진입한 해로 꼽았다. 결국 모두가 중산층에 속한다고 답한 셈이다. 하지만 스스로 생각하기에 핵심 중산층보다 아래 계층 즉 '중하'로 생각하는 경우도 4명 있었다.[43] 그

42　한편 응답자 자녀의 교육 수준이 아니라 응답자 본인의 교육 수준과 관련해서 매우 흥미로운 조사결과가 드러났다. 이 문제는 앞서 살펴본 입사 당시의 학력이 지금까지의 직장생활에 어떤 영향을 미쳤는가를 간접적으로 드러내준다. 상대적으로 교육 수준이 낮은 경우와 관련된 문제다. 예컨대 '공직1'은 중학교를 졸업하고 정수직업훈련원에 들어가 기능사 2급 자격을 취득하고 수료했지만 고등학교 졸업장이 없어서 공식 학력이 중졸이다. 하지만 그는 현재 직급이 기정(부장급)으로 생산직 최고의 직급에 올라있다. 또한 '사직7'과 '공직4'는 중졸 학력으로 각각 현대중공업훈련원과 공공직업훈련원을 거쳐 입사한 후 현대공고 야간부를 다님으로써 정식 고등학교 졸업장을 취득했다. 특히 '공직4'는 기원(대리급)과 기장(과장급)이 입학 자격인 현대중공업 기술대학까지 마친 대졸 자격자가 되어 현재 기감(차장급)으로 승진해 있다. 중졸이라는 입사 당시의 공식 학력이 전혀 문제가 되지 않았음을 이들 경우가 잘 보여준다.

43　계층 귀속의식에 관한 조사에서 한국 사람들은 스스로를 '중산층'이라고 보는 경향이 강하다. 즉 사실은 상층 혹은 하층이면서 중산층이라고 답하는 경우가 많다. 그것은 사람들이 통상 사회의 계층구조 속에 자신을 중간에 위치시키는 경향을 가지고 있기 때문이다. 또한 여기에 더해 스스로 속한 계층을 상대적으로 낮게 답하는 경향

러나 이들은 핵심 중산층에 속하는 기준 자체를 높게 잡고 있는 경향이 있다. 예컨대 '공직1'은 중산층의 기준이 재산 5억은 되어야 한다고 진술하였기 때문이다.

이제 분석의 결과를 종합해 보자. 1973년부터 1983년까지 입사한 기능공 응답자 20명은 모두 '핵심적' 중산층의 기준을 통과했다. 왜냐하면 모든 응답자가 앞서 설정한 기준 다섯 가지 가운데 최소 네 가지를 충족하고 있기 때문이다. 다섯 가지 기준을 모두 통과한 응답자는 16명으로 전체의 80%이다. 반면에 네 가지만 통과한 응답자는 네 명 즉 전체의 20%이다. 그러나 이들도 스스로 설정한 즉 주관적인 중산층의 기준이 높을 뿐, 객관적인 중산층의 기준 특히 소득이나 재산의 차원에서는 모두 최소한의 기준을 훨씬 상회하고 있다. 간단히 말해 1973년부터 1983년 사이에 입사한 조사대상 기능공 20명은 모두 현재 핵심 중산층을 구성하고 있다고 보기에 전혀 문제가 없다. 나아가서 어찌 보면 이들의 상황은 핵심 중산층보다는 상대적으로 상위의 계층인 '중상' 혹은 '상'에 속하는 계층일지도 모른다. 앞서 분석한 이들의 소득 수준이 이런 해석을 뒷받침한다.

도 발견된다. 그것은 답변자의 준거 집단이 높이 설정돼 있거나, 아니면 자신을 낮추는 응대를 하는 습속이 있기 때문이다(신광영, 2004, p.247).

표 6 현대중공업 1973-1983년 입사 기능공의 세대 내 계층이동(N=20)

		2015년 현재 소속계층					
		하	중			상	합계 (%)
			중하	중중	중상		
입사 당시 (1973- 1983) 소속 계층	상						
	중	중상			1		1 (5)
		중중			4		4 (20)
		중하			9		9 (45)
	하			6			6 (30)
	합계			20			20 (100)

마지막 분석이 필요하다. 다름 아닌 이들을 상대로 입사 당시의 소속 계층과 오늘의 소속 계층을 교차시키는 작업이다. 이와 같은 '세대 내' 계층이동의 결과는 표 6에 제시되어 있다. 1973년부터 1983년까지 입사할 당시 이들의 소속 계층은 중상 1명, 중중 4명, 중하 9명, 그리고 하 6명이었다. 현재는 20명 모두가 '중중' 계층 소속이다. 입사 당시의 핵심 중산층을 '중중' 계층이라고 치면, 당시 이들 가운데 15명 즉 75%는 그 아래 계층 즉 '중하'와 '하'에 소속되어 있었다. 그러나 이들은 모두 약 40년이 지난 오늘날 핵심 중산층인 '중중' 계층에 소속되어 있다. 응답자의 75%가 세대 내 계층의 상승 이동을 경험한 셈이다.

표 6에는 '중상'에서 '중중'으로 소속 계층이 하강한 경우가 한 사람 등장한다. 그러나 이 표는 현재 소속 계층의 기준을 정하면

서 핵심 중산층 즉 '중중'의 하한이 무엇인가에 초점을 맞추었기 때문에 핵심 중간층의 상한 즉 '중중'과 '중상' 계층의 경계, 나아가서 '중상'과 '상'의 경계를 세밀하게 구분하지 않았다. 그러므로 현재 분류된 '중중'에는 사실상 '중상' 혹은 '상'에 소속한 경우가 꽤 있을 수 있다. 거듭 지적하지만 앞서 분석한 월평균임금의 지난 40년간 추이를 오늘날의 10분위별 소득구간에 관한 정보와 교차하면 이러한 추론이 얼마든지 가능하다. 그러므로 실제로는 이 표에 등장하는 한 사람의 계층 하강 경우보다 훨씬 많은 경우의 계층 상승 이동이 존재하고 있을 가능성이 높다.

4. 중산층 사회의 등장과 오늘날의 문제

지금까지 현대중공업 기능공들이 중산층에 진입하는 과정을 입사 시기 즉 1973-1983년부터 2015년 현재에 이르기까지 추적하였다. 본 논문은 비교의 기준으로 삼기 위해 채택한 중산층의 기준을 통계청과 OECD에서 사용하는 가구 중위소득의 50%~150% 범위-통계청에서는 그중에서 가구 중위소득의 75%~125%를 핵심 중산층이라고 한다-보다 훨씬 높은 기준으로 설정하였다. 소득 기준으로만 본다면 현대중공업의 기능공들은 입사 때부터 핵심 중산층에 해당한다. 그리고 경제적, 사회적인 조건은 물론 주관적인 의식 등 다양한 기준을 종합하여 판별하면 초창기 입사 기능공들은 대략 입사 10년 안에 '주변적 중산층'에 진입하고, 20년 안에는 '핵심적 중산층'이 되었으며, 현재는 중산층을 넘어 '중상층'에 육박하고 있음을 알 수 있었다.

박정희 대통령은 1973년에 '중화학공업화선언'을 하면서 기능공을 대대적으로 양성하면서 실력 있는 기능인에게는 여러 특전의 길을 열어 산업발전과 더불어 중산층 형성을 촉진하고자 하였다(김정렴, 2006, p.408). 박정희 정부는 인문계 중·고교를 평준화하여 도시 중상층의 재생산 기제를 허무는 대신, 인구의 다수가 속해 있는 농촌의 학생들을 대상으로 기술·기능계 공업교육을 정예화하고 대대적으로 육성함으로써 평등지향적 사회구조를 만들어내고자 했다(류석춘·김형아, 2011, pp.126-127). 다시 말해 한국의 발전국가는 '중산층 사회'에 대한 명확한 목표를 가지고 중공업화를 국가전략으로 추진하였다.

이러한 국가적 목표에 호응하여 기업인 아산은 전후방 연관효과가 큰 중공업을 개척하여 대량의 일자리를 창출하고 숙련 기능공을 양성하여 진로가 마땅치 않던 젊은이들을 자신의 직업에 만족하고 또 자부심을 가진 직업인으로 키워냈다. 나아가 아산은 창의적인 '따라잡기catch-up' 전략으로 해외시장을 개척하면서 제조업이 창출하는 특별이윤을 기능공들에게 아낌없이 분배했다. 자신이 세운 회사에서 일하는 생산직 근로자 즉 노동자의 임금소득이 한 세대 만에 도시근로자가구소득의 최상위 범주 즉 소득 10분위 수준에 육박하는 고소득자들로 만들어 냈기 때문이다. 더욱이 회사 자체의 주택 개발과 저가 분양으로 사원의 98%를 국민주택규모 이상의 중형 주택 소유자로 만들었다(정몽준, 2011, p.110). 이리하여 아산 정주영은 자신이 바라고 또한 온 국민이 바라던 광범위한 중산층이 토대를 이룬 "부하고 강한 선진국"을 만들어 내는 과제를 성공적으로 이끌었다(정주영, 1986, p.203). 또한 그는 이 과정에서 자신의 도전과 성취에 동참해 준 노동자들에게 평생 감사와 존경 그리고 의리를 바쳤다(박정웅, 2007).

아산은 자신을 "부유한 노동자일 뿐"이라고 역설적으로 표현하기를 즐겼다. 이를 그의 행적을 기초로 풀어서 해석해 보면, 인간은 다 같이 평등한 노동자라는 입장에서 출발하는 것으로 계급과 같은 편 가르기에 몰두하기보다는 모든 국민이 각자 한 사람의 노동자로서 성취 지향적인 삶을 살아가면 국민과 국가의 경제가 발전한다는 철학을 담고 있는 말이라고 할 수 있다. 그런데 공교롭게도 본 논문의 연구 사례들은 거의 대부분 스스로가 블루칼라 노동자임에도 불구하고 자신이 '노동자계급'이라는 의식을 가지고 있지 않다고 밝히고 있다. 또한 그들은 다수가 한국인이라는 사실에 자부심과 만족감을 가지고 있으며, 건전한 국민의식으로의 전환이 있지 않으면 한국이 현 상태에 머무르거나 심지어 퇴보할 것이라고 심각한 우려를 표하고 있다. 이들의 사회의식에서 우리는 아산과 거의 동일한 개인주의 및 국민주의에 관한 성취 지향적 철학을 엿볼 수 있다. 묘하게도 아산과 현대중공업의 기능공들은 의식면에서 상호 배태되어 있었다.

거시적으로 볼 때 '중산층'이나 '중산층 사회'란 단순히 임의적으로 구분된 계층 개념을 넘어선다. 그것은 '민중의식'이나 '노동자계급의식' 등과 같이 국민 내부를 갈라서 대립적으로 파악하는 개념이 아니다. '중산층'이라는 개념은 국민의식 내지 공민의식을 공유하는 토대 위에서 안정된 삶의 기반을 성취를 통해 확보한 상태를 핵심으로 한다. 그렇기 때문에 국가는 중산층을 최대한 확대시켜 안정과 발전의 주체로 삼고, 뒤처진 국민들을 중산층이 부담하는 세금으로 도와서 따라오게 하는 복지를 시행해야 한다. 그러므로 '중산층 사회'는 건강한 국가를 담아내는 핵심 조건이다.

아산의 다음과 같은 발언은 그가 '중산층 사회'를 지향하고 있음을 잘 드러낸다. "기업은 국민들에게 좋은 물건을 싸게 많이 공급하여 생활의 질을 향상시키고, 이익을 많이 내서 나라에 세금 많이 내고, 국민들에게 많은 일자리를 제공하고, 높은 교육을 받을 수 있게 하여 신분 상승의 기회를 넓혀 주는 기회의 평등을 위해 노력해야 한다(박정웅, 2007, pp.202-203)". 평등을 지향하는 국민경제의 선순환에 관한 아산의 철학이 만들어낸 기능공의 중산층화 다시 말해 '노동자의 부르주아화'(Penn, 1984)는 아산의 민족주의가 지녔던 대외적 도전과 경쟁, 그리고 대내적 평등지향이 구현된 결과라고 보지 않을 수 없다(류석춘·유광호, 2015).

한국에서 중산층 사회가 등장하는 과정에는 국가와 기업과 기능공 간에 상호 배태된 관계가 작동하고 있었다(유광호, 2014). 국가는 기업에게 국제 경쟁에 필요한 정책지원과 기능공이라는 숙련인력을 제공하였고, 기능공에게는 숙련을 형성시키는 교육과 병역특례라는 혜택을 주었다. 기업은 세계시장으로의 수출을 통해 국가에 세금을 내면서 국가의 위상을 끌어 올렸고, 기능공에게는 일자리와 고임금을 통해 계층의 상승이동 통로를 제공하였다. 기능공은 국가에 '산업전사'로서의 헌신과 국민으로서의 애국심을 제공하였고, 기업에게는 생산성 향상과 노사협조를 제공하였다. 세 주체 간의 '일반화된 호혜성'이야말로 이들이 중산층 사회를 건설하는 기본적인 동력이었다(류석춘·왕혜숙, 2008; Lew, 2013).

그러나 이러한 성취에도 불구하고 오늘날의 현실은 심각한 문제를 내장하고 있다. 다름 아닌 기업의 고용구조 문제다. 표 7은 2014년 말 현재 현대중공업 생산직 직원의 고용구조를 연령대 및 직급에 따라 정리한 결과다. 현대중공업 생산직 직원은 2014년 12월 말 현재 총 15,270명이고, 이들의 평균연령은 만 48세다. 연령을 구분하는 기준을 5년 단위로 하여 60세 즉 정년까지의 연령대별 직원 분포를 보면 고령자 편중이 심각함을 알 수 있다.

즉 56~60세 구간이 가장 많은 27.6%(4,211명), 그리고 50~55세 구간이 그다음으로 많은 21.4%(3,265명)를 각각 차지하고 있다. 그다음 구간부터는 비교적 고른 분포 즉 각각의 연령대별로 약 10% 내외의 분포를 보인다. 그러나 상대적으로 젊은 26~30세 구간으로 오면 4.3%(662명)로 그 비중이 급격히 떨어지고, 그다음

표 7 현대중공업 생산직 직원의 연령대별 및 직급별 인원현황(2014년 12월 현재)

연령대	생산직										
	기정	기정 대우	기감	기장	기원	4급	5급	6급	7급	합계	
평균 연령	58.0	57.0	57.5	55.7	53.9	48.3	38.2	33.1	29.3	48.0	(%)
18~20	–	–	–	–	–	–	–	3	169	172	(1.1)
	–	–	–	–	–	–	–	(1.7)	(98.3)	(100.0)	
20~25	–	–	–	–	–	–	2	33	98	133	(0.9)
	–	–	–	–	–	–	(1.5)	(24.8)	(73.7)	(100.0)	
26~30	–	–	–	–	–	3	30	308	321	662	(4.3)
	–	–	–	–	–	(0.5)	(4.5)	(46.5)	(48.5)	(100.0)	
31~35	–	–	–	–	2	37	512	1033	436	2,020	(13.2)
	–	–	–	–	(0.1)	(1.8)	(25.3)	(51.1)	(21.6)	(100.0)	
36~40	–	–	–	1	23	408	811	289	123	1,655	(10.8)
	–	–	–	(0.1)	(1.4)	(24.7)	(49.0)	(17.5)	(7.4)	(100.0)	
41~45	–	–	–	9	343	836	283	50	9	1,530	(10.0)
	–	–	–	(0.6)	(22.4)	(54.6)	(18.5)	(3.3)	(0.6)	(100.0)	
46~50	–	–	1	120	1,036	384	51	3	–	1,595	(10.4)
	–	–	(0.1)	(7.5)	(65.0)	(24.1)	(3.2)	(0.2)	–	(100.0)	
51~55	–	2	14	411	2,256	545	37	–	–	3,265	(21.4)
	–	(0.1)	(0.4)	(12.6)	(69.1)	(16.7)	(1.1)	–	–	(100.0)	
56~60	1	6	52	671	2,751	696	34	–	–	4,211	(27.6)
	(0.0)	(0.1)	(1.2)	(15.9)	(65.3)	(16.5)	(0.8)	–	–	(100.0)	
61~65	–	–	3	8	16	–	–	–	–	27	(0.2)
	–	–	(11.1)	(29.6)	(59.3)	–	–	–	–	(100.0)	
합계	1	8	70	1,220	6,427	2,909	1,760	1,719	1,156	15,270	(100.0)
(%)	(0.0)	(0.1)	(0.5)	(8.0)	(42.1)	(19.1)	(11.5)	(11.3)	(7.6)	(100.0)	

자료: 회사 자료

연령대인 20~25세 구간으로 오면 급기야 그 비중이 0.9%(133명)에 불과하다. 18세부터 25세까지로 연령구간을 늘려 보아도 그 집단이 차지하는 비중은 전체 생산직 직원의 2.0%에 불과할 뿐이다.

생산직에서 50세 이상의 직원이 전체 직원의 49.2% 즉 거의 절반을 차지하고 있는 셈이다. 또한 이들은 당연히 직급도 높다. 기원(대리) 이상의 고위 직급은 대부분 이들이 차지하고 있다. 근속 기간이 길고 또 직급이 높으면 소득도 따라서 올라간다. 사실 본 논문이 분석한 1973년부터 1983년까지 입사한 기능공 20명도 단 한 사람(현공4)을 제외하고는 모두 이 50대 생산직 직원에 포함된다. 따라서 앞서 분석했듯이 1970년대와 1980년대에 대거 입사한 이들은 지금 대부분 핵심 중산층 혹은 그 이상의 생활수준을 누리며 직장생활을 즐기고 있다. 반면에 만 30세 이하의 연령을 가진 생산직 직원은 전체 생산직 직원의 5.3%(967명)에 불과하다. 당연히 이들의 직급은 낮다. 또한 이들은 간부급 직원들에 비해 소득도 적다.

더욱 심각한 문제는 이들의 다음 세대 즉 앞으로 충원될 사람들도 과거 1970년대 혹은 1980년대와 같은 규모의 비중으로 충원되지 않을 것이라는 분명한 사실이다. 즉 기업의 새로운 일자리에 대한 수요가 많지 않을 것이란 우울한 예측이다. 특히 오늘날의 여러 가지 조건 예컨대 경쟁력에 비해 임금이 지나치게 높은 상황, 조선업계의 세계적인 불황, 그리고 중국과 같은 경쟁국의 등장은 현대중공업이 과거와 같은 방식으로 엄청난 규모의 일 자리를 제공해 주지 못할 것이라는 예측을 낳고 있다.

현대중공업 생산직 사원의 연령구조는 어렵사리 자리 잡은 중산층 사회가 앞으로 시간이 감에 따라 약화될 수밖에 없는 구조라는 사실을 우울하지만 분명하게 보여주고 있다. 최근 10년 내외 기간의 신입사원 충원 숫자가 웅변한다. 그렇다면 새로운 도약은 불가능한가? 아산이 보여준 불굴의 도전 정신 그리고 기능공의 땀과 눈물이 이룩한 기술개발 등이 결합해 세계 최고의 기업으로 성장하며 수많은 일자리, 나아가서 중산층을 길러낸 현대중공업은 이제 여기서 멈추어야 하는가?

여러 가지 창의적인 대응이 있을 수 있다. 그러나 분명히 보이는 한 가지 가능성을 절대 간과할 수 없다. 다름 아닌 본 논문이 주목한 50대 연령의 고임금을 받는 엄청난 규모의 생산직 사원들이 앞으로 10년 안에 모두 정년을 맞이하여 퇴직하게 된다는 사실이다. 이들 한 사람의 연봉은 신입사원 세 사람 혹은 네 사람의 연봉과 엇비슷하다. 그렇다면 이들의 정년으로 생기는 빈 공간에 직장을 못 찾아 방황하는 우수한 청년들을 많은 숫자로 충원할 수 있다. 사상 최고로 높다는 오늘날 20대 실업률을 끌어내릴 수 있는 절호의 기회다.

기업의 일자리 창출 특히 우수한 기업의 일자리 창출이 중산층 사회를 뒷받침하는 가장 중요한 사회적 기제다. 아산 정주영은 중산층 중심의 사회를 만들기 위해 청년 실업자를 교육해 고임금을 받는 숙련 노동자로 키우는 일을 평생의 과제로 삼았다. 그리고 그는 성공했다. 이제 그 성공의 주인공들이 은퇴를 앞두고 있다. 지금 우리에게는 아산이 마주했던 과제와 같은 과제가 또 다른 맥락에서 주어져 있다. 임금피크제 등의 제도적 장치는 물론이고 노사 간의 대화와 타협으로 비정규직 문제를 해소하고 정규직 일자리를 확대하여 청년실업을 해결함은 물론 중산층 중심의 사회를 지속시켜야 한다.

다음과 같은 아산의 경고를 현대중공업 노사는 잊지 말아야 한다.

"수많은 우리의 일꾼들이 그렇게 무섭게 일해서 얻은 눈부신 경제성장 (…) 그들의 노고를 거름으로 이만큼 살 만해진 이 나라를 집단이기주의의 제물로 삼아서는 안 된다. 다시 또 그 옛날의 가난으로 돌아가고 싶은가? 나라가 없으면 국민도 없고, 기업이 없으면 일터도 없다."[44]

그렇다. 오늘 이 시대의 문제를 풀어 가는 길잡이가 될 말을 남긴 아산에게 우리가 고개를 숙이지 않을 수 없는 이유다.

---

44 정주영, 2011, p.325.

5. 결론

본론에서 밝힌 내용들을 요약함으로써 결론을 맺고자 한다. 중공업을 개척해 오면서 기능인력의 중요성을 누구보다 절실하게 깨달았던 아산은 기능공 양성에 물심양면으로, 그리고 직간접적으로 깊이 간여하였다. 사업내직업훈련원과 현대공업고등학교는 직접 설립하여 운영하였고 시범공고와 수형자직업훈련은 아이디어를 내고 재정적으로 지원하였다. 여기서 양성된 기능공들과 국가가 양성한 공업고등학교와 공립직업훈련원 출신 기능공들은 한국에서는 처음으로 출현한 체계적 기능 교육을 받은 새로운 차원의 숙련공들이었다.

본 논문에서 분석의 표본으로 삼은 1973~1983년에 현대중공업에 입사하여 현재까지 근속하고 있는 이 기능공들은 대부분 농촌 중하층계층 출신으로 대학에 진학할 가정 형편이 안 되는 처지에서 취업을 위해 공고나 직업훈련을 받은 경우였다. 숙련기능공으로서의 자부심과 열정에 충만한 이들은 조선업이 요구하는 암묵적인 숙련을 축적하여 숙련 향상을 거듭하면서 공정혁신과 신기술 창출에 기여함으로써 단기간 내에 현대중공업을 세계 1위의 조선업체로 올라서게 하는데 결정적인 역할을 했다.

현대중공업 기능공의 임금은 처음부터 도시근로자가구 평균 경상소득보다 훨씬 높았고 40년 근속하는 동안 이러한 경향은 더욱 강화되었기 때문에 '저임금 착취론'은 근거가 없다는 사실이 확인되었다. 임금은 세계 조선업의 극심한 불황기였던 1980년대 초·중반의 정체를 제외하고는 1987년 노조 설립 및 1995년 노사 협조기로 들어가면서 폭발적인 상승세를 탔다. 심층면접 조사 결과 이들의 임금은 현재 연 1억 수준에 거의 도달해 도시근로자가구 평균소득의 최상위 10분위에 들어가는 상황임을 보여주고 있다. 이들의 현재 소속 계층은 전원이 최소한 핵심 중산층 즉 '중중' 계층이거나 혹은 그 상위 계층에 소속되어 있다.

결국 아산은 중공업을 일으킴으로써 농촌과 도시 주변부에 잉여인구로 퇴적될 가능성이 큰 농어촌과 도시 중하층 출신의 젊은 이들(핫토리 타미오, 2007)을 자부심을 가진 핵심적 중산층으로 계층 상승시킴으로써 이 땅에 풍요롭고 평등한 중산층 사회를 등장시키고 공고화된 민주사회의 핵심 토대를 놓았다고 평가받아 마땅하다. 그러나 오늘날 그가 꿈꾸었던 사회를 지속시키는 과제는 새로운 국면에서 새로운 도전을 맞이하고 있다.

유교와 민족주의 - 아산의 기업관과 자본주의 정신_류석춘(연세대학교), 유광호(연세대학교)

《小學》

《大學》

《論語》

《孟子》

《史記》

골드스톤, 잭,《왜 유럽인가: 세계의 중심이 된 근대 유럽 1500-1850》, 조지형·김서형 역, 서해문집, 2011〔2007〕.

김근,《욕망하는 천자문》, 삼인, 2003.

김명호 편,《건설자 정주영》, 삼련서점, 1997.

김성우,《조선시대 경상도의 권력 중심 이동: 영남농법과 한국형 지역개발》 태학사, 2012.

김영태,《비전을 이루려면 Ⅰ: 연암 구인회》, (주)LG, 2012.

김용삼,《이승만과 기업가 시대》, 북앤피플, 2013.

_____,《한강의 기적과 기업가 정신》, 프리이코노믹스쿨, 2015.

김입삼,《초근목피에서 선진국으로의 증언》, 한국경제신문, 2003.

김태형,《기업가의 탄생》, 위즈덤하우스, 2010.

뚜 웨이밍(杜維明),《유학 제3기 발전에 관한 전망》, 성균관대학교 학이회 역, 아세아문화사, 2007〔1988〕).

류석춘 편,《막스베버와 동양사회》, 나남, 1992.

_____,〈식민지배의 다양성과 탈식민지의 전개〉, 류석춘 편《한국의 사회발전: 변혁운동과 지역주의》, 전통과현대, 2002.

_____·최우영·왕혜숙,〈유교윤리와 한국 자본주의 정신〉,《한국사회학》, 2005, 39(6).

_____ ·왕혜숙, 〈사회자본 개념으로 재구성한 한국의 경제발전〉, 《사회와 이론》 제 12집, 2008.

박정웅, 《정주영: 이봐, 해봤어?》, FKI미디어, 2007.

배병삼, 《공자, 경영을 논하다》, 푸르메, 2012a.

_____, 《우리에게 유교란 무엇인가》, 녹색평론사, 2012b.

시부사와 에이이치, 《논어와 주판》, 노만수 역, 페이퍼로드, 2012[1927].

왕혜숙, 〈발전국가와 기업 – 아산의 '인정투쟁'〉, 《아산 연구 총서 제3권》, 푸른숲, 2015.

이명휘, 《유교와 칸트》, 김기주·이기훈 역, 예문서원, 2012 [1990].

이병철, 《호암자전》, 중앙일보사, 1986.

이승만, 《일본의 가면을 벗긴다》, 류광현 역, 비봉출판사, 2015a[1941].

_____ 편저, 《청일전기》, 김용삼·김효선·류석춘 번역·해제, 북앤피플, 2015b[1917].

이영훈, 《대한민국 역사》, 기파랑, 2013.

장문석, 《민족주의 길들이기》, 지식의 풍경, 2007.

전재국, 《탈주술화와 유교 문화》, 한울, 2013.

정몽준, 《나의 도전 나의 열정》, 김영사, 2011.

정근식·이병천 편, 《식민지 유산, 국가형성, 한국 민주주의 2》, 책세상, 2012.

정범모, 〈지식관과 교육〉, 전상인·정범모·김형국 편, 《배움과 한국인의 삶》, 나남, 2008.

정순우, 《공부의 발견》, 현암사, 2007.

정주영, 《아산 정주영 연설문집: 이 아침에도 설레임을 안고》, 삼성출판사, 1986.

_____, 《시련은 있어도 실패는 없다》, 제삼기획, 1999[1991].

_____, 《이 땅에 태어나서》, 솔, 2011[1998].

타이 쿠오후이(Tai Kuo-hui, 太高慧), 〈유교와 일본근대화: 시부사와 에이이치에 대한 연구〉, 타이 홍차오(Tai Hung-chao, 太洪朝) 편, 《공자의 경제학》, 구범모 감역, 한세, 1996[1989].

한재훈, 《서당 공부 오래 된 인문학의 길》, 박영사, 2014.

한형조, 〈잊혀진 지식: 선비의 삶, 유교의 학문을 다시 생각한다〉, 전상인·정범모·김형국 편, 《배움과 한국인의 삶》, 나남, 2008.

_____, 〈다문화 공동체 구축에 있어 전통 유교의 전망과 조언〉, 김교빈 외 편, 《유학,

시대와 통하다》, 자음과 모음, 2012.

_____ 외, 《500년 공동체를 움직인 유교의 힘》, 글항아리, 2013.

현대경제연구원, 《정주영 경영을 말하다》, 현대경제연구원BOOKS, 2011.

홍하상, 《이병철 vs 정주영》, 한국경제신문, 2004.

후쿠야마, 프랜시스, 《트러스트: 사회도덕과 번영의 창조》, 구승회 역, 한국경제신문, 1996[1995].

Friedman, Benjamin M., *The Moral Consequences of Economic Growth*, New York: Vintage Books, 2005.

Gerschenkron, Alexander, *Economic Backwardness in Historical Perspective*, Cambridge, MA: Harvard University Press, 1962

Greenfeld, Liah, *The Spirit of Capitalism: Nationalism and Economic Growth*, Cambridge, MA: Harvard University Press, 2001.

Hirsch, Fred, *Social Limits to Growth*, London: Routledge, 1977.

Lew, Seok-Choon, *The Korean Economic Developmental Path: Confucian Tradition, Affective Network*, New York: Palgrave Macmillan, 2013.

Reinert, Erik S., *How Rich Countries Got Rich and Why Poor Countries Stay Poor*, New York: Public Affairs, 2007.

Tamir, Yael, *Liberal Nationalism*, Princeton, NJ: Princeton University Press, 1993.

Weber, Max, *The Protestant Ethic and the Spirit of Capitalism*, translated by Stephen Kalberg, LA. California: Roxbury, 2002[1920].

_____, *The Religion of China: Confucianism and Taoism*, translated by Hans H. Gerth, New York: Free Press, 1951[1920].

자본주의의 마음 – 아산의 파우스트 콤플렉스_김홍중(서울대학교)

고승희, 〈아산정신과 현대그룹의 기업문화〉, 《경영사학》, 1999, 14(1), pp.95-144.

공제욱, 《1950년대 한국의 자본가연구》, 백산서당, 1993.

괴테(Goethe), 《파우스트 2》, 이인웅 옮김, 문학동네, 2010.

구해근,《한국노동계급의 형성》, 신광영 옮김, 창비, 2002.

권영욱,《결단은 칼처럼 행동은 화살처럼》, 아라크네, 2006.

권태준,《한국의 세기 뛰어넘기》, 나남, 2006.

기든스, 앤서니(Giddens, Anthony), 〈탈전통사회에서 산다는 것〉, 앤서니 기든스,
        울리히 벡, 스콧 래시,《성찰적 근대화》, 임현진·정일준 옮김, 한울, 1998,
        pp.90-162.

김대환, 〈돌진적 성장이 낳은 이중위험사회〉,《사상》, 1998, 38, pp.26-45.

김성수, 〈아산 정주영의 생애와 경영이념〉,《경영사학》, 1999, 19, pp.4-45.

김윤태,《한국의 재벌과 발전국가》, 한울 아카데미, 2012.

김정수, 〈아산 정주영의 아산정신 연구〉,《아산리더십 연구원저널》 1, 2014, pp.10-45.

김종태, 〈박정희 정부 시기 선진국 담론의 부상과 발전주의적 국가정체성의 형성〉,
        《한국사회학》, 2013, 47(1), pp.71-106.

_____, 〈한국 발전주의의 담론 구조〉,《경제와사회》 103, 2014, pp. 166-195.

김홍중, 〈마음의 사회학을 이론화하기〉,《한국사회학》 48(4), 2014a, pp.179-213.

_____, 〈후기근대적 전환〉, 강정한 외《현대사회학이론》, 한울. 2014b, pp.151-170.

_____, 〈서바이벌, 생존주의, 그리고 청년세대〉,《한국사회학》 49(1), 2015, pp.
        179-212.

김화영·안연식, 〈'위대한 기업'을 추구한 창업가 정주영의 특성 및 역량〉,《경영사학》,
        2014, 29(4), pp.5-26.

르죈, 필립(Lejeune, Philippe),《자서전의 규약》, 윤진 옮김, 문학과지성, 1998.

리스트, 질베르(List, Gilbert),《발전은 영원할 것이라는 환상》, 신해경 옮김, 봄날의
        책, 2013.

마르크스, 칼(Marx, Karl),《자본 I-1》, 강신준 옮김, 길, 2008.

맥마이클, 필립(McMichael, Philip),《거대한 역설》, 조효제 옮김, 교양인, 2013.

문승숙,《군사주의에 갇힌 근대》, 이현정 옮김, 또하나의문화, 2007.

박유영,《한국형 기업가 정신의 사례연구》, 숭실대학교 출판부, 2005.

베버, 막스(Weber, Max),《경제와사회 I》, 박성환 옮김, 문학과지성, 1997.

_____, 〈세계종교의 경제윤리. 비교종교사회학적 시도〉,《막스 베
        버 사상 선집 I》, 전성우 옮김, 나남, 2002, pp.167-222.

_____, 〈종교사회학논문집. 서언〉, 《막스 베버 종교사회학 선집》, 전성우 옮김. 나남, 2008, pp.279-308.

_____, 〈프로테스탄티즘의 윤리와 자본주의정신〉, 《프로테스탄티즘의 윤리와 자본주의 정신》, 김덕영 옮김, 길, 2010, pp.39-418.

벤야민, 발터(Benjamin, Walter), 《아케이드 프로젝트 1》, 조형준 옮김, 새물결, 2005.

_____, 〈종교로서의 자본주의〉, 《발터 벤야민 선집 5》, 최성만 옮김, 길, 2008, pp.119-126.

부르디외, 피에르(Bourdieu, Pierre), 《자본주의의 아비투스》, 최종철 옮김, 동문선, 1995.

서재진, 《한국의 자본가 계급》, 나남, 1991.

성경륭, 〈실업과 사회해체〉, 《사상》 38, 1998, pp.247-275.

유승무·박수호·신종화, 〈'마음'의 사회학적 재발견과 '합심(合心)'의 소통·행위론적 이해〉, 《사회사상과 문화》 28, 2013, pp.1-47.

윤상우, 〈한국 발전국가의 형성 변동과 세계체제적 조건, 1960-1990〉, 《경제와사회》 72, 2006, pp.69-94.

_____, 〈외환위기 이후 한국의 발전주의적 신자유주의화〉, 《경제와사회》 83, 2009, pp.40-68.

이명박, 《신화는 없다》, 김영사, 1995.

이병철, 《호암자전》, 나남, 2014.

이수원, 《현대그룹 노동운동, 그 격동의 역사》, 대륙, 1994.

이옥, 《선생, 세상의 그물을 조심하시오》, 심경호 옮김, 태학사, 2001.

이장규, 《대한민국 대통령들의 한국 경제이야기 1》, 살림, 2014.

이재열, 〈대형사고와 위험〉, 《사상》 38, 1998, pp.180-99.

이한구, 《한국재벌사》, 대명출판사, 2004.

임홍배, 《괴테가 탐사한 근대》, 창비, 2014.

장경섭, 〈압축적 근대성과 복합위험사회〉, 《비교사회》 2, 1998, pp.373-414.

전인권, 《박정희 평전》, 이학사, 2006.

정대용, 《아산 정주영의 기업가정신》, 삼영사, 2001.

정주영, 《아산 정주영 연설문집》, 아산고희기념출판위원회, 1985.

_____, 《시련은 있어도 실패는 없다》, 제삼기획, 1991.

_____, 《한국 경제 이야기》, 울산대학교출판부, 1997a.

_____, 《새로운 시작에의 열망》, 울산대학교출판부, 1997b.

_____, 《이 땅에 태어나서》, 솔, 1998.

조동성, 《한국재벌연구》, 매일경제신문사, 1990.

조명래, 〈한국 개발주의의 역사와 현주소〉, 《환경과 생명》 37, 2003, pp.31-53.

조희연, 〈'발전국가'의 변화와 국가-시민사회, 사회운동의 변화〉, 《사회와철학》 4, 2002, pp.293-351.

지동욱, 《대한민국재벌》, 삼각형비즈, 2002.

푸코, 미셸(Foucault, Michel), 《생명관리정치의 탄생》, 오트르망 옮김, 난장, 2012.

케인스, 존 메이너드(Keynes, John Maynard), 《고용, 이자 및 화폐의 일반이론》, 조순 옮김, 비봉출판사, 2007.

한상진, 〈광복 50년의 한국사회〉, 《사상》 25, 1995, pp.140-170.

현대건설주식회사(편), 《현대건설 50년사》, 현대건설주식회사, 1997.

Boltanski, Luc and Chiapello, Ève, *Le nouvel esprit du capitalisme*, Paris, Gallimard, 1999.

Bourdieu, Pierre, *Contre-feux*, Paris, Raison d'agir, 1998.

_____, *Méditations pascaliennes*, Paris, Seuil, 2003.

Eakin, Paul J., *How Our Lives Become Stories*, Ithaca and London, Cornell University Press, 1999.

Esteva, Gustavo, "Development", *The Development Dictionary*, edited by Wolfgang Sachs, London, Zed Bookrs, 1992, pp.6-25.

Freeman, Mark and Brockmeier, Jens, "Narrative Integrity", in *Narrative and Identity*, edited by Jens Brockmeier and Donal Carbaugh. Amsterdam/Philadelphia, John Benjamins Publishing Company, 2001, pp.75-99.

Hart, Francis R., "Notes for an Anatomy of Modern Autobiography", *New Literary History* 1, 1969-1970, pp.485-511.

Hart-Landsberg, Matin, *The Rush to Development*, New York, Monthly Review Press, 1993.

Heilbroner, Robert L., *The Nature and Logic of Capitalism*, New York & London, W. W. Norton & Company, 1985.

Holstein, James A. and Gubrium, Jaber F., *The Self We Live By.Narrative Identity in a Postmodern World*, N.Y. Oxford University Press, 2000.

Kim Hong Jung, "L'éthique chamanique et l'esprit du néolibéralisme coréen", *Sociétés* 122, 2014, pp.43-55.

Lapierre, Laurent, "L'imaginaire et le leadership", *Imaginarie et leadership.tome III*, Montréal, Presses HEC. pp.xv-xxxii, 1994.

Laplanche, Jean & Pontalis, Jean-Bertrand, *Vocabulaire de la psychanalyse*, Paris, PUF, 1967.

Perrot, Marie-Dominique·Rist, Gilbert Sabelli, Fabrizio, *La mythologie programmée*, Paris, PUF, 1992.

Wallestein, Immanuel, *Historical Capitalism*, Verso Books, 1983.

한국적 경영 – 아산의 인격주의_이재열(서울대학교)

강철규, 《재벌개혁의 경제학》, 다산출판사, 1999.

고승희, 〈아산정신과 현대그룹의 기업 문화〉, 《경영사학》 제 19집, 1999.

김광모, 《중화학공업에 박정희의 혼이 살아 있다: 청와대 비서관이 엮은 역사의 기록》, 기파랑, 2015.

김성수, 〈아산 정주영의 생애와 경영이념〉, 《경영사학》 제 19집, 1999.

김영정, 〈정주영 회장과 비판적 사고〉, 《인문 역사》 제53권 제3호, 2005.

김은미, 장덕진, 그라노베터, 《경제위기의 사회학: 개발국가의 전환과 기업집단 연결망》, 서울대학교 출판부, 2005.

김진방, 〈경제민주화와 재벌개혁〉, 《사람과 정책》 2012 봄호.

김형아, 《박정희의 양날의 선택: 유신과 중화학공업》, 일조각, 2005.

서울신문사 산업부, 《재벌가맥》, 무한, 2005.

《아산 정주영 연설문집》, 아산고희기념 출판위원회, 1985.

오원철, 《한국형 경제건설》 (1) ~ (7), 기아경제연구소, 1995.

이광종, 〈현대그룹이 한국 경제발전에 미친 영향〉, 《경영사학》 제 19집, 1999.

이재열, 〈민주주의, 사회적 자본, 사회적 신뢰〉, 《계간사상》 여름호, 1998.

_____, 〈기업구조의 변화: 재벌조직을 중심으로〉, 《한국 사회》 제 3집, 2000.

_____, 〈의리인가 계약인가? 인격주의와 개인주의의 갈등적 공존과 한국 사회의 제
　　　　문제〉, 석현호, 류석춘 공편, 《현대한국 사회 성격논쟁: 식민지, 계급, 인격윤
　　　　리》, 전통과 현대 2001.

_____, 〈경제민주화와 기업구조의 변화〉, 한국 사회학회 엮음, 《상생을 위한 경제민
　　　　주화》, 나남, 2013.

이홍, 〈경영자 관점의 적합성과 경영자의 지배적 논리: 현대건설과 정주영 회장에 대
　　　한 사례〉, 《경영학연구》, 제27권 제4호, 1998.11.

___, 〈기업집단 특성과 설립자 특성 간의 관계: 삼성과 현대그룹의 비교를 통한 증
　　　거〉, 《인사조직연구》, 제10권 1호, 2002.

장세진, 《외환위기와 한국 기업집단의 변화: 재벌의 흥망》, 박영사, 2003.

장윤식, 〈인격문화와 한국 사회〉, 한국 사회학회 해외학자 초청 워크숍 발제문, 2001.

정주영, 《시련은 있어도 실패는 없다》, 제삼기획, 1996.

_____, 《이 땅에 태어나서: 나의 살아온 이야기》, 1998.

조동성, 《한국재벌》, 매일경제신문, 1997.

좌승희, 《진화론적 재벌론: 경제정책의 새로운 패러다임 모색》, 비봉출판사, 1999.

최봉영, 〈유교문화와 한국 사회의 근대화〉, 한국 사회사학회 심포지엄 〈한국유교문화
　　　의 지속과 변용: 사회사적 조명〉 발표논문, 1999.

핫토리 타미오, 《개발의 경제사회학: 한국의 경제발전과 사회변동》, 전통과 현대, 2007.

현대그룹 문화실, 《현대그룹 50년사》, 1997.

Beck, Peter M., "Revitalizing Korea's Chaebol", *Asian Survey*, Vol. 38, No. 11
　　　　(Nov., 1998), pp.1018-1035.

Chang, Dukjin, *Privately Owned Social Structures: Institutionalization-Network
　　　　Contingency in the Korean Chaebol*, Ph D. Dissertation, Department of
　　　　Sociology, University of Chicago 1999.

Chang, Yunshik, "Changing Aspects of Hamlet Solidarity", Sung-Jo Park,
　　　　Taiwhan Shin and Ki Zun Zo eds., *Economic Development and Social*

Change in Korea, Frankfurt: Campus Verlag, 1980.

_____, "Peasants Go To Town: The rise of commercial farming in Korea", *Human Organization,* Vol. 48, No 3, 1989.

_____, "The Personal Ethic and the Market in Korea", *Comparative Studies in Society and History,* vol 33 no 1, 1991.

Emirbayer, Mustafa, "Manifesto for a Relational Sociology", *American Journal of Sociology* 103, pp.281-317, 1997.

Hall, Peter A. and David Soskice, *Varieties of Capitalism: The Institutional Foundations of Comparative Advantage,* Oxford Universiy Press, 2001.

Hamilton, A. and N. W. Biggart, Market, culture, and authority: A comparative analysis of management and organization in the Far East, *American Journal of Sociology 94*: S52-S94, 1988.

Hattori, Tamio and Yukihito Sato, A Comparative Study of Development Mechinisms in Korea and Taiwan: Introductory Analysis, *The Developing Economies,* XXXV-4 (December 1997), pp.341 - 57.

Hattori, Tamio, Chaebol-style Enterprise Development in Korea, *The Developing Economies,* XXXV-4, 1997, pp.458-77.

Hofstede, Geert: Hofstede, Gert Jan, *Cultures and organizations: software of the mind*(Revised and expanded 2nd ed.), New York: McGraw-Hill, 2005.

Hollingsworth, J. Rogers and Robert Boyer, "Coordination of Economic Actions and Social Systems of Production", in Hollingsworth and Boyer eds., *Contemporary Capitalism: The Embeddedness of Institutions,* Cambridge University Press, 1997, pp.1-48.

Kim, Kwang Chung and Shin Kim, "Kinship Group and Patrimonial Executives in a Developing Nation: A Case Study of Korea", *Journal of Developing Areas 24,* 1989, pp.27-46.

Kester, W. Carl, "American and Japanese Corporae Governance: Convergence to Best Practice?", in Suzanne Berger and Ronald Dore eds., *National Diversity and Global Capitalism,* Cornell University Press, 1996.

Kirk, Donald, *Korean Dynasty: Hyundai and Chung Ju-yung*, Armonk, N.Y.: M. E. Sharpe, 1994.

Kochi, Akio and Shigeakiya Suoka Eds., *Family Business in the Era of Industrial Growth: Its Ownership and Management*, Tokyo: University of Tokyo Press, 1984.

Leff, Nathaniel. "Industrial Organization and Entrepreneurship in the Developing Countries: The Economic Groups", *Economic Development and Cultural Change 26*, pp.661-675, 1989.

North, Douglas, *Institutions, Institutional Change and Economic Performance*, Cambridge University Press, 1990.

Ostrom, Elinor, *Governing the Commons: The Evolution of Institutions for Collective Action*, New York: Cambridge University Press, 1990.

Rodrik, Dani, "Where did all the growth go?: External shocks, social conflict, and growth collapses", *Journal of Economic Growth*, 4, 1999.

Shin, Eui Hang and Seung Kwon Chin, "Social Affinity Among Top Managerial Executives of Large Corporations in Korea", *Sociological Forum*, Vol. 4, No 1, 1989.

중산층 사회의 등장 – 아산의 기능공 양성_유광호(연세대학교), 류석춘(연세대학교)

강구진, 〈수형자 직업훈련제도의 실태에 관한 연구 Ⅰ〉, 서울대학교 《법학》 20권 2호 (통권 43), 1980.

강원택·김병연·안상훈·이재열·최인철, 《당신은 중산층입니까》, 21세기북스, 2014.

구해근, 《한국 노동계급의 형성》, 신광영 역, 창비, 2002.

김광모, 《중화학공업에 박정희의 혼이 살아 있다》, 기파랑, 2015.

김동원 외, 《한국 우량기업의 노사관계 DNA》, 박영사, 2008.

김수행·박승호, 《박정희 체제의 성립과 전개 및 몰락》, 서울대학교출판문화원, 2007.

김윤태, 《한국 인적 자원개발정책의 분석 및 평가(1962-2002)》, 한국직업능력개발원, 2002.

김일영, 《건국과 부국》, 생각의 나무, 2004.

김정렴, 《최빈국에서 선진국 문턱까지》, 랜덤하우스, 2006.

김형균·손은희, 〈조선 산업의 일본 추격과 중국 방어〉, 이근 외, 《기업간 추격의 경제학》, 21세기북스, 2008.

김형기, 《한국 노사관계의 정치경제학》, 한울, 1997.

김형아, 《박정희의 양날의 선택: 유신과 중화학공업》, 신명주 역, 일조각, 2005.

류석춘·왕혜숙, 〈사회자본 개념으로 재구성한 한국의 경제발전〉, 《사회와 이론》 제12집, 2008.

_____·김형아, 〈1970년대 기능공 양성과 아산 정주영〉, 《아산 정주영과 한국 경제 발전 모델》, 아산사회복지재단, 2011.

_____·유광호, 〈유교와 민족주의: 아산의 기업관과 자본주의 정신〉, 《아산 연구 총서 제2권》, 2015.

박병영, 《교육과 사회계층이동 조사 연구(Ⅱ): 1956-1965년 출생 집단 분석》, 한국교육개발원, 2009.

박정웅, 《정주영: 이봐, 해봤어?》, FKI미디어, 2007.

박준식, 《한국의 대기업 노사관계연구》, 백산서당, 1992.

박현채·조희연 편, 《한국 사회구성체논쟁1: 80년대 한국 사회변동과 사회구성체》, 죽산, 1989a.

_____ 편, 《한국 사회구성체논쟁2: 현단계 사회구성체논쟁의 쟁점》, 죽산, 1989b.

_____ 편, 《한국 사회구성체논쟁3: 논쟁의 90년대적 지평과 쟁점》, 죽산, 1991.

_____ 편, 《한국 사회구성체논쟁4: 논쟁의 90년대적 지평과 쟁점》, 죽산, 1992.

서관모, 〈한국 사회 계급구성의 연구〉, 서울대학교 대학원 박사학위 논문, 1987.

서상선, 《한국 직업훈련제도의 발자취》, 대한상공회의소, 2002.

손원준·한만용, 《인사관리와 노무관리》, 지식만들기, 2012.

신광영, 《한국의 계급과 불평등》, 을유문화사, 2004.

양재진, 〈아산, 현대, 그리고 노사관계의 변화와 분화발전〉, (미간행), 2015.

어윤배, 〈직업훈련을 통한 출소자 사회재적응에 관한 연구〉, 《숭전대학교 논문집》 제
　　12집, 1982.

오원철, 《한국형 경제건설 6》, 한국형경제정책연구소, 1997.

＿＿＿, 《한국형 경제건설 7》, 한국형경제정책연구소, 1999.

오종쇄, 〈제2주제 사례발표1〉, 《아산 정주영과 한국 경제발전 모델》, 아산사회복지재
　　단, 2011.

유광호, 〈1970-80년대 양성된 중화학공업부문 기능공의 계층이동에 관한 생애사적
　　연구〉, 연세대학교 대학원 박사학위논문, 2014.

유팔무, 〈최근 계급론 논의의 몇 가지 문제점〉, 《경제와 사회》 6, 1990.

＿＿＿ · 김원동 · 박경숙, 《중산층의 몰락과 계급 양극화》, 소화, 2005.

윤기설, 《제5의 권력》, 한국 경제신문사, 2006.

이갑용, 《길은 복잡하지 않다: 골리앗 전사 이갑용의 노동운동 이야기》, 철수와영희,
　　2009.

이길우, 《경향신문》, 수형자교육 기사, 1978년 3월 6일.

정몽준, 《나의 도전 나의 열정》, 김영사, 2011.

정주영, 《아산 정주영 연설문집: 이 아침에도 설레임을 안고》, 삼성출판사, 1986.

＿＿＿, 《이 땅에 태어나서》, 솔, 2011 [1998].

정택수, 《직업능력개발제도의 변천과 과제》, 한국직업능력개발원, 2008.

조돈문, 《노동계급 형성과 민주노조운동의 사회학》, 후마니타스, 2011.

조상행, 《정주영 희망을 경영하다》, 바이북스, 2012.

조은, 〈가족사를 통해 본 사회구조변동과 계급 이동〉, 《사회와역사》 58, 2000.

지민우, 〈중화학공업화 초기 숙련공의 생애사 연구〉, 연세대학교 대학원 석사학위 논
　　문, 2013.

최규남, 《한국 직업교육정책 연구》, 문음사, 2003.

통계청, 《한국통계연감 2012》 제59호, 통계청, 2013.

＿＿＿, 《한국통계연감 2014》 제61호, 통계청, 2015.

한국물가정보, 《종합물가정보: 통계로 본 물가 40년사 1970-2010》, (사) 한국물가정
　　보, 2010.

한국 사회학회, 《기로에 선 중산층》, 인간사랑, 2008.

함인희·이동원·박선웅, 《중산층의 정체성과 소비문화》, 집문당, 2001.

핫토리 타미오(服部民夫), 《개발의 경제사회학: 한국의 경제발전과 사회변동》, 류석춘
· 이사리 옮김, 전통과 현대, 2007[2005].

현대중공업, 《현대중공업사》, 현대중공업주식회사, 1992.

홍두승, 《한국의 중산층》, 서울대학교 출판부, 2005.

87년 노동자 대투쟁 20주년 기념사업 추진위원회, 《골리앗은 말한다: 1987–2007》,
2005.

http://kosis.kr 〉국내통계〉주제별통계〉물가·가계

Amsden, A. H., *Asia's Next Giant: South Korea and Late Industrialization*, New
York: Oxford University Press, 1989.

Chang, Ha-joon, *The East Asian Development Experience: The Miracle, the Crisis
and the Future*, London: Zed Books, 2006.

Chibber, Vivek, *Locked in Place: State-Building and Late Industrialization*,
Princeton, NJ: Princeton University Press, 2003.

Davis, Diane, *Discipline and Development: Middle Class and Prosperity in East
Asia and Latin America.* Cambridge, UK: Cambridge University Press,
2004.

Evans, Peter, *Embedded Autonomy: States and Industrial Transformation*,
Princeton, NJ: Princeton University Press, 1995.

Johnson, Chalmers, *Miti and the Japanese Miracle*, Stanford, California:
Stanford University Press, 1982.

Lew, Seok-Choon, *The Korean Economic Developmental Path: Confucian
Tradition, Affective Network*, New York: Palgrave Macmillan, 2013.

Penn, Roger, *Skilled Workers in the Class Structure*, New York: Cambridge
University Press, 1984.

Wade, Robert, *Governing the Market: Economic Theory and the Role of
Government in East Asia Industrialization*, Princeton, NJ: Princeton
University Press, 1990.

현대중공업 생산직 사원 심층면접 질문지

바쁘신 중에도 심층면접에 응해주신데 대하여 깊이 감사드립니다. 밝혀 주신 정보는 절대로 외부로 유출되지 않을 것이며 익명성이 보장될 것입니다. 본 조사는 연구과제 「아산의 기능공 양성과 중산층 사회의 등장」 수행과 관련하여 1970-80년대 양성된 기능공의 계층이동을 분석하기 위한 질문입니다. 답변에 있어서 겸양하지 마시고 기탄없는 견해를 밝혀주시면 감사하겠습니다. 앞서 밝힌 대로 익명성은 절대 보장됩니다. 그러나 죄송하지만, 꼭 필요한 경우 보충질문을 드릴 수 있도록 휴대폰 번호와 존함(가명도 가능)을 기재해 주시길 간곡히 부탁드립니다.

2014. 10. 30.

성함 (가명 가능):

휴대폰 번호:

1. 신상 문제 (22문항)

1.1. 생년(나이)

1.2. 고향(최소한 면단위)

1.3. 중학교 시절에 끼니를 굶어본 적이 있습니까?

1.4. 형제자매는 몇 분입니까?

1.5. 생활수준: 살던 마을에서 혹은 동네에서 상, 중, 하 가운데 어디였습니까? 농촌이라면 댁에서는 논과 밭은 몇 평씩 소유하셨나요?

1.6. 졸업한 공업고등학교의 이름과 입학년도 및 졸업년도는?

1.7. 직업훈련원 출신이라면 어디 출신? 몇년도? 기능 분야는? 2급 자격증은 언제 취득했나요? 졸업한 고등학교의 이름과 입학년도 및 졸업년도는?

1.8. 공고나 직훈에 들어간 가장 큰 이유는?

1.9. 귀하가 기어이 대학 진학을 하고자 했다면 어떻게 해서라도 뒷받침해 줄 수 있는 가정 형편이었나요?

1.10. 당시 아들을 대학 보낼 수 있으려면, 농촌에서는 살림 형편이 어느 정도 돼야 됐다고 보시는지요? 지방도시 생활이라면 어느 정도 형편이어야 됐을까요?

1.11. 국내대회 혹은 기능올림픽 참가 및 수상 여부.

1.12. 최종 학력은 무엇입니까? (대학 혹은 대학원 진학 여부 및 전공)

1.13. 군 복무: 언제부터 언제까지, 제대할 때 계급, 어떤 병과 혹은 직종? 기술하사관?

1.14. 처음 직장의 이름, 보직, 월급 수준은 무엇이었습니까?

1.15. 고교 졸업 혹은 직훈 수료 후 추가로 딴 자격증은 무엇입니까? 몇 개입니까?

1.16. 결혼은 언제 하셨으며, 부인은 어떻게 만났습니까?

1.17. 현재 연간 소득은 얼마나 됩니까? (본봉, 제 수당, 보너스 등으로 구분해 밝혀주십시오)

1.18. 월급(보너스까지 포함하여) 상승 및 승진 과정을 가능한 한 자세히 밝혀주시면 대단히 감사하겠습니다.

(1972~1987 / 1987~1994 / 1995~2014로 크게 시기 구분하시는 가운데 상세하게 가르쳐 주셔도 좋습니다.)

1.19. 집 마련은 언제 했으며, 어떤 집이었습니까? 아파트라면 몇 평이고 장소는 어디였습니까?

1.20. 지금의 주거는 자가 소유입니까? (아파트면 몇 평이고 시가는? 혹은 단독주택이면 시가는?), 혹은 전세입니까? (아파트면 몇 평?), 월세입니까? (아파트면 몇 평?)

1.21. 자가용 소유: 언제? 어떤 차였습니까? 지금 차는 어떤 차입니까?

1.22. 자녀는 몇 남매이며, 자녀들의 학력은 어떻습니까?

2. 현대중공업에서의 경력 (14문항)

2.1. 몇 년도에 입사하셨습니까?

2.2. 특히 현대중공업을 선택한 이유가 있었습니까?

2.3. 첫 보직은 어디였습니까? 자신의 전공과 잘 맞았습니까?

2.4. 첫 월급은 얼마였습니까? 시급은 얼마? 하루 몇 시간 근무하셨습니까?

2.5. 첫 월급의 당시 가치는 어땠습니까? 쓸모가 어느 정도였습니까?

2.6. 회사의 분위기는 어땠습니까?

2.7. 회사에서 학력 차별을 받은 적이 있습니까? 회사에서 학력 차별을 했다면, 87~88년 노조 설립과 대파업투쟁에서 학력차별이 어느 정도 비중의 원인이 되었다고 보십니까?

2.8. 비슷한 나이의 대졸 사원과 임금 차이가 어느 정도였습니까? 그 차이가

합리적이라고 보았습니까? 1987~88년의 대투쟁을 계기로 그 차이에 변화가 생겼습니까? 변화가 있었다면 무엇이 얼마나 변했습니까? 귀하의 평가도 달라졌습니까?

2.9. 1987년 대투쟁 이후부터 1994년 사이 대량해고 조치가 있었나요? 있었다면 그때 어떤 느낌을 받았습니까?

2.10. 1994년 노사타협 이후 사원들의 작업태도는 어떻게 변했고, 회사의 노무 관리정책은 어떤 면에서 가장 많이 바뀌었나요?

2.11. 2급 기능사 자격 소지가도 해고됐습니까? 2급 기능사들이 회사에서 대우를 받았습니까?

2.12. 1987년 대투쟁 이후 1994년 노사화합까지 해고된 분들은 모두 몇 명이라고 기억하나요?

2.13. 남은 사원들에 대한 회사와 관리직들의 태도와 대우에는 어떤 변화가 있었습니까?

2.14. 해고된 분들은 해고 시 어떤 보상을 받았는지 기억하십니까? 해고된 분들은 어떤 길들을 밟아 나가게 됐는지 아시거나 들은 바가 있습니까?

3. 주관적 의식 (6문항)

3.1. 중학교 시절 공부를 잘하셨습니까?

3.2. 고교 시절 장래에 대한 꿈은 무엇이었습니까?

3.3. 고교 시절 공부를 잘하셨습니까?

3.4. 고교 졸업이니 직훈 수료 후 해외, 특히 중동에 파견된 경험이 있습니까?

3.5. 공장 기능인이 된다는 것에 대해 스스로 어떻게 생각했습니까?

3.6. 고교 시절 혹은 직장을 다니면서 특히 불만을 가진 내용이 있다면 무엇이었습니까? 현재의 그것은 무엇입니까?(예컨대 대졸 사원과의 임금 격차 등)

4. 2급 기능사 직업훈련과 공업교육에 관한 견해 (18문항)

4.1. 자신이 취득한 기능 자격의 명칭과 내용 및 쓰임새에 대하여 설명해 주십시오.

4.2. 2급 기능사 자격 취득자는 그렇지 않은 기능인과 어떻게 달랐습니까? 숙련(skill)과 기능 및 기술적 지식에서 어떤 차이가 났습니까? 차이가 났다면, 자신은 구분되는 특별한 기능인이라고 느꼈습니까?

4.3. 2급 기능사들 간에 어떤 집단적 동질감이 형성됐었나요? 그런 조직이나 모임이 있었나요?

4.4. 공업고등학교에서의 기능 및 기술교육은 체계적이었습니까?

4.5. 직업훈련원에서의 기능 및 기술교육은 체계적이었습니까?

4.6. 공고 교육이나 직업훈련원에서의 수련과 2급 기능사 자격 소지가 자신을 직장과 사회에서 안전하게 지켜주거나 발전하게 해주는 하나의 중요한 무기라고 느끼셨습니까? 만약 그렇다면, 2급 기능사 자격 소지가 자신의 인생에서 어떤 역할을 했다고 평가하십니까?

4.7. 1970년대 후반 박정희 정부가 대대적인 중화학공업화를 일으킬 때 기능사 자격은 어떤 기대와 평가를 받았다고 보셨습니까?

4.8. 박정희 정부의 기능공 양성정책에 대하여 당시 어떻게 평가하셨습니까?

4.9. 한국의 산업혁명에서 1970년대와 1980년대 기능사들이 기여한 역할은 어느 정도였다고 생각하십니까? 했다면, 기능사들의 어떤 점이 결정적으로 중요했다고 생각하십니까? 예를 들면, 숙련기능이라든가, 어떤 체계적 공업교육에 따른 지적인 특징이라든가, 직업윤리라든가, 규율이라든가 등등 측면에서.

4.10. 1970년대에 기능인들이 '산업역군'이라든가 '근대화의 기수'로 불린 것에 대하여 어떻게 생각하셨습니까?

4.11. 현대중공업은 기능사들을 어떻게 평가하고 어떻게 대우했습니까?

4.12. 1970-80년대 현대중공업의 보수는 다른 기업과 비교해 어떤 수준이었습니까?

4.13. 화이트칼라와의 임금 격차가 다른 기업들보다 상대적으로 적었습니까, 아니면 컸습니까?

4.14. 1970년대 후반부터 80년대에 걸쳐 공고나 직훈 졸 2급 기능사의 대거 입사로 인해 작업장의 분위기가 변화했었습니까? 그랬다면 어떤 변화였습니까?

4.15. 1970년대 공고 교육이나 직업훈련으로 2급 기능사 취득한 것이 그렇지 않은 생산직 사원과 보수나 지위 면에서 격차를 초래했습니까? 했다면, 어떤 원인과 어떤 방식으로 그런 차이를 가져왔다고 보십니까?

4.16. 직업훈련원 출신 2급 기능사들과 공고 출신 2급 기능사들은 어떤 차이점이 있었습니까? 스스로 그리고 집단적으로 구분하는 의식이라든가 분위기가 있었습니까?

4.17. 전문대 졸 생산직 사원(기술공)과는 능력과 사내 지위와 보수 면에서 어떤 차이가 있었다고 보십니까? 있었다면, 그것은 합리적이라고 보셨습니까?

4.18. 1980년대나 1990년대 후배 기능사들의 기능 능력에 대해서는 어떻게 평가하십니까? 그리고 그들의 문화라든가 생활방식은 자신들 세대의 그것과 달라진 점이 있다면 어떤 점을 들 수 있겠습니까?

5. 노동 및 정치운동 관련 (11문항)

5.1. 1987년 6월 민주화운동 당시 어디서 무슨 일을 하고 있었습니까? 시위 참여 여부, 적극적 참여 혹은 소극적 참여 혹은 불참.

5.2. 민주화운동에 어떤 견해를 갖고 있었습니까?

5.3. 1987년 7, 8월 '노동자 대투쟁'에 참여했습니까? 어떤 일을 하고 있었습

니까? 7, 8월 시위참여가 적극적 혹은 소극적 참여 혹은 불참이었습니까?

5.4. 1988~90년 '골리앗투쟁'으로 상징되는 전투적 노동운동을 어떻게 생각 했습니까?

5.5. 1987~8년 시점에 귀하의 직장 내 지위는 어땠습니까? 그리고 삶의 수 준은 어땠다고 보십니까? 즉 보수를 가지고 무엇을 할 수 있었으며 자신 의 사회적 계층이 어느 정도라고 생각하셨습니까?

5.6. 1988년 말 128일 파업에 참여하셨습니까? 가)적극적으로 나)소극적으 로 다)참여 않음

5.7. 당시 파업의 주된 원인은 무엇이라고 당시 생각하셨습니까? 지금은 어 떻게 생각하십니까? 그 투쟁노선과 방법을 어떻게 평가하십니까?

5.8. 그 파업을 계기로 생산직의 처우와 처지에 많은 변화가 있었습니까? 있 었다면, 어떤 것들을 들 수 있겠습니까?

5.9. 1988년 당시 현대중공업의 생산직 사원은 모두 몇 명이었나요? 그중 2급 기능사는 몇 명 정도였습니까?

5.10. 당시 파업투쟁 주도 세력은 어떤 부류의 사원들이었습니까?

5.11. 노조에 가입하고 계십니까? 그렇다면 언제부터입니까? 간부 활동을 하 신 적이 있습니까?

6. 1997년 IMF 이후의 경력 (5문항)

6.1. IMF 사태로 회사에 어떤 변화가 있었습니까?

6.2. 귀하에게는 어떤 변화나 타격이 있었습니까?

6.3. 귀하는 잠시라도 "비정규직" 사원인 적이 있었습니까?

6.4. IMF 이후 노사문제에 관한 견해에 변화가 있었습니까?

6.5. 소위 '노동귀족'이라고 불리는 오늘의 대기업중심 노조에 대한 견해는 무엇입니까?

7. 스스로 평가하는 계층귀속감 (7문항)

7.1. 동의하시는 아래 사항들에 체크를 해 주십시오. 성취를 중시하는가 ( ), 스스로를 돕는 자조 및 독립을 중시하는가 ( ), 음식의 맛을 중시하는가 ( ), 옷은 품질과 상표를 중시하는가 ( ), 미래가 가장 중요하다고 생각하는가 ( ), 교육을 성공에 핵심적이라고 보는가 ( ), 운명을 믿는가 ( ), 국가 관점으로 세계를 보는가 ( ), 상대를 그 사람의 성취에 따라 평가하고 호감을 갖는가 ( ), 일과 성취가 결정적으로 중요하다 ( )고 여기십니까?

7.2. 지금 현재 스스로를 '노동계급working class', 혹은 중산층middle class, 혹은 상류층upper class라고 생각하십니까? 중산층(혹은 상층)이라면 언제(몇 년도)부터 그렇게 생각하게 되었습니까?

7.3. 중산층의 기준은? 가) 재산 - 자기 집(아파트) ( ); 나) 학력 ( ); 다) 기타 무엇이라고 생각하십니까?

7.4. 우리 사회의 계층을 '상, 중의 상, 중의 중, 중의 하, 하'의 5등급으로 구분한다면 어디에 속한다고 생각하십니까?

7.5. 형제자매 분들의 현재 형편이 어떻습니까? 귀하께서는 그중 어떤 편입니까?

7.6. 정년 후 계획은 무엇입니까? 노후 대책은 어떻게 하시고 계신지요?

7.7. 1970년대 이후 지금까지 어느 시기에 사회적 기회가 가장 많았다고 생각하십니까?

8. 한국에 대한 견해 (5문항)

8.1. 한국인이라는 사실에 대해서 어떻게 생각하시나요?

8.2. 한국은 더 발전해서 선진국이 될 수 있을까요? 아니면 그냥 이 정도로 계속 머무를까요? 아니면 하락, 퇴보하게 될까요?

8.3. 한국이 발전하려면 가장 필요한 것이 무엇이라고 생각하시는지요

8.4. 세금을 인상해서라도 사회복지를 확대하는 것에 대해서 어떻게 생각하
    십니까?

8.5. 북한 정권에 대해서는 어떻게 대해야 한다고 보시는지요?

장시간 귀한 견해를 표출해 주신 데 대하여 다시 한 번 깊이 감사드립니다.

건강하시고 댁내 두루 평안하시기를 기원합니다. 감사합니다.

부록 2

1973년 입사 기능공(생산직)의 연도별 기본급 자료 (1973-2015)

발령 구분	발령일자	직위	기본급	비고
임금피크제	2015-01-01**		2,381,750	
급여조정	2015-01-01**		2,228,400	
직제변경	2015-01-01**	기정	2,146,900	
정기승급	2014-06-01**		2,665,450	
급여조정	2014-01-01**		2,146,900	
정기승급	2013-06-01		3,067,000	임금피크
정기승급	2012-06-01		3,025,000	
정기승급	2011-06-01		2,956,000	
정기승급	2010-06-01		2,858,000	
정기승급	2009-06-01		2,762,000	
정기승급	2008-06-01		2,732,000	
정기승진	2008-01-01	기정대우	2,611,000	
정기승급	2007-06-01		2,567,000	
정기승급	2006-06-01		2,416,000	
정기승급	2005-06-01		2,283,000	
정기승급	2004-06-01		2,173,000	
정기승급	2003-06-01		2,073,000	
정기승급	2002-06-01		1,949,000	
정기승급	2001-06-01*		1,828,000	
정기승진	2001-01-01	기감	1,673,000	

정기승급	2000-06-01		1,603,500	
정기승급	1999-06-01		1,482,000	
정기승급	1998-06-01		1,429,000	
정기승급	1997-06-01		1,398,000	
정기승급	1996-06-01		1,149,000	
정기승급	1995-06-01*		995,000	
정기승진	1995-01-01	기장	909,500	
정기승급	1994-06-01		889,500	
정기승급	1993-06-01		787,000	
특별승급	1992-09-21		727,500	
정기승급	1992-06-01*		727,300	
정기승급	1991-06-01		675,450	
정기승급	1990-06-01		578,100	
정기승급	1989-06-01*		497,000	
정기승진	1989-05-01	기원	397,000	
특별승급	1988-07-21		391,000	
정기승급	1988-03-01*		390,779	
특별승급	1987-10-21		334,372	
정기승급	1987-09-01		330,772	
특별승급	1987-03-21		300,000	
정기승급	1987-03-01*		294,000	
정기승급	1986-03-01		290,000	
정기승급	1985-03-01		286,000	
정기승급	1984-03-01		272,000	
정기승진	1983-03-01*	4급기사	256,000	

정기승급	1983-02-21		217,200	시급 905×240
정기승급	1982-02-21		201,600	시급 840×240
정기승급	1981-03-01		183,600	시급 765×240
정기승급	1980-09-21		156,000	시급 650×240
정기승진	1980-03-01*	5급기사	145,200	시급 605×240
정기승급	1979-09-21		123,120	시급 513×240
정기승급	1979-03-21*		114,720	시급 478×240
정기승진	1978-09-01	6급기사	101,520	시급 423×240
정기승급	1978-02-21*		92,880	시급 387×240
정기승급	1977-09-01		82,880	시급 345×240
−				
신규입사	1973-05-01	7급기사	56,880	시급 237×240

주1) 이 자료는 인력개발팀이 제공한 자료로 (생산직 ㅇㄱㅅ), 1974-1976년 기간의 데이터는 결락되어 있다.

주2) 시급에 240시간(일일 법정근로시간 8시간 × 30일)을 곱하면 월 기본급이 된다.

주3) * 같은 연도에 두 개 이상의 기본급 액수가 제시되어 있는 경우 해당 연도의 대표 값으로 선택된 기본급을 의미한다. 선택 기준은 전후 연도와 일 년의 거리가 있는 값을 골랐다. 1988년까지는 해당 연도 3월 치의 기본급을 선택하게 되었고, 1989년 이후는 6월 치의 기본급을 선택하게 되었다.

주4) ** 이 자료의 주인공은 1966년 생으로 1973년 한독기술고등학교 졸업과 동시에 입사하였고, 만 58세가 되던 2013년 당시 기준에 따라 정년이 되어 임금도 가장 많이 받았다. 정년 이후 직제변경 및 급여 조정을 통해 고용 연장을 하고 있으며, 2015년 임금피크제가 도입되면서 정년이 만 60세로 연장되었다.

아산, 그 새로운 울림: 미래를 위한 성찰
'아산 연구 총서' 시리즈(전 4권)

01_얼과 꿈

상상력의 공간 - 창업 · 수성에 나타난 아산정신_전영수(한양대학교)

자기구현의 인간학 - 아산의 인성_박태원(울산대학교)

긍정·도전·창의의 기반 - 아산의 자아구조_정진홍(울산대학교)

순응·확장·관리 - 아산의 학습생애_강대중(서울대학교)

기업가정신과 문학 - 아산의 독서 경험_소래섭(울산대학교)

02_살림과 일

유교와 민족주의 - 아산의 기업관과 자본주의 정신_류석춘(연세대학교), 유광호(연세대학교)

자본주의의 마음 - 아산의 파우스트 콤플렉스_김홍중(서울대학교)

한국적 경영 - 아산의 인격주의_이재열(서울대학교)

중산층 사회의 등장 - 아산의 기능공 양성_유광호(연세대학교), 류석춘(연세대학교)

03_나라와 훗날

수신제가치국평천하 - 아산의 유교윤리 와 국가인식_김석근(아산정책연구원/아산서원)

발전국가와 기업 - 아산의 '인정투쟁'_왕혜숙(연세대학교)

서울올림픽 - 아산의 정치외교사_김명섭(연세대학교), 양준석(연세대학교)

통일국민당 - 아산의 창당과 한국정당사에서의 의미_강원택(서울대학교)

실리적 남북경협 - 아산의 탈이념적 구상과 실행_정태헌(고려대학교)

04_사람과 삶

자아·가족·사회 - 아산의 사회공헌정신의 형성과 계승_홍선미(한신대학교)

복지재단과 복지사회 - 아산사회복지재단의 한국적 의미_최재성(연세대학교)

의료복지와 경쟁력을 빚어내다 - 아산병원의 의료 모델 _김태영(성균관대학교)

한국형 복지국가 - 아산 복지정신의 함의_이봉주(서울대학교)

희망과 치유의 철학 - 아산의 삶과 한국사회의 미래_김진(울산대학교)

아산 연구 총서 02

아산, 그 새로운 울림 : 미래를 위한 성찰
– 살림과 일

첫판 1쇄 펴낸날 2015년 11월 23일

편 울산대학교 아산리더십연구원
글쓴이 류석춘 | 김홍중 | 이재열 | 유광호

펴낸곳 (주)도서출판 푸른숲
펴낸이 김혜경

출판등록 2002년 7월 5일 제 406-2003-032호
주소 파주시 교하읍 문발리 파주출판도시
      529-3번지 푸른숲 빌딩, 우편번호 413-756
전화 031)955-1400, 031)955-1410
팩스 031)955-1406, 031)955-1424

값 30,000원
ISBN 979-11-5675-627-9 (04080)
ISBN 979-11-5675-625-5 (04080) (세트)

이 도서의 국립중앙도서관 출판시도서목록(CIP)은 서지정보유통지원시스템 홈페이지(http://seoji.nl.go.kr)와
국가자료공동목록시스템(http://www.nl.go.kr/kolisnet)에서 이용하실 수 있습니다. (CIP제어번호 : CIP2015030473)